NF文庫
ノンフィクション

ノモンハンの真実

日ソ戦車戦の実相

古是三春

潮書房光人新社

まえがき

軍事物を雑誌などに書き始めて、もう約二〇年になる。初めて書くことだが、数年前まで私は兼業ライターで、本職は別にあった。日本共産党の職員である。ある事情から、職員の身分を剝奪され党からも除籍されたのだが、それを語るのは、あまりに本書の本題から外れるし紙数も足りない。ただ、一言しておくなら、最近の日本共産党があまりにリアリズムから乖離したことや、最高幹部が党組織を利用して私腹を肥やすことに汲々とするというかつての社会主義諸国の共産党に見られたような現象に失望していたことが、私の党からの追放に深く関わっている。

私は、若いときからソ連に興味を寄せてきた。戦争の歴史を紐解くとき、歴史の大きな部分で自国内を戦場にし、困難な戦いにうちかちながら国を建設してきた。強大なナチス・ドイツを敗北させる上での貢献も決定的だった。

反面、自国民やときには好意的だった外国人まで逮捕し、膨大な数の囚人を強制収容所に抱えるという暗黒の歴史をも刻んだのがソ連だ。そのシステムは、戦争後に生じた捕虜問題にも波及した。戦後、武装解除後ただちに帰国させるとポツダム宣言で公約されていた日本軍人や軍属数十万人をソ連領、またはモンゴル、北朝鮮に不当に抑留して一割以上の人を過酷な条件下の強制労働で死亡させたという不当な抑留・強制労働の事実がそれである。

言論の自由の問題でも、ノーベル賞作家ソルジェニーツィン氏の国外追放や「水爆の父」サハロフ博士への弾圧・流刑処分など、およそ前近代的な弾圧がまかり通ったのが崩壊までのソ連の現実だ。しかし、同時にこの抑圧システムは屈折した形でロシア文化の伝統を引き継ぎ、文化人や芸術家を苦悩させた末に優れた輝きを放たせる結果を導いてもいた。この経過で生み出された文学や音楽、絵画は不思議な魅力で、日本でも多くの人の心をとらえてきたように思う。

「自由や民主主義と社会主義は、両立できないのか」――これが若い私の素朴な疑問だった。マルクスやレーニンの著作を読み込んでも、この疑問に対する回答は容易に得られない。ここに、「両立できる」という回答を示したのが、日本共産党だった。「議会制民主主義を通じ、選挙と言論で戦い、国民や労働者の運動で革命を行ない、社会主義への変革をめざす」というのが、日本共産党の基本路線だったのだ。

本書は「日本共産党論」を述べる趣旨ではないのでこれくらいにするが、筆者が共産党員になったのは、日本共産党が唱える理論が徹底してリアリズムに立脚していたように思えたからだ。いまから考えると、はなはだ見方が甘かったとしかいいようがない。しかし、歴史に対しても「実事求是《じつじきゅうぜ》」の姿勢が最高幹部たちの著作からは伺えた。現在の共産党最高幹部たちの著作には片鱗すらないが、かつて何人もいた党重鎮たちの著作には、リアリズムという点で風雪に鍛えられた迫力と事実の重みを痛いほど感じさせるものがあった。

入党して数年すると、引退した最高幹部メンバー、中には戦前から活動した人たちと親交を得るようになり、ほどなく党職員となった。こうした大ベテランのひとりが、党職員になった折にこうアドバイスしてくれた。

「決して党からうけとる給与だけをあてにしては駄目だよ。財政援助を与えてくれる個人的なパトロンでもいいし、内緒でやる書き物の仕事でもいいから、収入面では必ず〝二足のわらじ〟にすべきだ。そうでないと、党内で分派闘争が発生した際、指導部を握った側から給与面でのゆさぶりをかけられるから」

日本共産党が分裂した時期に苦労した元幹部の話だけに、説得力があった。これも共産党の実際の歴史に学んだ〝リアリズム〟というべきものだ。特別に努力したわけではないが書き物には興味があったので、以前から知識もあった軍事方面の執筆活動を始めたのは、このアドバイスから数年以内だった。

「リアルに物事を見る」という点を何事でも大事にした気風がかつての日本共産党にはあり、そこで考え方を練った筆者にとってさまざまな資料を調べて執筆する活動は楽しくやりがいのあるものとなった。ソ連のプロパガンダ的要素をはらんだ軍事資料を読み解くのに、複数の裏づけをとりながら真実を導き出す作業は特に面白く、出来上がった記事も好評だったように思う。

こうした活動を通じて、日本では左翼陣営に属する人たちが刊行する戦争についての著作などは、相当な部分で事実を歪められているのではないかと考えるようになった。日本においては、自国民に甚大な被害をもたらした戦争は「絶対悪」で、それを引き起こしたのは比類なく野蛮な「日本軍国主義」であり、戦争に関する文学の多くは〝悪漢〟＝「日本軍国主義」を象徴させる人物なり組織を一方に登場させ、対比させる形での不幸な「被害者たち」＝犠牲になる末端の将兵や彼等に殺される無辜《むこ》のアジア民衆、あるいは敵兵たちを描くものとなっている。悲劇で〝お涙ちょうだい〟ものの上、しかも勧善懲悪なテレビ番組の「水戸黄門」的なストーリーが、単純に「この前の戦争は、ともかく日本が悪かった」という認識を広く国民に刷り込む上で成功したのだと思う。

戦争は、決して善ではない。不幸そのものだ。しかし、「誰が悪い」などと簡単に事実を裁断できるほど、経過が簡単なものでもない。

左翼のバックボーンをなしている共産主義思想にも、リアリズムを標榜する反面、弱点がある。「いかなるイデオロギーも階級的であり、特定の階級に奉仕しないイデオロギーなどない」というテーゼだ。

このテーゼは、さまざまな文学作品から報道記事、ルポルタージュに至るまで事実を特定のイデオロギーで〝料理〟したもので、階級の利益が反映した見方になっているとしている。そこで、共産主義の立場からは商業新聞を「ブルジョワ新聞」と見て、さも偏った記事を載せるものと教えこんだり、文学作品や歴史記録なども「～の立場で書かれている」と色眼鏡で見たりしがちになる。

これが行き過ぎると、自分たちの書くものにもその主張を裏づけるために事実データを誇張する傾向にまでつながる。これについては、「共産主義によって立つプロレタリア・リアリズムは、どんな虚偽をも排除することが真の利益につながるし、どんな事実も恐れる必要はない」という戒めが何度もいわれているのだが、結局、共産党そのものが組織として官僚機構を形成するようになると、部門ごと、あるいは特定の幹部を中心としたグループの利益が優先され、ウソがはびこるようになってしまう。これはおかしなことに、共産党周辺の文学グループや研究者の集団にまで及ぶ。

最近、戦争の歴史を見直そうとする動きがさかんであるが、ここには戦後の左翼陣営が大きく影響を及ぼした戦争文学とか、戦記に盛り込まれた〝結論先にありき〟の誇張やウソへの反発があるのだと思う。

私自身が戦争文学のウソへの疑問を初めて本格的に感じたのが、ノモンハン事件についてだった。その疑問への答えを見出す可能性が、ソ連崩壊で解禁され出版されるようになった多数の軍事データや回想で得られるようになった。

ノモンハン事件についての私の記述は、共産党職員時代から取り組んだものだ。これをいまの目で見直し、加筆してまとめたのが本書である。いまや、党派的くびきから自由になった私は、つたない力ながら共産主義思想の良質な部分であるリアリズムの徹底という立場のみを受け継ぎ、戦史の中の事実に向きあえたと思う。ここから得られる所見は、決して従来のステレオタイプ的なものとはならなかったと確信する。

読者にとって、本書が新たな知見を提供するものであり、なおかつノモンハン事件の実像に迫る入り口になったと感じていただければ、筆者の「共産党人生」も決して無駄ではなかったということになろう。

『ノモンハンの真実』目次

ノモンハンの真実

日ソ戦車戦の実相

はじめに

いまだに問われるべきノモンハン事件の実相

いまから七〇年ほど前の一九三九（昭和十四）年五〜九月、モンゴル（外蒙古）東部国境地帯のノモンハン周辺で「日本陸軍＝満州国軍」と「ソ連＝モンゴル軍」との間で、双方合計して一〇万人以上の規模の兵力を投入した大きな国境紛争が起きた。ちょうど前後するタイミングでドイツ軍がポーランドに侵攻したことにより第二次世界大戦の幕が切って落とされたこともあり、北東アジアの不毛な草原・砂丘地帯で起きた国境紛争はあまり世界の関心を集めなかった。しかし、戦いの実相はソ連軍と日本軍が大量の砲兵や戦車、航空機を投入したために一九三〇年代当時としては最大規模の激戦となり、双方に多大な犠牲を出すものとなった。

この紛争は、ソ連の後押しで中国から分離独立して日の浅かったモンゴル国（当時はモンゴル人民共和国、一九二四年に「世界で二番目の社会主義国」として建国）にとって大きな試練であり、同国の歴史上最も重大な事件だった。定住者もなくわずかに遊牧民が行きかうだけの草原地帯とはいえ、自国領土を舞台に大国の戦車や航空機などの近代装備を持つ大部隊が展開する激烈な戦闘に自国軍を参加させた最初の経験となったのだ。

今日、モンゴル国は日本の国技である相撲に多数の優秀な関取を送り込み、両国の関係は国民レベルで大変に近しいものとなっているが、両国間に横たわる重大な歴史的出来事であるノモンハン事件について、特に多くの日本国民の中では知られないままになっている。併せて、最終的に日本国土にも惨害をもたらす結果となった大東亜戦争に比べ、その先駆ともいえるノモンハン事件の戦没者は最近まで省みられないままだった。遺族と日本政府によるモンゴル政府への働きかけで、ようやく二〇〇四（平成十六）年から遺骨収集事業が始まったばかりだ。

厚生労働省社会・援護局によると、ノモンハンの戦場跡に残されていると見られる日本軍将兵の遺骨はおよそ三〇〇〇柱とされるが、ここ数年で収集できたのは数十柱であり今のペースでは、すべてを収集するのに三〇〇年はかかる計算となる。戦場がモンゴル・中国間の国境地帯にかかる微妙な区域であるため、モンゴル、中国の国境警備組織などとの調整もかなりむずかしく、日本側が足を踏み入れることができないままになっている戦場跡もかなりの広さにわたるという。

以上のことから、ノモンハン事件についてはようやく〝戦後処理〟が始まった段階にすぎないといえよう。大東亜戦争の前に起きた紛争の事後処理が、後回しになっていたというわけである。

遺骨収集などの現実問題の解決がここまで遅れることと裏腹に、事件そのものの歴史的評価などについては、著名な作家や評論家によってさまざまに論じられてきた。しかし、それらの多くが東西冷戦時代になされたために、戦闘の実相をソ連＝モンゴル軍側の客観的データで裏づけて検証するようなものとはならなかった。

いたしかたないことだが、ノモンハン事件の〝失敗〟について「関東軍司令部や東京の参謀本部の独善と独走が原因」であるとか、「機械的装備に劣る日本陸軍が苦闘を正しく総括できず、引き続く太平洋戦争での失敗につながった」など、従来から〝日本の敗戦〟について語る材料のひとつ程度の扱いがされてきたのが、実情である。これは、得られる資料や証言の範囲で正しい分析がされているとは思われるが、肝心の戦闘の実相や彼我の戦果や損失状況については、ソ連側からプロパガンダ色を排除した正確な数字データなどが入手できなかったために、公平な分析とはいえないのが実情だ。決してこれまでの論者が検証の努力をしなかったというわけではないのであるが。

しかし、一九九一年にソ連邦が崩壊し、旧ソ連国防省の機密指定文書が公開可能となると、状況は変わってきた。まず、ロシア語文献において、ついで英文刊行物の中でノモンハン事件の投入兵力や損失内容についての統計的データが現れ、さらにはソ連前線部隊の戦いの実相を反映したレポートも見ることができるようになった。

一九九〇年代半ば以降、こうしたものに目を通しながら日本で刊行されているノモンハン事件についての論述、戦史資料を読む中で筆者が確信したのは、次のような事実である。

一、ノモンハン事件の戦闘の実相は、前半戦に於いてはソ連＝モンゴル軍側が日本軍側に押されて、著しく苦戦を余儀なくされたこと

二、実戦における回復不能損失は、日本側よりもソ連側の方が大きかったこと

三、遊牧民の動き以外、住民がほとんど存在しない地域での戦いは、双方ともに客観的な戦果確認がしづらく、それにプロパガンダ目的の〝水増し〟も加えられて双方が主張する戦果があまりに過大となっていること

結果として、ノモンハン事件は双方とも不必要な戦いを不毛の地で展開したものだったが、ソ連＝モンゴル軍側は、その主張する国境線を東側へ拡大することができて戦略目標を達したという点で勝利したといえる。しかし、戦闘ではソ連＝モンゴル軍側の損害は率、実数ともにきわめて大きく、その戦略目標の価値に見合う犠牲だったかは、疑わしい。

筆者は、従来の「日本側完敗」説（もっと具体的には「地上戦闘で負けて、航空戦には勝った」という説が有力）について、旧ソ連及び日本の戦車開発やその戦史、さらに軍用機開発についての研究と記事執筆を行なってきた立場から疑問に思ってきた。もちろん、日本側は作戦目的である日本＝満州国側主張の国境線確保ができなかったのであるから、戦略的に敗北したことは間違いない。しかし、戦術レベルでの実相で日ソ、それにモンゴル軍や満州

国軍の戦いぶりや被害状況、彼我の軍事技術の優劣はどのように現われたのか。ソ連側資料が次々に現われる中で、その疑問は晴らされ、思う以上の日本軍部隊の敢闘、あるいは逆にソ連航空隊による劣勢挽回の戦いぶりが明らかになってきたと考えている。

以上の立場から、ノモンハン事件について、その戦闘の実相を見直そうと考え、軍事専門誌への連載や記事執筆を行ってきた。本書は、それらを再検討し、新たな知見を加えてまとめたものである。

最近、大東亜戦争をはじめ日本が関わった戦争について、見直しが叫ばれている。本書もそうした営みに一石を投じることができれば、幸いである。

プロローグ

壮烈！　戦車第四連隊の夜襲攻撃

戦車という乗り物は、その火砲や装甲、キャタピラーによる重厚な走行で強いと思われる兵器である。しかし、新旧問わず扱いにくさがある。内部に入ると、わずかな隙間（スリット──日本陸軍の用語では「覘視孔《てんしこう》」という）や限られた範囲で取り付けられた防弾ガラスごしにしか乗員が外を見るすべがない。

したがって、昼間ですら視界不良なのに、敢えて悪天候下や夜間に戦車で作戦行動することは無謀のきわみで、避けるべき戦術なのが常識だった。最近の戦車は暗視装置といって、夜間の射撃や操縦に対応するための特別の視察装置が装備されているが、ノモンハン事件や第二次世界大戦が勃発した頃の一九三〇年代末期、そうしたものを装備した戦車はいずれの国にもなかった。

しかし、日本の戦車隊は、ノモンハンの戦場で夜間、それも雷雨という悪天候下にソ連軍陣地への攻撃を実施して大きな戦果を挙げた。驚くべき士気と熟練ぶりとしかいいようがない。

雷雨をついて、ソ連軍陣地に突入・蹂躙

一九三九（昭和十四）年七月二日、午後十一時三十分、なだらかな起伏のつらなったハルハ川東岸のバルシャガル高地を時折、稲光が照らし出していた。玉田美郎大佐が率いる戦車第四連隊は、この地域の北から南西にかけて攻勢に出ようとしていた。めざすは、ハルハ川と支流のハイラスティン川の合流点「川又」である。ここには東岸に展開するソ連軍やモンゴル軍（外蒙古軍と当時は呼称）が増援や補給に用いる架橋がされていると見られており、対岸にはソ連軍重砲陣地がつらなっているため、この時、日本軍はハルハ川の東西両岸からここを目標に〝越境ソ連＝モンゴル軍〟の策動の根を絶つ掃討作戦を企てていた。

戦車第四連隊の進路上には、ソ連第149自動車化狙撃連隊が増援された戦車や装甲車、砲兵とともに防備についた野戦陣地がある。ここの突破を、意表をつく夜襲で実現しようとする意図を玉田連隊長は持っていた。

夜間攻撃に発進した連隊は、連隊長車を含めてすべての戦車（九五式軽戦車が主力）と軽装甲車の砲塔ハッチを開け放ち、車長が顔を出して周囲を偵察しつつ進んだ。戦車と戦車の間隔は一〇～一四メートルの密集隊形で、騎兵銃で武装した徒歩の伝令を配置して連絡をと

九五式軽戦車。重量７トンの快速戦車で37ミリ砲を備えていたが、装甲がうすいのが欠点だった。戦車第四連隊の主力を担った。

りながら時速五キロで暗闇の中を進んでいった。

日付の変わる午前零時過ぎ、激しい雷鳴とともに雨が降り出した。雷雨が戦車のエンジン音を掻き消し敵陣地に接近しつつあった日本戦車隊には好都合であった。しかし、時折稲妻が暗闇と雨の中の戦車を照らし出し、ソ連軍陣地のすぐ近くまで来ると突然現われた日本戦車に驚愕したソ連兵が重機関銃を発射し出した。

玉田戦車隊の九五式軽戦車や機銃装備の軽装甲車は、ソ連軍の銃火に対していっせいに反撃砲火を開き、これを次々に沈黙させながら日本戦車はソ連軍陣地内に突入して行くと、雷雨の中、阿鼻叫喚の巷が現出した。

突入したソ連軍陣地には、歩兵の他にこれを支援する野砲陣地が展開しており、ソ連砲兵は砲座について野砲の水平射撃を開始しようとしたが、数発撃つのが精一杯ですぐに日本戦車の砲撃や機銃掃射で砲兵は全滅し、多くの野砲はキャタピラーで蹂躙された。

ソ連軍側も強力な四五ミリ戦車砲を装備したBT戦車や重装甲車を繰り出したが、集団戦術と射撃技術に長《た》けた日本戦車によって次々に撃破されていった。当時のソ連戦車兵たちは、夜間戦闘訓練など受けたことがなかったので、狼狽《ろうばい》するばかりだった。ただでさえ、装甲ハッチなどの細い切れ目にはめられた防弾ガラス付き視察装置から外を見るために、視界の悪い戦車や装甲車で夜間に戦闘行動するような戦術の発想は、日本戦車隊くらいにしかなかったのである。

味方陣地内を思うままに蹂躙されたソ連軍は、威力ある四五ミリ対戦車砲や野砲を有効に使うことができなかった。わずかだが勇敢にも手榴弾を手に日本戦車へ肉薄攻撃を企てたソ連歩兵も、車載機銃や戦車周辺に配置された日本軍伝令の騎兵銃によって撃ち倒されてしまった。

戦車第四連隊は、ソ連軍陣地をさんざん蹂躙《じゅうりん》したあげく夜明け前に出撃発起点方向へ引き揚げた。歩兵部隊を随伴していないために、敵陣確保が困難と見たからだ。それでも、本来なら右翼方面の主攻勢（中戦車主体の戦車第三連隊と歩兵第六十四連隊が基幹で実施）が進《しん》捗《ちょく》していれば、夜間攻撃で戦車第四連隊が挙げた大きな戦果は、決定的な意味を持つはずのものだった。

練度優秀な日本戦車隊が鮮やかに示した夜戦勝利

八九式中戦車。57ミリ短戦車砲を持つ日本初の実用量産戦車で、ノモンハン事件時には旧式化していた。戦車第三連隊の主力で戦車第四連隊でも、1個中隊が本車で編成されていた。

戦車第四連隊は、七月二日から日本軍側が発起した攻勢作戦で、同隊の右翼方面からハルハ川東岸地区の掃討をめざしていた戦車第三連隊とともに、関東軍直属の第一戦車団の基幹部隊として位置づけられた精鋭だった。一九三二年以来、日本陸軍は中国大陸での戦闘に戦車を積極的に投入し、トラック輸送した歩兵と組み合わせた臨時編成の機動作戦グループを活用して大きな戦果を挙げてきた。第一戦車団は、こうした経験を生かし、さらに発展させるため、機械化された砲兵や歩兵と組み合わせた日本陸軍としては初めての常設機械化部隊として編成されたものだ。

軽戦車主体で編成された戦車第四連隊は、実戦経験の豊富な基幹隊員と新たに兵科を変えて配属された将兵が組み合わされ、平時から実戦でのさまざまな想定をふまえた訓練が徹底されていた。玉田連隊長の創意による夜間戦車戦闘訓練をはじめ、一個小隊（三輌の戦車で構成）が単一の目標に集中射を実施して迅速に火点や敵車輌、陣地を制圧する訓練などチームワークで戦車の性能を最大限引き出す取り組みがされていた。

連隊に蓄積された過去の実戦経験と訓練で得られた技能は、ノモンハン事件出動で全面的に生かされた。小隊ごとの同一目標への集中射撃技術の熟達は、榴弾射撃の場合は機銃陣地や戦車にとって最大の脅威である対戦車砲を瞬時に破壊し、対戦車射撃における九五式軽戦車主砲の弱い対装甲威力を補いながら敵戦車に先んじて命中弾を加えた。これによって、同連隊が受けた損害に比べて大きな損失をソ連＝モンゴル軍に与える大きな力となった。

日本戦車砲手個々の射撃技能が優れていたこともあって、火力面ではソ連のBT戦車や重装甲車（ともに長砲身の四五ミリ砲を装備）よりも劣っていたのに、当時の戦車戦闘としては大きめの交戦距離七〇〇～一五〇〇メートルでの射撃においても、戦車第四連隊の九五式軽戦車や八九式中戦車（短砲身の五七ミリ砲装備）は、ソ連装甲車輌多数を撃破した。

七月二～三日の夜襲に戦車第四連隊は八九式中戦車（甲）八輌、九五式軽戦車二八輌、九四式軽装甲車三輌を投入したが、損失は軽戦車一輌が命中弾で行動不能となって遺棄（後にソ連軍が鹵獲《ろかく》）された他、もう一輌が軽損したのみであった。そして、人的損失は軍医一名が戦死、将校と下士官各一名が負傷という状況だった。

それに比べると、攻撃を受けたソ連軍側は野砲多数を破壊または奪われ、戦車、装甲車、トラックなど車輌十数輌が破壊、戦死・負傷は一〇〇名以上にのぼった。ソ連側戦記によっても、この攻撃で第149自動車化狙撃連隊は大きな危機に陥り、後退を余儀なくされたとしている。

このバルシャガル高地夜襲は、戦車戦の歴史上、初めての大規模な夜間戦車部隊戦闘だった。相互の位置確認すら容易ではない戦車の夜間戦闘は、訓練の積み重ねによってよほど意思疎通が徹底し、「以心伝心」の域に隊員が達していないかぎり不可能だ。戦車夜間戦闘については、当時の日本における戦車戦闘「典範」（教科書）類にも記載がなく、この戦車第四連隊による夜襲成功の翌年に制定された『戦車操典』で初めて夜襲の重要性が記されるようになった。

玉田連隊長が夜間襲撃を決意したのは、すでに強力なソ連軍対戦車砲の威力を認識し、装甲の弱い軽戦車主体の部隊で敵陣突破を図るために有効であると判断したからだが、その決意を支えたのは連隊が平時に行っていた夜襲訓練や小隊単位の連携、射撃訓練の徹底で得られた隊員の高い技量である。

〝一方的敗北〟説を否定する日本戦車隊の奮戦

よくノモンハン事件について、軍事史や兵器研究の関係者から「機甲戦闘で日本は大敗した」とする評価を聞くことが多い。「日本戦車隊は、壊滅的な打撃を受けて戦線を離脱した」との指摘もされることがある。これは、後述するが、関東軍機甲部隊の母体となるべき第一戦車団（事件では安岡支隊の基幹をなす）が消耗戦の中でいたずらに失われるのを恐れた関東軍参謀本部の転出命令で戦車隊が七月半ばに戦線から引き揚げられたことを根拠にするものだ。

しかし、現在残されている戦車隊員の手記や回想をたんねんに調べると、戦車隊自身はまったく負けたと思っていないことがわかる。確かにここであげた戦車第四連隊の右翼で戦っていた戦車第三連隊は、昼間に正面からソ連軍砲火の渦中へ飛び込み、連隊長吉丸清武大佐をはじめ多数の将兵を失い、相当な損害を受けた。

日本戦車隊は、戦線で損失を出すのは織り込み済みのことで、当時それぞれの部隊に付属した中隊段列や材料廠などのいわゆる整備部隊が高い復旧能力を保持していた。詳論は後へゆずるが、配備戦車の七一パーセントが損傷を受けた戦車第三連隊も、一週間後には野戦整備による補修作業で損失の七五パーセントを復旧し多くの戦車を戦力復帰させているのだ。

「戦い半ばにして命令によりやむなく後退」というのが、ノモンハン事件の現場にいた日本戦車隊将兵の実感である。しかし、後にノモンハン事件の総括が問題になった際、「贖罪《しょくざい》の山羊（スケープゴート）」として、作戦途中に後退させられた戦車隊に矢が向けられ、その〝弱さ〟（逆説的なようだが、戦車は当時、革新的兵器だった故に他の兵科から「無用」論や「役立たず」といった議論が投げかけられがちだった）が強調されるようになってしまった。これが戦後にも持ち越され、「日本戦車隊は大敗」といった説が高名な作家などによっても唱えられ続けているのだ。

ノモンハン事件については、戦車部隊の問題に限らず、その戦闘の実相が理解されていない。決して、この事件の経過が日満側の勝利であるというのではないが、ソ連＝モンゴル軍側はその戦略的目標を達成するのに日本側を上回る深刻な損害を出し、日本軍の実力を実感したのであり、これが後の日ソ中立条約成立と一九四五年八月までの六年間、ソ連側が決して満州や朝鮮半島北部に対して軍事的挑発を行なわずに推移した大きな要因となったのである。

勃発七〇周年のノモンハン事件の経過と日本側の人的損失

一九三二（昭和七）年の満州国成立以来の国境紛争が度重なり、ついに満蒙国境での日満軍、ソ蒙軍の大規模衝突に発展したのが、一九三九（昭和十四）年五〜九月の「ノモンハン事件」である（ソ連＝モンゴル軍側の呼称は「ハルヒンーゴール事件」）。

七〇年前、第二次世界大戦開戦前夜に起きたこの事件は、双方とも航空隊や機甲部隊、重砲兵を動員する軍団規模の兵力同士の衝突にエスカレートし、結局、八月末までに日本軍側の主力、第二十三師団と増援の砲兵部隊等が優勢なソ連軍によって包囲、殲滅《せんめつ》されて終局を迎えたのである。

ノモンハンという地名は、戦場となったハルハ川東岸地区の中心にある、不定期的な小集落の名称（地図上には「ノモンハン・ブルド・オボー」という記載がある。オボーとは大小の石を積み上げたモンゴル地方の道祖神のことで、遊牧民にとって移動途上の目印にもなる）だが、当初、紛争処理を検討した関東軍参謀や、出動する部隊指揮官の誰もが初めて聞くものだったという。同地はただ遊牧民が行き交うにすぎない草原と砂漠の広がる荒野で、日ソ両軍が大軍を動員し、多大な人的犠牲を払うに値する地域とはいえなかった。

ノモンハン事件は、大まかにいって三つの段階に分けることができる。

第一の段階は、五月初めの頃（四月からの説あり）から同月末までで、モンゴル国境警備隊のハルハ川「越境」と満州国警備隊哨所の襲撃、日本陸軍第二十三師団の捜索隊その他と航空隊（軽爆隊）の出動によるこれの撃退。そして、モンゴル軍の要請を受けた駐留ソ連軍の分遣隊及び空軍の出勤と、日本軍捜索隊の全滅で区切られる。

第二段階は、六～七月末までにかけてで、関東軍がソ連＝モンゴル軍側に本格的な「懲罰」を与えることを決意。航空隊を増加投入し、モンゴル領土奥深くにあるタムスクのソ連軍航空基地を空襲した。同時にハルハ川東岸にわたって布陣したソ連軍に対して、日本陸軍第二十三師団主力及び内蒙古・公主嶺駐屯の関東軍第一戦車団を中心に編成された安岡兵団を出動させ、ハルハ川東西両岸で攻勢をかけるが、これに失敗。その後、重砲兵を投入してソ連砲兵隊と砲撃戦を交え、さらにこれも成果を挙げられずに作戦を中断したところで区切りが付けられる。

第三段階は、八月の前半における小競り合いと下旬のソ連＝モンゴル軍大攻勢による包囲殲滅戦だ。前半期、ソ連軍やモンゴル軍はしばしばハルハ川東岸部に陣地構築して腰をすえた日本軍及び満州国軍に対して、小規模な威力偵察行動や攻撃を繰り返した。同時に、いくつかの欺瞞《ぎまん》工作（擬音を立てて陣地構築をしているかのような誤解を日本側に与えたり、機甲部隊の再編を隠したりした）の裏で大規模な攻勢を準備。同月二十日からソ連軍とモンゴル軍が大攻勢を開始し、月末までの第二十三師団及び増加派遣部隊（これらで第六軍を構成）が壊滅の憂き目を見て、事件の帰趨《きすう》はほぼ決定づけられた。

その後、翌九月十六日に停戦協定が発効。ソ連＝モンゴル軍側主張の国境線（ハルハ川東岸より東へ約二〇〜三〇キロの線）が認められた。

この三つの段階の紛争を通じて、日本側の人的損失は総計二万八〇一名（戦死八七一六名、戦傷八七一四名、行方不明一〇二一名、戦病二三五〇名――第六軍軍医部資料及び安岡支隊戦闘詳報より算定）にのぼった。

この戦役における日本陸軍の損失は、ひとつの会戦での犠牲としては日本にとって歴史的にきわめて甚大なものであった。特に八月後半にソ連＝モンゴル軍が展開した総攻撃で、派遣部隊主力であった第二十三師団が、その兵力の大半を喪失するような大損害を出したことは、関東軍参謀本部はもとより東京の陸軍参謀本部にも大きな衝撃を与えた。実に投入兵力の七六・五パーセントに達する壊滅的な損失を受けており、同師団の損失が日本軍全体の損失の六九パーセントを占めているのだ。

八月後半の戦いは包囲された日本軍部隊が絶望的な状況下、激しく抵抗しつつも、全滅あるいはかろうじてわずかな将兵が命からがら脱出するという悲惨さであった。戦後に生存者が残した、事件についての多くは、この時のエピソードが特に印象的に語られたことから、日本国民にノモンハン事件が〝悲劇的な大敗北〟として認識されることになったのである。

ソ連崩壊後の公開資料でわかったソ連軍損失の大きさ

従来、ノモンハン事件については、以上に述べた日本側の損失の大きさや特に第二十三師団が事実上壊滅したという終局により、「あらゆる意味で無謀な日本関東軍側の大敗北」という見方がされてきた。しかし、「はじめに」で記したように、筆者はノモンハン事件の前半戦について、日本側の奮戦によりソ連＝モンゴル軍側が危機に陥った局面があったとの判断を日本側の資料なども検討した上で持っている。そして、事件全体としてもソ連＝モンゴル軍側が日本を上回る損害を出し、そのことが重大な歴史的意味を持つとも考えている。筆者の考えを裏づける資料が、ソ連崩壊後に出てきた。それまで、「政治的配慮」から決して実数が明らかにされてこなかったソ連軍の各戦役ごとの人的損失統計だ。

一九九七年、ロンドンのグリーンヒル出版社（Greenhill Books）から刊行された『二十世紀におけるソビエト連邦の戦闘損失と犠牲者』（SOVIET CASUALTIES AND COMBAT LOSES IN THE TWENTIES CENTURY）は、旧ソ連軍参謀本部のG・K・クリヴォシェーエフ中将が監修した。ソ連国防省機密文書からまとめられたソ連建国から崩壊までの各戦役、作戦での参加兵力と人的損失の実数と内容を数値的に示した統計集だ。残念ながら和訳はないが、難解なロシア語ではなく英語で刊行されていることでソビエト・ロシアの戦争関係の資料としては内容を把握しやすいものとなっている。

これには、ノモンハン事件についてもソ連軍の投入兵力ならびに人的損失の内容が明示されている。かつて、ソ連時代の戦争に関する統計資料は「都合の悪い事実を知らせないことと、戦勝をより大きく際立たせるために数字的操作が行なわれ、信頼性に欠ける」とみなすのが常識だった。そして、これはソ連軍と相対した敵側の損失＝ソ連軍にとっての戦果についてもいえるものだった。ソ連側の勝利を際立たせるために、敵の損失にも相当な水増しがされていることが多かったのだ。例えば、資料によって異なるがソ連時代に公刊された戦史には、ノモンハン事件での日本側の人的損失がおおむね五万人以上とされている。日本側公式記録の倍である。

しかし、クリヴォシェーエフ将軍による資料は、旧ソ連の軍と政府指導部が正しく戦略的判断を下すために可能な限りの厳密さをもってデータを収集し積み上げた数値に基づくものだ。それにより、これまで知られなかったソ連をめぐる戦役の苛烈さ、犠牲の多さを際立たせるものとなっている。

さらに、モンゴル人民革命軍の人的損失についても、一九九〇年代半ば以降にようやく実態を反映した数値データが得られるようになった。従来は、同軍の正確な投入兵力についても、参加部隊名以外よくわからなかったのだ（例えば、後述する戦記部分では、モンゴル人民革命軍の第6、第8騎兵師団が登場するが、これらは一個師団あたり三〇〇〇名程度で構成されており、他国の師団でいうなら三分の一以下の兵員数でしかない。この辺りの事情がわからないと、迂闊《うかつ》な推測による数値も示せない）。

一九九九年八月にＮＨＫが放映した特集番組『ドキュメント・ノモンハン事件〜六〇年目

の真実～』では、モンゴル建国の経緯とその後に事実上、ソ連のシベリア・極東地区防衛の〝盾”とされてきた同国の事情によってノモンハン事件勃発の原因がモンゴルやソ連側からも作られたという問題提起を行なった。その番組制作の過程で行なわれた現地調査で得られた資料を含め、内容が二〇〇一年三月に『ノモンハン　隠された「戦争」』（鎌倉英也著　日本放送出版協会）として出版された。ここには、なかなか知ることのできなかったモンゴル人民革命軍のノモンハン事件での損失についてもデータが記載されている。ソ連の崩壊にともない、モンゴルも「非社会主義化」の道を辿らざるを得ず、かつてのような秘密主義に統計資料の調査が妨げられる要因がなくなったのである（筆者は、二〇〇四年以来、モンゴル軍を取材するために数度にわたりモンゴル国のウランバートル市内にあるモンゴル中央軍事博物館を訪れたが、そこには判明しているノモンハン事件でのモンゴル人民革命軍戦死者の氏名と階級を書き出した書類が展示されていた）。

以上の資料を照らし合わせて、ノモンハン事件（一九三九年六月〜九月）でのソ連軍及びモンゴル軍の総投入兵力と人的損失についてまとめるなら次のようになる。

ノモンハン事件におけるソ連軍の投入兵力総数は、六万九一〇一名。人的損失は、二万三九二六名で、その内訳は戦死六八三一名、戦傷一万五二五一名、行方不明一一四三名、戦病七〇一名。これは、実数で日本側を上回り、投入兵力の三四・六パーセントにのぼるものだ。

モンゴル人民革命軍の投入兵力総数は、推計で六五〇〇名程度。戦死・行方不明が二八〇名、戦傷・戦病が七一〇名で計九九〇名となる。推計投入兵力数の一五・二パーセントだ。

この両軍を合計すると、投入兵力総数七万六二〇一名、戦死・行方不明八二五四名、戦傷・戦病一万六六三五名で人的損失は二万四八八九名となる。投入兵力に対する損失率は、三二・九パーセントで、ノモンハン事件に赴いたソ連＝モンゴル軍将兵の三人に一人が短期的には回復し得ない人的損失にカウントされていたのである。これは、あらゆる軍事作戦を考える上で、決して低い数値ではない。

双方損失をバランスシートにかけてわかること

次に、この事件における全体的な人的損失をバランスシート的に分析してみよう。

結論的にいえば実際の人的損失は実数・損失率ともに日本側よりソ連＝モンゴル軍側の方が約一・四倍も上回っていることが示されている。

一九三九年八月後半のソ連＝モンゴル軍側による総攻撃で、日本軍の主力であった第二十三師団が、その兵力の大半を喪失するような大損害を出したにもかかわらず、ソ連＝モンゴル軍側の方が損失数・率（約二万五〇〇〇名、約三三パーセント）ともに大きいのは、やはり前半の戦いにおける日本戦車部隊の奮戦に象徴されるような日本軍側の敢闘と練度の高さが反映され、ソ連＝モンゴル軍に苦戦を強いたものであったことを示しているといえそうだ。

ちなみに、このソ連＝モンゴル軍の総兵力に占める損失率は、地上戦闘においては世界戦史の上で最大規模の激戦といわれる独ソ戦での一九四三年七月のクルスク会戦においてドイツ軍側が有利に戦闘を進めた南部戦区におけるソ連軍の損失率一三・八パーセントを倍以上も上回っている。

ちなみに、現代戦においては部隊実員の二割の損失を受ければ戦闘の継続はむずかしくなり、四割に達すれば組織的な活動がほぼ不可能になるとの判定がされる。ノモンハン事件における ソ連軍の損失は、部隊の組織的活動に支障を来たすギリギリのところまでいっていたといえる。

こうした人的損失の実数や内容を比較するだけでも、ノモンハン事件で「近代兵器をふんだんに装備したソ連＝モンゴル軍側が善戦した」との俗論の誤りが明確になるとともに、日本側が、例えば「戦車部隊は手も足も出ずに損失を重ね、戦場を離脱した」などというような惨めな状況で一方的に大敗したかのような説の虚偽をも暴きだすことになる。これは、先に示した戦車第四連隊奮戦のエピソードや今後示す日本軍の勇戦敢闘ぶりなどを併せて考えれば、いっそう明瞭になるだろう。

ノモンハン事件は、日本軍の高級参謀クラス以上の指揮官たちによるつたない指揮・統制や、現代的な機動戦闘への無理解と準備不足によって、日本側が戦略的には明確に敗北したものである。しかし、手練の日本軍を相手にしたソ連＝モンゴル軍にとっても、いかに砲兵や機甲戦力等の近代兵器で優越していたとしても、苦しく損失の多い地獄の戦いであったのだ。

ソ連側で指揮をとった、後の独ソ戦の英雄G・K・ジューコフ元帥が、第二次大戦からしばらくたってからソ連の代表的な記録作家K・シーモノフ（初めての従軍記者経験をノモンハン事件で積んだ）のインタビューに対して、「自分の軍歴の中で最も苦しかった戦いは、ハルヒン──ゴール（ノモンハン地区）における日本軍との戦い」と述べたことは、こうした実情を如実に反映している。

何しろ、第二次世界大戦において規模の上でも内容の熾烈さでも群を抜いていた独ソ対決の戦いを指揮し、一時は風前の灯だった一九四一年秋から冬のモスクワをドイツ軍から守った稀代《きたい》の鬼将軍が、「最も苦しかった」と語ったほどなのだから。

地上戦編

十八世紀からかかえてきたノモンハン周辺の未確定国境問題

ノモンハン事件のきっかけは、モンゴル人民共和国と満州国間の国境未確定地域における双方の警備隊間の紛争であった。ノモンハンという地名は、事件勃発の一九三〇年代末頃にあってもほとんど知られていなかったが、古くからの国境紛争地域だった。清朝時代の十八世紀前半期から、現地部族間の争いでその境界確定が問題になってきた地域だったのである。

これが二十世紀まで持ち越されていた。一九三二年の満州国成立後はソ連を後ろ盾としたモンゴル人民共和国との間でそれぞれ異なる主張をたたかわせる国境問題として現出したのである。詳論はさけるが、何度かノモンハン周辺の国境確定について、「モンゴル＝ソ連側」と「満州国＝日本側」との間に交渉が持たれたがまとまらなかった。そして、一九三五年頃から、それぞれが主張する国境線まで双方の警備隊が進出したために武力衝突が発生するようになり、緊張が続いたのである。

争いの背景にあった双方の主張は、次のようなものだった。

モンゴル＝ソ連側：国境線は一七三四年に清朝の裁断でハルハ川西岸より一五～三〇キロ離れたノモンハン・ブルド・オボー周辺の線である。

満州国・日本側：清朝裁断による境界はその後も紛争を惹起したことから確定されておらず、むしろ自然境界というべきハルハ川の線が根拠あるべきものだ。

このような主張が対立するにしろ、本来不毛の無人地域であるノモンハン周辺の帰属がどうなろうと両国にとってたいした問題になろうはずがない。遊牧民は双方による暗黙の了解の下、国境線を相互に行き来していて、かつての部族間紛争の真の原因となった家畜と人間のための水場の取り合いも発生してはいなかった。

しかし、当時、ここで国境を接していたモンゴル人民共和国も満州国も、それぞれに〝後見人〟としてソ連、日本という大国が控えていた。両国とも各国の内政に至るまで深く介入・関与し、ある意味で国境線問題も本国のそれ以上に神経質に扱うものとなっていた。また、当時、これも詳述はさけるがモンゴル人民共和国政府と人民革命党内部でスターリンによる介入を背景とした権力抗争、粛清劇が展開していた。これが、国境問題への対応に大きく影響した。

満州国防衛の任を担っていた日本陸軍関東軍にとって、「ソ連や外蒙古（モンゴル人民共和国のこと）側の国境線挑発」は、その存在意義に関わるものとして重大視されるべきものだった。そして、東京の参謀本部から離れて独自の「国境紛争処理要綱」を策定し、断固たる武断主義的な強硬策で対処する決意を固めていた。

以上のような事情が重なり、一九三九（昭和十四）年五月、モンゴル側の国境警備隊がハルハ川を越えて〝越境侵入〟したことに対し、日本の航空隊が爆撃を加えたことを端緒に紛争が大きく拡大していったのである。関東軍としては、ソ連軍出動も視野に入れて断固たる〝懲罰〟を加えんと本格的な出動を決意。虎の子の戦車部隊を増援した一個師団をもって、モンゴル人民共和国とソ連側に打撃を与える準備に入った。

まず地上戦闘の準備と経過について、関東軍戦車部隊を中心に見てみよう。

当時、南満州（内蒙古）の公主嶺には、戦車第三、第四連隊を中心とした第一戦車団がおかれていた。これは日本陸軍の本格的な機械化部隊である独立混成第一旅団を改編したもので、ノモンハンへの出動は陸軍史上、それまでで最大規模でのまとまった戦車部隊投入となるものだった。

解体された独立混成第一旅団がルーツの第一戦車団

南満州の公主嶺周辺に分駐していた関東軍所属第一戦車団が、ノモンハン地区への出動命令を受領したのは一九三九（昭和十四）年六月二十日のことだった。

当時、第一戦車団は戦車第三、第四、第五連隊とその支援部隊（整備・修理のための材料廠や、補給にもあたる段列など）からなっていた。この内、戦車第五連隊は満州東部国境（ソ連沿海州方面）に分遣され、前年の一九三八年七〜八月、ソ連軍との大きな衝突を起こした（張鼓峰《ちょうこほう》事件）地区をにらんでいた。

第一戦車団は、もともと一九三四年に戦車部隊と自動車化歩兵・砲兵等を組み合わせて編成された独立混成第一旅団をルーツとしたものだった。

旅団は自動車化された独立歩兵第一連隊を主力とし、戦車第三、第四大隊（後の第三、第四連隊――いずれも八九式中戦車主体）と野砲兵第一連隊（機動九〇式野砲三個中隊）、自動車化工兵で構成された機械化部隊であった。これは、当時世界で研究が行なわれていた独立した作戦能力を有する機械化部隊について、日本陸軍としても実際の運用を通じて研究しようとして編成されたものである。

しかし、一九三七（昭和十二）年の日中戦争突入後、華北方面に出動した独立混成第一旅団は、運用する上級司令部の無理解もあって、部隊ごとにバラバラにされて各所に配置され、機械化部隊としての特質を生かした成果を挙げることができなかった。また、補給面での配慮もなかったことによる車輛の故障多発等のトラブルで、配属された歩兵師団にも評判が悪かったなど、踏んだり蹴ったりの実績しか残せなかった。

結局、「自動車化歩兵をも統合した機械化旅団など無用。必要なときに自動車に乗せた歩兵部隊と戦車部隊を組み合わせればよい」との間違った結論が、華北戦線での経験から導き出され、一九三八年八月に独立混成第一旅団は解体されてしまった。そして、配属されていた独立歩兵第一連隊は満州東部国境地区に移駐し、砲兵連隊や工兵隊も取り上げられて関東軍直轄となり、これらは、公主嶺周辺に引き続き駐屯した。

このような経過を経て、戦車第三（八九式中戦車主力）、第四（九五式軽戦車主力）の両連隊は、便宜的に戦車第五連隊とともに第一戦車団に包括され、公主嶺で歩兵直援戦闘の訓練に明け暮れる日々を送っていた。

機械化部隊を寄せ集めた安岡支隊

関東軍による出動命令は、第一戦車団司令官の安岡正臣中将を長にして安岡支隊を編成。すでにハイラル方面からノモンハン地区に出動している小松原兵団（歩兵第二十三師団を主軸に、第七師団の一部連隊を編合。指揮官は、第二十三師団長――小松原道太郎中将）の指揮下に入り、越境しているソ連＝モンゴル連合部隊の背後をハルハ川上流部から「逆越境」して同兵団と協力して挟撃するという内容だった。

安岡支隊の編成は、関東軍作戦主任参謀の辻政信少佐と、同機甲主任参謀の野口亀之助少佐とが協議して起案したもので、次のようなものだった。

ノモンハン出動命令時の安岡支隊（安岡正臣中将）の編成

第一戦車団（戦車七四輛、軽装甲車一九輛）

戦車第三連隊（吉丸清武大佐）

中戦車二個中隊（八九式中戦車二六輛、九七式中戦車四輛、軽装甲車一五輛）

戦車第四連隊（玉田美郎大佐）

軽戦車三個中隊、中戦車一個中隊（九五式軽戦車三六輛、八九式中戦車八輛、軽装甲車四輛）

歩兵第二十八連隊第二大隊（梶川富治少佐、第七師団より派遣）

歩兵三個中隊（十一年式軽機関銃一八梃、小銃四〇〇～四五〇梃）

機関銃一個中隊（三年式六・五ミリ重機関銃四梃）

速射砲一個中隊（九四式三七ミリ速射砲四門）

大隊砲一個小隊（九二式歩兵砲二門――口径七〇ミリの平射・曲射両用砲）

独立野砲兵第一連隊（宮尾幹中佐）

野砲二個中隊（機動九〇式野砲――口径七五ミリ八門。自動車編成）

高射砲中隊（高射砲第十二連隊より派遣）

高射砲二個小隊（八八式野戦七五ミリ高射砲四門、自動車編成）

工兵第二十四連隊（川村質郎大佐）

乗車工兵二個中隊、器材小隊（自動車編成）

工兵中隊（独立工兵第二十二連隊より派遣）

工兵三個小隊（徒歩）

自動車第三連隊（甲斐隆之助中佐）

自動車三個中隊（自動車約一三〇輛）

牽引自動車中隊（阿城重砲連隊より派遣――八トン牽引車一二輛他自動車編成）

第七師団衛生隊（鈴木直蔵軍医中佐、自動車編成）

無線小隊（電信第三連隊より派遣）

この編成は、戦車部隊に便宜的に歩兵、砲兵、工兵等の各部隊を付け加えて臨時集成の機械化部隊としたものだ。日本軍の考えでは、この部隊の快速を生かしてソ連＝モンゴル軍の南翼を迂回、背後を遮断しようというものであった。

しかし、「快速」を発揮できる機械化部隊について、日本陸軍における一般参謀の理解の程度がいかほどのものであったかが、編成及び作戦起案にあたっての辻参謀と野口参謀の次のやりとりに如実に現われている。

辻「小松原兵団をハイラル方面から、別に快速支隊（安岡支隊のこと）を四平街《しへいがい》―（ハロン）アルシャン―ハンダガイ方面からハルハ河畔の敵越境部隊に対し集中的に前進させ、これを殲滅するという案は？」
野口「その快速支隊の編成は？」
辻「第七師団主力に安岡戦車団を配属する」
野口「第七師団の足は（移動手段は）？」
辻「徒歩だよ。自動車はないよ」
野口「徒歩の快速部隊だって？」
辻「だから、安岡戦車団を付けるんだ」
野口「そこですよ、いつも話が食い違うのは。戦車だけでは威力が少ないから、普通（歩兵）師団を付ける。普通師団ではスピードが出ないから、戦車団を付ける。これで一応快速が出るなんて甚だしい錯覚です。戦車がスピードを出せば他兵種と離れるし、他に合わせればスピードは落ちるし……」

ここで、野口参謀が不安を感じた「快速部隊」についての日本軍の無理解は、あとあと事件の推移の中で、さまざまな困難を現実にもたらす原因となってくる。
このやりとりを経た後、安岡支隊は「歩兵第七師団主力」を主軸にはしなかったが、結局第一戦車団の戦車第三、第四連隊に第七師団から徒歩移動の歩兵一個大隊（第二十八連隊第二大隊）を組み合わせることになったのだ。「快速部隊」であるにもかかわらず、相変わらず徒歩部隊と戦車部隊を組み合わせるという機械化部隊運用についての無理解が押し通ってしまったのである。

そして、作戦が展開されている間にもこの無理解が起因しての無茶な編成替えが行なわれるが、これは後の話である。

このあたりのチグハグさの問題、及び独立混成第一旅団解体の持つ否定的影響について、戦車第四連隊長だった故・玉田美郎氏（当時大佐）は、戦後書いた手記や回想で概ね次のような内容を指摘している。

①全自動車数が五〇〇〜六〇〇輌程度と部隊規模の割に不足で、部隊移動、燃料・弾薬・資材輸送に支障を来した。辻参謀の言に見られるような機械化部隊への無理解から、輸送用自動車の配属数が不足気味で、戦場への到着日時がまちまちになり、諸兵共同に障害を来す原因となった。またこの結果、運搬すべき資材に優先順位を付けねばならず、燃料や弾薬を後方に置き去りにしてあとあと不足を来す原因を作った。

②臨時集成の支隊であるため、各部隊との共同訓練もなく、作戦行動の調整要領や団結など技術面、心理面ともに弱点を抱えていた。また、支隊司令部と所属各部隊間の無線通信手段がなく、徒歩やオートバイの伝令に頼るなど、戦場での支隊司令部による部隊指導において迅速性を保証できず、臨機の戦術展開が不可能という機械化部隊にあ

るまじき欠陥を抱えていた。
③統一した機械化部隊としての役割を認識していなかったため、第一戦車団は日常の訓練や出動に備えての資材準備にあたって、歩兵部隊の直接戦闘のみを考え、長距離機動や河川や悪路などの障害物突破の訓練と資材の整備がなかった。
④これから出動する地域についての正確な地理情報がなく、きわめて不充分な地図と情報しか与えられなかった（土地や進路の状況、地形について事前の調査・偵察情報はなく、地図も一〇万分の一縮尺のものだった。今日、普通の登山行でさえ、五万分の一縮尺を用いていることを考えれば、これが軍事作戦での使用上、いかに不便なものか容易に想像できよう）。

こうした問題点は、戦場へ向かう行軍の間に早くもその多くが露呈する。しかし、起案のさいに編成等に不安を感じた野口機甲主任参謀ですら、問題点を充分に認識していたとはいえなかったようだ。現に野口参謀は、安岡支隊付として着任したさい、第四連隊長玉田大佐から「関東軍令により八月一日に予定されている第一戦車団の改編（団を母体に、戦車第九連隊と陸軍公主嶺学校戦車教導隊を新設する計画）に支障は出ないのか。あるいはこれを変更するのか」と問われた際、こう答えている。

「軍令に変更はありません。敵の戦意は充分ではなく、今度のわが軍の出動で退却するかもしれず、戦闘は一週間くらいで片づくので実際に支障は起こらんでしょう」

ここには、関東軍および日本陸軍全体にあったソ連＝モンゴル軍への侮りと、自軍の能力への過信が反映している。こうした事情、特に日本軍高級指導部のさまざまな判断の誤りが重なり、作戦を究極的に失敗に追い込む大きな要因を形成していった。現場では、不充分な準備、偵察、拙速な作戦行動が連鎖的に起きてくることになる。

悪路に悩まされながら、バラバラに行軍

臨時集成が決まった安岡支隊は、それぞれ鉄道でノモンハン地区の南東一〇〇キロ強の大興安嶺ハロン・アルシャン駅まで移送された。最初にハロン・アルシャンに到着したのは、チチハル駐屯の第七師団から安岡支隊に配属された歩兵第二十八連隊第二大隊（梶川隊）であった。

二十二日に到着した梶川隊は徒歩部隊のため、ただちに軍命令による集結予定地、ハンダガイに向かって行軍を開始した。そして、同日夕刻には戦車第四戦隊がハロン・アルシャン駅に到着。翌二十三日に車輌整備の後、二十四日朝から安岡支隊先鋒として、約六〇キロ先のハンダガイへの転進を開始した。

この時、すでにノモンハン周辺では先行して派遣された第二十三師団部隊（東支隊や山縣《やまがた》支隊）がソ連軍と本格的な交戦を経ていたので、十四日頃から満州国側に奥深く入ったハロン・アルシャン周辺でもソ連空軍機が来襲し、地上へ銃撃を繰り返していた。このため、戦車連隊は戦車の車載機銃を対空架に取り付けた対空戦闘態勢をとりつつ行軍した。

ノモンハン方面への道中は、難儀をきわめた。六月中旬来、同地からノモンハン地区にかけては何度も集中的な降雨にみまわれ、もともと舗装などない野道はぬかるみと化した。これでは、戦車も自動車も「快速」ぶりを発揮できない。もちろん、歩兵部隊の行軍も困難であった。戦車連隊とそれに随行する自動車部隊は、進軍途上で泥に足をとられながらあえぎあえぎ重火器を分解搬送して進む梶川大隊に追いついた。充分な自動車があるならいざ知らず、歩兵を搭乗する貨物自動車が用意されていないため、やむなく追い抜いていかざるを得なかった。

ハンダガイ手前の約二キロは、特にひどい大泥湿地帯と化していた。そのために装輪貨物自動車などは何度もぬかるみにはまり込んだ。その都度、戦車やキャタピラーを履いた牽引車によって引き出す必要があるなど、悪路のため行軍は難渋を極めた。

落伍した車を回収・牽引し、頻発する車輛故障やオーバーヒート、エンジン焼き付きの修理をするなど、隊員たちの驚異的な奮闘によって、戦車第四連隊はようやく二十五日、第一目的地ハンダガイに集結することができた。六〇キロの行程に丸二日かかったわけで、これでは普通の土地条件における歩兵部隊の行軍並みの速度だ。

この行軍の過程で、支援用や輸送用に使うべき車輛の不足が、部隊の行動制約につながった。戦車第四連隊も、そもそも固有に配備されていた段列（トラックによる輸送部隊）を他の部隊の物資輸送に回していて、不便を忍ばなければならなかった。

固有の段列車輛を他に編合された部隊や物資の輸送に奪われたため、戦車部隊は現地でラクダまで徴発して、自分たちの弾薬や燃料、食糧の輸送に使わざるを得なかった。徒歩行軍の梶川大隊の重器材にも、結局自動車を投入せざるを得ず、これで安岡支隊全体の行軍速度は、歩兵部隊並みに落ちてしまうことになったのである。

安岡支隊は、徒歩移動の歩兵と戦車、荷を積んだラクダや貨物自動車が泥道をあえぎながら進軍するという奇妙な機械化部隊の姿を呈していた。「満州国の領土内である」と主張する区域の兵要地誌（軍事行動に備えて事前に調査した地形や季節ごとの気象変化にともなう諸条件についてのデータ）や進路の状況が不明なままで、それらを調査することもせず部隊に知らせもしなければ、資材の準備もない。これで一体、貴重な「虎の子」戦車隊を投入して、関東軍は何を守ろうとしたのだろうか。

ソ連戦車との最初の戦闘と北村中隊長の戦死

ハンダガイに到着した戦車第四連隊は、他の安岡支隊構成部隊の到着と燃料・弾薬の集積を待ちながら、偵察機の助けも借りて地形や敵状の把握につとめた。まだこの時点では、ハンダガイからハルハ川上流域よりモンゴル領内に進撃することが想定されていたのだが、進撃予定地の地形がさっぱりわからなかったのである。

ようやくハンダガイでの燃料・弾薬の集積が規定数の半量に達しつつあった六月二十九日

夕刻、安岡支隊に「敵退却の兆候あり、ただちに八九三高地方面に前進」との命令が小松原兵団司令部から届いた。三十日午前一時三十分、支隊第一梯団として戦車第四連隊がハンダガイを出発。支隊の残りは約二時間後、これに続行した。しかし、貨物自動車の不足から、せっかく集積しつつあった弾薬の多くをハンダガイに残さざるを得なかった。燃料も不足していたので第三、第四の両戦車連隊から各一個中隊、それに支援部隊の高射砲、牽引自動車中隊、衛生隊も残留させ、引き続き列車で届けられる燃料が充分に集積された後に追尾させることとなった。

途上、越境侵入したソ連＝モンゴル軍との遭遇が予想されたので、戦車第四連隊は自動車に乗車した梶川歩兵大隊も率いて、戦闘隊形でハンダガイ峠からノモンハン方面につらなる高地帯に進撃した。そして、予想通りに主戦場への行軍途上、ソ連軍との交戦が発生したのである。

当面の目的地である八九三高地前面に達した午前九時二十分、尖兵として進んでいた第二中隊（中隊長北村良一中尉／九五式軽戦車九輛）が中隊規模（八〜九輛）のソ連軍ＢＴ－５快速戦車と装甲車三輛、対戦車砲二門を持つ部隊に遭遇、日本側が先に発見した。このため、日本戦車はソ連軍車輛が有効射程に入るのを待って一斉射撃を加え、しばらく戦車砲を撃ち合った後に撃退に成功した。さらに高地方面に陣取っていたモンゴル軍騎兵一個小隊も、ひきつづく北村中隊の攻撃によって排除された。

安岡支隊にとって初めての戦闘は、勝利に終わったのだ。ソ連軍の戦車砲や対戦車砲は、

ノモンハン戦域への行軍途上、草原で休憩をとる戦車第三連隊。八九式中戦車の前で車座になる戦車兵は、油まみれだ。向こうの中央には４輛だけ配備された新型の九七式中戦車が見える。

当時の列強諸国の同種砲中、最も対装甲威力があったと見られる長砲身の四五ミリ砲で九五式軽戦車の前面装甲はもちろん、最新鋭戦車として戦車第三連隊にたった四輛だけ配属されていた九七式中戦車の二五ミリ厚の前面装甲も楽に貫徹することができた（四五ミリ砲は、射距離五〇〇メートルで直立した三五ミリの圧延鋼板を貫徹できる）。

しかし、この時ソ連軍がノモンハン地区に主力として持ち込んでいたＢＴ－５快速戦車は、前面に傾斜装甲を採用しているとはいえ主要部の装甲厚はわずか一三ミリしかなく、最厚部（操縦手前面ハッチ垂直面）でも二〇ミリであった。この程度の厚さなら、九五式軽戦車の三七ミリ戦車砲でも戦車戦闘の通常の交戦距離（当時は約五〇〇メートル）で貫徹可能だった。また戦車第四連隊は、目標を確実に撃破するために編み出した小隊ごとのフォーメイション戦闘により、単一目標に複数戦車から集中射撃を行なう戦法を多用しており、これが当時のソ連戦車に対しても有効だった。戦車第四連隊の九五式軽戦車は、最大一五〇〇メートルの射程でBT戦車を撃破している。

さらに、上級司令部の無理解からさまざまな制約を受けていたものの、日本戦車部隊は一九三〇年代においては世界で最も実戦経験に富む（一九三二年の満州事変以来、実戦参加させている）戦車隊であり、一九三八年の張鼓峰事件で日本軍と戦った他は、限られた人員のみがスペインに派遣されたに過ぎないソ連軍連隊に比べて、戦闘動作、戦術、射撃等の各技量面ではるかに卓越していた。

これらの要素が、後で紹介していく安岡支隊による多大な戦果につながっていくのである。しかし、最初の戦闘での勝利を祝っている間もなく、戦車第四連隊は、早くも戦死者を出してしまった。同じ六月三十日の午後一時、勝利の凱歌を挙げたばかりの北村中尉は、自動車牽引の四五ミリ対戦車砲チームを中隊で追撃したさい、戦意旺盛なソ連兵に逆襲され対戦車砲の反撃で命中弾を受け、操縦兵とともに戦死したのである。

一砲兵中尉に率いられた一二名のソ連対戦車砲チームの多くは、怒り狂った北村中隊軽戦車によって撃ち倒され、生き残った少数が対戦車砲とともに捕らえられた。現場に駆けつけて検分した玉田第四連隊長は、北村中尉の九五式軽戦車の底部を相当に浅い角度から見事に射貫した四五ミリ被帽付徹甲弾の威力と劣勢下にもかかわらず戦いを挑んできたソ連兵の旺盛な戦意に強い衝撃を受けている。

渡河資材の不備と地理不案内によって、作戦計画を変更
北村中尉の戦死の二時間後、戦車第四連隊の上空に小松原兵団司令部からの連絡機が飛来し、安岡支隊への命令を通信筒で落としていった。

それには、行軍目標を変更してハルハから離れて八九三高地の約二三キロ北にあるドロト湖周辺に向かい、そこにある燃料集積所で補給を受け、さらに将軍廟に進出して第二十三師団主力と合流せよとあった。後述する「攻撃命令」の、いわば予備的な命令であった(「本命令は、後刻伝達」と書かれていた)。

これは、作戦の大幅な変更にともなう処置であった。安岡支隊とハイラル方面から進出した第二十三師団が合流した後、将軍廟から西方フイ高地方面へ進出。そして、そこから第二十三師団主力がハルハ川西岸へ渡河攻撃、安岡支隊は第二十三師団の一部(歩兵第六十四連隊主力)とともにハルハ川東岸沿いに南下攻撃をかけ、それぞれがハルハ——ハイラスティン両川の合流地点「川又」まで進出してソ連=モンゴル軍を挟撃しようというのである。この計画は、「ハルハ川上流域からの渡河作戦を含めた挟撃」という当初の構想を、「ハルハ川下流域からの挟撃」に置き換えたものだ。

そもそも、安岡支隊の編成の前提となった関東軍作戦主任参謀・辻政信少佐起案による作戦計画では、戦車部隊がハンダガイ地区の西からハルハ川西岸へ渡河し、北上して「川又」

を攻撃、一方第二十三師団主力の歩兵部隊は、バルシャガル高地及びノロ高地方面のハルハ川東岸から「川又」を正面攻撃。挟撃によるソ連＝モンゴル軍撃滅をねらう計画だった。〝大胆〟かつ〝意欲的〟な計画といえたが、この構想は実現する前にまったくお粗末な理由により、変更を余儀なくされたのである。

第一の理由が、ハルハ川上流域には、戦車の渡河に都合のよい条件がそろっていなかったことである。まず、ハンダガイ西側からハルハ川流域は、降雨の影響もあって、泥濘化しており、戦車および車輛の通過に適さなかった。作戦実施段階でこのような事態が初めてわかるということの背景には、関東軍がこの地域を「満州国領土内」と主張しながら、まったく兵要地誌についての調査を欠いていたことがある。

第二の理由は、驚くべきことに戦車隊に「川を渡れ」と命じながら、戦車が渡れる橋梁資材の調達を行なっていなかったことである。関東軍に手持ちがないため、本土から戦車渡河用でない架橋資材ひと組を取り寄せて移送中で、まだ現場に届いていないというお粗末ぶりだった。

実際、これらの問題は安岡支隊付の野口亀之助少佐や戦車連隊長たちを当初から深く悩ませていた。実直かつ命令に忠実であろうとする彼等は、川幅五〇メートル、水深約二メートルのハルハ川に何輛かの戦車を沈め、それで橋脚の代わりにして現地調達資材で仮橋をかけることまで検討していた。

それに輪をかけて、主戦場へ向かう途中の予想外の悪路と自動車を持たない歩兵大隊の資材運搬という、余計な仕事の増加のため燃料輸送が遅れ、さまざまな支障の要因となった。軽装甲車を使った偵察行動ができず、乗馬で行なわなければならないという事態まで生じていた。

このため、六月二十六日頃には、乗馬で渡河地点を偵察に出た戦車第四連隊の篠田半五郎中尉が、モンゴル軍斥候《せっこう》（偵察グループ）と交戦して行方不明になる事件が発生した。激怒した玉田美郎連隊長が野口参謀に対し、「戦車将校が乗馬斥候などして犠牲になったのは、燃料を不足させた貴公らのせいだぞ！」と詰め寄る一幕もあったという。

燃料補給が困難な状況下、渡河前進命令が出れば、戦車は燃料の続く限り突進し、その後は戦車兵が車載機銃を持って歩兵として進撃するといった悲愴な意見まで出る始末だった。

作戦当初から浮かび上がっていた上級参謀や司令官たちの機械化部隊運用についての無理解と準備のずさんさは、現場の戦車隊指揮官や隊員を悩ませ続けた。この中でいずれにしろ、ハンダガイ西方からのハルハ渡河の方針が取りやめとなったことによって、安岡正臣支隊長や野口参謀、その他の連隊長はホッと胸をなでおろす思いだった。

安岡支隊へ攻撃命令届く――大胆な「越境ソ連＝モンゴル軍」殲滅計画

戦車第四連隊によるソ連越境部隊との交戦まで、安岡支隊は、同連隊と戦車連隊の段列（整備や補給等の支援部隊）から抽出した二〇輌のトラックに乗車させた梶川大隊を戦闘隊形で先行させていた。

しかし、ドロト湖周辺への進路変更が命令されると、戦車連隊側が燃料・弾薬の携行のためにトラックの返却を強硬に主張したため、再び梶川大隊の大部分は徒歩行軍せざるを得なくなった。おかげで同大隊は、戦車連隊や自動車などで六時間もかかった道のりの移動に約一四時間もかかり、この遅れはとうとう大隊が実際の攻撃開始時に配置につけないという事態につながった。

梶川大隊では、たびたびの進路変更への対応に難渋し、疲労困憊していた。臨時集成の「機械化部隊」内での不協和音が、現実化してきたのである。

再び悪路に悩まされる難行軍ながら、ほぼ七月二日の午前中迄に梶川大隊を除く安岡支隊主力のすべてがドロト湖畔に到着できた。ここで支隊は、兵団司令官の小松原道太郎中将の六月三十日付攻撃命令を受領した。その大要は、次のようなものだった。

第一　ハルハ川西岸攻撃隊（渡河攻撃隊）及び同東岸攻撃隊、それらを支援する部隊と予備部隊の区分

第二　攻撃要領

1、西岸（左岸）攻撃隊――第二十三歩兵団（第二十三師団を構成する歩兵部隊主力）――は七月一日未明、将軍廟より出撃。フイ高地を占領して渡河準備する。

2、東岸（右岸）攻撃隊――安岡支隊及び新配属の歩兵六十四連隊――は、西岸攻撃隊

に続行してフイ高地近くに進出、その後ハルハ川東岸を南下してソ連＝モンゴル軍を攻撃。攻撃開始は二日。
3、西岸攻撃は二日夜、ハルハ川の渡河。ハラ高地方面より、コマツ台（バインツァガン丘より、ハルハ川西岸に広がる高地帯）にかけて布陣する重砲兵を軸としたソ連＝モンゴル軍の退路を絶つ。
4、砲兵隊は、主に西岸攻撃隊を支援する。三日朝までには、有力部隊を渡河させ、西岸攻撃隊に増援させる。
5、工兵隊は、渡河作業にあたる。
6、乗車攻撃隊――歩兵第二十六連隊主力――は、将軍廟に待機しながら三日に西岸に進出して戦果を拡大する。
※わかりやすいよう筆者の責任において、大意を現代的な文章にした。「ハラ高地」「コマツ台」などの地名は、日本軍が便宜的に指揮官名の一部をとって（この場合、小松原司令官）つけたもの。同様の地名は戦域の他所にもある。
※六月三十日付「攻撃命令」時のハルハ川西岸、東岸攻撃部隊区分。
［西岸＝左岸攻撃隊　小林恒一少将］　総兵力約八〇〇〇名
第二十三歩兵団（歩兵第六十四連隊欠）　歩兵七個大隊半
歩兵第七十一連隊　速射砲一二門

歩兵第七十二連隊　速射砲一八門
野砲一個大隊（野砲兵第十三連隊より）　野砲一二門
乗車攻撃隊（須見新一郎大佐）
歩兵第二十六連隊（二個中隊と機関銃小隊半分が欠）

［東岸＝右岸攻撃隊　安岡正臣中将］　総兵力約二五〇〇名
安岡支隊　中戦車三八輛　軽戦車三五輛　軽装甲車一九輛　機動野砲八門
戦車第三連隊　中戦車が主力
戦車第四連隊　軽戦車が主力
歩兵第六十四連隊（第三大隊欠）
独立野砲兵第一連隊（機動野砲二個中隊）　機動野砲八門

★梶川大隊（歩兵第二十八連隊第二大隊）は攻撃開始に間に合わなかった。到着後、逐次東岸の攻撃作戦に参加する予定とされた。
★その他の部隊（工兵、砲兵、予備）は、第二十三師団統括の下、ハルハ川渡河の支援等にあたるものとされた。

つまり、主攻勢はフイ高地からハルハ川を渡河する第二十三師団主力が実施。安岡支隊は新たに配属された歩兵第六十四連隊（連隊長山県武光大佐）とともに、主攻勢に先立ってハルハ川東岸地区に布陣したソ連＝モンゴル軍に攻撃をかけ、撃退するという計画である。

何とも勇ましい計画ではあった。というのは、当初からの構想ではあるが、ハルハ川は日本側が主張する満州―モンゴルの国境線であり、今回は敢えてこれを越境突破して、大規模な攻勢（渡河部隊の総兵力は約八〇〇〇名）をかけようというものだからである。そして、日本側が主張する国境内に「越境進出」しているソ連＝モンゴル軍を撃退するのみならず、その退路を絶って殲滅しようというのだ。

こうした措置が、同年四月二十五日に関東軍司令官植田謙吉大将から各部隊指揮官に通達された「国境紛争処理要請」（起案者は辻政信参謀）に沿ったものとはいえ、単なる国境紛争の処理の域を超えたものであることは明白だった。さらに、視点を変えて軍事的見地から検討すると、この攻撃作戦計画には重大な問題点があった。すなわち、ソ連＝モンゴル軍への蔑視と自軍の能力への過信から、敵側の戦力実態や配置を詳細に検討していなかったことである。

六月末のこの時点におけるソ連＝モンゴル軍側の紛争地域直近での展開戦力は、以下の通りであった。

ソ連＝モンゴル軍側、自動車化狙撃師団一個（一個連隊欠）、戦車旅団一個、装甲車旅団三個、重砲兵連隊、飛行連隊（戦闘機）各一個、モンゴル騎兵師団二個（各三〇〇〇名編成、装甲車大隊各一個を含む）などで、総兵力一万二五〇〇名、戦車と装甲車計四五二輌、砲一〇九門、重機関銃一三九梃、航空機二八〇機。

対する日本軍側の攻撃部隊兵力は、歩兵一二個大隊（兵力約九〇〇〇名）、重機関銃四九艇、対戦車砲（九四式三七ミリ速射砲）四四門、連隊砲（四一式七五ミリ山砲）一八門、大隊砲（九二式七〇ミリ歩兵砲）二四門、戦車二個連隊（戦車、装甲車約九〇輛）、野砲二個連隊（機動九〇式七五ミリ野砲八門、三八式改七五ミリ野砲二四門、三八式一二センチ榴弾砲一二門、八八式野戦七五ミリ高射砲二四門――火砲計六八門）航空機約一八〇機、貨物トラック約六〇〇輛、総兵力約一万五〇〇〇～一万六〇〇〇名の他、満州国軍（騎兵隊）約四〇〇〇名の計約二万名。

この時点の彼我戦力を比べると総兵力で日本軍側は、ソ連＝モンゴル軍側の約一・六倍、航空機では約二・二五倍にもなる。航空作戦については、五月から一貫して日本側が優位に進めた。特に六月二十七日に日本側が敢行したモンゴル領内深奥のタムスク周辺にあるソ連軍基地への大規模な急襲作戦は、ソ連空軍に大きな損害を与えている。その結果がこの時点での航空戦力比に反映している（しかし、これもすぐに回復されてしまうが）。

しかし、地上軍の近代装備、特に火力面と機械化装備では、日本側はソ連＝モンゴル軍側と比べて著しく劣っていた。ソ連＝モンゴル軍側の戦車・装甲車の数は日本側の五倍以上で、しかもその多くは長砲身の四五ミリ砲を装備するＢＴ－５快速戦車やＢＡ－10重装甲車などであった。

また、砲兵についてもソ連軍は口径一〇七ミリのカノン砲や一五二ミリ榴弾砲、一二二ミリ榴弾砲など大口径、長射程の野砲を主力とするのに対し、日本側の最大口径野砲は、明治時代以来の短射程（最大射程五六五〇メートル）の三八式一二センチ榴弾砲という状況だった。しかも、優勢に立っている航空兵力でも、ソ連側はスペイン内戦に派遣されて経験を積んだ、スムシケヴィッチ航空軍団長を先頭とした優秀なパイロットたちを派遣中で、再編成と増援が実施されており、ごく近いうちに大幅に強化される見通しだった。

ハルハ川東岸側のソ連軍陣地でも、すでに五月末に日本軍部隊を撃退して以来二週間にわたって防禦施設構築の工事を実施し、地の利を生かして防衛態勢を整えつつあった。

それなのに、日本側はソ連＝モンゴル軍について「戦力の基幹は、狙撃師団一個と戦車旅団一個程度」「ソ連＝モンゴル軍の戦意は低下、退却準備中で日本軍が攻撃をしかければすぐに撤退する」と過小評価していた。そして、航空偵察はひんぱんに行なってはいたものの、第二十三師団司令部は繰り返し各部隊に「敵は退却の兆候あり」と尻を叩くような情報ばかり与えていた。

日本軍部隊に攻撃作戦用として新たに交付された地図は、地形の起伏すら照合がむずかしい一〇万分の一縮尺のものに、航空偵察でざっとスケッチしたソ連軍陣地の大まかな位置が記されているだけのものだった。実際のところ、どこにどれだけのソ連軍が配置されているかは、皆目わかっていなかった。

安岡支隊、攻撃発起点＝マンズテ湖東沿岸へ向けて出発

七月一日の午後一時、戦車第三、第四連隊を基幹とする安岡支隊は燃料補給を終え、第二十三師団との合流をめざして将軍廟東約八キロの地点に設定された露営地に向けて出発した。

一方、ようやく同日午前十一時頃、約一四時間の徒歩行軍を経てドロト湖近くの燃料集積地に到着した梶川大隊（歩兵第二十八連隊第二大隊）は、約八時間の大休止の後に支隊主力を追って行軍再開することになったが、結局、戦闘開始まで同大隊が追いつくことはなかった。

また、燃料不足からハンダガイ地区からの出発が遅れた牽引自動車中隊（阿城重砲連隊より借り受けた装軌式八トン牽引車一二輌を装備——悪路突破のための自動車牽引や損傷戦車等の回収に使用を予定）や高射砲中隊が到着しないままだった。

途中の行軍中、ずっとソ連軍偵察機から監視されつつも、安岡支隊主力は午後五時過ぎ、予定していた露営地に無事到着した。そして、まもなく開始される出撃に備え、武器や車輌の整備に取りかかった。しかし、ここで合流するはずだった歩兵第六十四連隊と第二十三師団の主力部隊は、すでに戦場に向けて出発した後だった。共同作戦をとるはずの部隊が顔合わせも打ち合わせもしないまま、バラバラに行動するのは望ましくない。

主力部隊が安岡支隊の到着を待たずに出発してしまったのは、偵察情報に基づいて日本軍の間でさかんに流された「敵は退却の兆候あり」との情報に煽られての行動だった。すでに六月末から、ノモンハンへの本格出動を準備する日本軍部隊の間では、「ソ連＝モンゴル軍は浮き足だっている」とか、「退却し始めているようだ」との情報がさかんに伝えられるようになっていた。これで、各部隊とも「作戦目標である越境敵部隊の捕捉と粉砕が不可能になる」と焦り、にわかに行動を急ぐようになっていた。

安岡支隊も同様の情報に追い立てられ、慌ただしく行動していくことになる。しかし、日本軍がこの時点で何かに憑《つ》かれたように繰り返していた「敵に退却の兆候あり」との情報流布が、攻撃作戦時に部隊間調整を困難にする拙速な行動につながり、全体として作戦を失敗させる根本的な要因のひとつとなっていった。実際は、空陸ともソ連軍の増強が進行中であり、陣地構築も進められていたのであるから、充分な情報収集を行なって攻撃準備を周到に行なうべきであった。これには、「皇軍は最強、敵軍は弱兵」と思い込むような日本軍指導部の傲慢さも背景にあったように思えてならない。

やがて、将軍廟に第二十三師団長小松道太郎中将が到着し、午前零時三十分、安岡支隊に対して攻撃発起点のマンズテ湖東方地区への進出を下命した。指揮下の部隊への命令に際して安岡中将は、攻撃開始日時を小松原司令官と協議の上、当初七月二日だったものを三日に延期したことを明らかにしつつ、第二十三師団主力によるハルハ川渡河越境作戦を成功させるためには、安岡支隊も一刻も早く攻勢に入るべきでハルハ川東岸の敵部隊撃滅を急いで進める決意を述べた。この安岡中将の決心には、上級司令部から「右岸（東岸）の敵に退却の兆候あり」との情報が繰り返し伝えられていることも影響していた。この情報はどうも、関東軍司令部から出向して偵察機に自ら搭乗するなどしてさかんに戦場を動き回っていた辻政信参謀が発信源であるように思える。

安岡支隊長の命令を受け、支隊主力は二日午前四時、再び進撃を開始した。いまだ攻撃発起点に達していないものの、行動の途上でソ連＝モンゴル軍との本格的な遭遇戦の可能性も高いと見られたので、八九式中戦車を主力装備とする戦車第三連隊を支隊の先頭に押し立てて行軍した。

しかしながら、ハンダガイ以来の支隊のそれまでの進撃が燃料不足や運搬手段などの問題により部隊ごとにまちまちとなっていたことは、攻撃開始直前の時期にまで尾をひくことになった。隊列は整えられ、支隊主力である戦車第三、第四連隊及び独立野砲兵第一連隊とこれら各連隊の段列や各種支援部隊が第一陣として進撃したが、進出が大幅に遅れた梶川歩兵大隊及び牽引自動車中隊、高射砲中隊等は第二陣として相当後方から続くことになった。このため、第二陣の戦場進出は、攻撃開始には間に合わなかった。

いずれにしろ戦車二個連隊を先頭に押し立てた日本陸軍史上最大の機械化部隊の進撃は、堂々たるものであった。直線行軍隊形であったが、はるか南下のハイラスティン川―ハルハ川合流点「川又」方面からソ連軍機械化部隊の襲撃を受ける可能性があったので、部隊は進撃方向左側を特に警戒しながら進んだ。

戦車第四連隊長・玉田美郎大佐は、中隊ごとに一個小隊を対戦車小隊に指定し、敵戦車や対戦車砲が出現した場合、機先を制して集中射撃でただちに撃滅するよう命じた。

難路に悩みつつ、戦場へ

出発から約三時間後の午前七時過ぎ、西南方より遠雷のような砲声と着弾音が聞こえ始めた。将軍廟の西方約二〇キロほど進んだ地点で、兵士たちはいよいよ会敵かと武者ぶるいした。しかし、進むにつれて進路上に大湿地が広がり、進撃は停滞することになった。

安岡支隊ではハロン・アルシャン駅からハンダガイまでの難行軍の教訓を踏まえ、工兵隊と作業支援用に抽出された部隊が先行していた。しかしながら、人力で限られた資材を用いての作業では、いかんともし難いものがあった。

玉田大佐ら戦車部隊指揮官たちは、こうした事態にこそ役立てるべき牽引自動車中隊を随伴させなかったことに憤懣《ふんまん》やるかたなかった。キャタピラー式の牽引車は当初から不足しており、引く手あまたで主に悪路にはまった自動車の引き出しに奔走中で、戦車隊から取り上げられていたのである。

戦車自身も泥にはまった貨物トラックを牽引するなどの大変な苦労を経て、攻撃発起地点であるマンズテ湖畔から数キロ北方のホズイ湖周辺に到着したのは、二日午後一時三十分のことであった。約三〇キロの行程に九時間半かかったことになる。これでは歩兵部隊以下だ。すでに日は高く、気温は三一度に達し、兵士たちは渇きに悩まされ始めていた。

この時、前日より先行している歩兵第六十四連隊（連隊長山県武光大佐）から伝令が安岡支隊に到着した。伝令は、「山県部隊は本日正午以来、前面の敵に攻撃中」との報告を携えていた。

実際、この日の午前十時過ぎから、歩兵第六十四連隊の第二大隊（大隊長得丸満中佐）がマンズテ湖南方四キロにある七三九高地に対する攻撃を開始していた。そして、伝令兵が安岡支隊に到着した頃には、布陣していたソ連軍前哨部隊を白兵突撃で蹴散らし、同高地を占領していた。

この報告を受けて安岡支隊長は、直ちに山県部隊に続くことを決意し、午後二時半、戦車第三連隊を右手先頭に配置。戦車第四連隊を約七〇〇メートル左後方に展開させ、その中間に独立機動野砲兵第一連隊（宮尾部隊）を置くという戦闘隊形での前進を開始させた。安岡支隊は、午後三時十五分にマンズテ湖畔の東側に到着し、戦闘隊形のまま停止した。

マンズテ湖畔はやや高めの台地をなしており、南方に広がる安岡支隊の予定戦域をある程度見渡すことができた。すでに歩兵第六十四連隊第二大隊が確保していた前方の七三九高地は、ハルハ両岸のソ連軍砲兵から猛烈な射撃を浴びていた。地上で炸裂して土砂を吹き上げる大口径榴弾である。

その様をマンズテ湖畔から見た安岡支援隊は、鉄火の嵐に晒されている友軍兵士を思い、息をのんだ。重砲を含むこのような激しい砲火は、かつて経験してきた中国戦線では見られないものだった。安岡支隊が進もうとする戦域を見渡すと、右手のはるか南方に向かって無数の砂丘が続き、ハルハ川の西側はこちら側より高い高地が連なっていた。ここにソ連軍重砲兵の多くが布陣しており、東西両岸間の高度差は約五〇メートルもあった。

この西岸の高地が〝クセ物〟で、ハルハ川東岸にある日本軍側からは高地上に偽装して布陣するソ連軍砲兵陣地を見ることができない。五月以来の紛争で、西岸台地上からのソ連砲兵は絶えず日本軍に猛射を浴びせ、これが日本側の苦戦の原因となってきた。

この度の作戦では、第二十三師団主力はハルハ西岸台地上に向けて、あえて主張する国境線を越えた渡河攻撃をかけ、目の上のタンコブともいうべきソ連軍重砲を制圧することを狙っていた。したがって当面は、ハルハ川西岸のソ連砲兵からの砲撃に悩まされるとしても、攻撃の進捗によりその後は安岡支隊もこれから解放されるはずであった
しばらくすると安岡支隊もソ連軍砲兵観測班に発見され、支隊の停止位置前方にも長距離砲弾が着弾し始めた。空では、日ソ両軍の戦闘機が空中戦を展開していたが、やがて大きな入道雲が湧き起こり、空を覆い始めつつあった。

攻撃開始直前に編成替えの愚行

安岡支隊に所属する各連隊は、前方に将校斥候（通常、斥候＝偵察は熟練した機敏な下士官や古参兵を用いるが、重要な攻撃目標などを事前に偵察する際は指揮官的見地で対象を観察できる将校をあてることがあり、これを将校斥候と称した）を派遣するなど正確な状況把握に努めた。一方、上級司令部はさかんに偵察機を飛ばしてきたが、これらから投下される通信筒による情報では「前方の敵は次第に減少」とたびたび伝えられてきた（実際の状況と異なるわけだが、これは先に指摘した日本軍内に蔓延する敵を侮る意識が、偵察活動にも反映していたものといえそうだ。ちなみにこの時点で辻政信参謀少佐も偵察機に搭乗して、自ら偵察を行なっている）。

午後四時、小松原中将より安岡支隊に対する次のような攻撃命令が届いた。

一、第二十三師団は本二日夜ハルハ川を渡河し、当面の敵を捕捉する。

二、安岡支隊は明三日払暁《ふつぎょう》より「川又」に向かい進撃し、ソ軍を撃滅すべし。
三、新たに森川大隊（野砲兵第十三連隊第二大隊）を配属す。宮尾部隊（独立野砲兵第一連隊）を本二日午後七時以降、伊勢部隊長（野砲兵第十三連隊長・伊勢高秀大佐）の指揮下に入らしむべし。

宮尾部隊を渡河攻撃隊に配属替えせよとの命令は、安岡支隊幹部たちを唖然とさせた。もともと独立野砲兵第一連隊は、第一戦車団とともに、独立第一混成旅団を構成していた部隊で、旅団解体後も公主嶺に引き続き駐屯しており、自動車化されている点や訓練の上でも、安岡支隊にとってうってつけの支援戦力といえた。

それを取り上げて、代わりに「中世的な輓馬《ばんば》砲兵」（玉田大佐の言葉）である野砲兵第十三連隊第二大隊（改造三八式野砲八門と三八式一二センチ榴弾砲四門、三個中隊）を新規に配属するということは、機械化部隊である安岡支隊にとって部隊全体の行動を混乱させかねなかった。移動速度も運用方法も異なる馬と自動車では、単なる表面上の編成の違いを超えた問題を発生させるからだ。

しかも、森川大隊の装備火砲はいずれも明治時代以来の旧式火砲であり、口径七五ミリの改造三八式野砲の最大射程（砲尾下の地面を掘り下げて大仰角を確保する必要あり）が一万七〇〇〇メートル、三八式一二センチ榴弾砲の最大射程にいたっては、わずかに五六五〇メートルと、宮尾部隊が装備していた新式の機動九〇式野砲の最大射程約一万四〇〇〇メートルに

攻撃開始時のハルハ川西岸、東岸攻撃部隊区分

西岸（左岸）攻撃隊（小林恒一少将）	総兵力約 8000 名
第 23 歩兵団（歩兵第 64 連隊欠）	歩兵 7 個大隊半
歩兵第 71 連隊	連隊砲 12 門
歩兵第 72 連隊	速射砲 18 門
独立野砲兵第 1 連隊（機動野砲 2 個中隊）	機動野砲 8 門
乗車攻撃隊（須見新一郎大佐）	
歩兵第 26 連隊（2 個中隊と機関銃小隊半個欠）	
東岸（右岸）攻撃隊（安岡正臣中将）	総兵力約 2500 名
安岡支隊	中戦車 38 輌
戦車第 3 連隊	軽戦車 35 輌
戦車第 4 連隊	軽装甲車 19 輌
歩兵第 64 連隊（第 3 大隊欠）	野砲 12 門
野砲 1 個大隊（野砲兵第 13 連隊第 2 大隊）	

※梶川大隊（歩兵第28連隊第2大隊）は、到着せず。到着後、逐次東岸攻撃に参加の予定。
※その他の部隊（工兵、砲兵、予備）は、師団統括の下、渡河支援等にあたる。

及ばず、より射程の長いソ連軍砲兵に対抗し得ないことは明白だった。

しかし、あえて宮尾部隊の配属替えを小松原兵団司令部が命じたのは、主攻勢部隊である渡河攻撃隊（第二十三師団主力＝小林支隊）に長射程の支援野砲を与えたかったためと思われる。機動九〇式野砲は、前述の比較の通り、この時日本軍が戦線に持ち込んでいた火砲の中では、最も長射程のものだった。また、実際に後で生起したハルハ川東岸での戦闘で示されることになったが、直進弾道性能にも優れていて対戦車戦闘にも有効な兵器だった。

この措置を小松原中将に提言したのは、兵団司令部に出向していた関東軍参謀（辻政信少佐ら）と考えられる。駐屯地からの出動命令当初から戦車主力の機械化部隊である安岡支隊に徒歩移動の歩兵大隊（梶川大隊）を編入したことと併せ、機械化部隊にあえて馬で引っ張る砲兵を配属させるような命令が出される背景には「固有の機械化部隊などいらない。

必要に応じて歩兵と戦車部隊を組み合わせた即製編成でよい」とする日本陸軍参謀将校たちの機械化部隊に対する無理解があったといえる。

また、機械化部隊への無理解は置くとしても、攻撃数時間前になって重要な正面戦力をなす部隊の編成替えを命ずるのは無謀そのものだ。例えば、いかに優れた俳優であっても、出演する舞台をいきなり変更されれば、台本を身に付けることができず、いい芝居もできないだろう。まして、砲兵は攻撃する場所の地形を綿密に事前調査しない限り、有効な射撃を実施することはできない。配置替えされた砲兵たちは、目の前に現われる近場の敵に対する間に合わせの射撃しかできないことになってしまうのだ。

命令である以上、安岡支隊としてはしぶしぶでもこれに従わざるを得なかった。しかし、結局、馬でもたもた移動する森川砲兵大隊は攻撃開始前に到着できず、宮尾砲兵部隊は安岡支隊を去る前の午後七時まで、攻撃前進への支援射撃を実施した。そして放列（射撃態勢にある砲兵布陣のこと）を撤収し、九五輛もの車輛を連ねて難路をフイ高地の渡河地点へと向かった。すでに全体としての攻撃行動が開始されているにもかかわらず、宮尾砲兵部隊は長時間の戦闘中断を余儀なくされたのである。

以後、安岡支隊の攻撃前進は、ほとんど砲兵による支援のないまま実施せざるを得ないことになってしまった。

たった一度の攻撃開始前指揮官打ち合わせ

午後五時、安岡中将は麾下《きか》連隊長を集めて攻撃命令を下達した。戦車第三連隊長の吉丸清武大佐、同第四連隊長の玉田美郎大佐、それにここで初めて歩兵第六十四連隊長の山県武光大佐が会合するところとなった。

すでに前面のソ連軍と一戦を交えた山県大佐は意気盛んで、会合中も絶えず前線の状況を伝える第六十四連隊から伝令が来て、その都度テキパキと指示を与えていた。

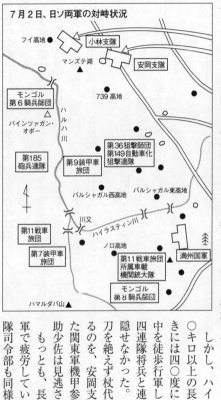

7月2日、日ソ両軍の対峙状況

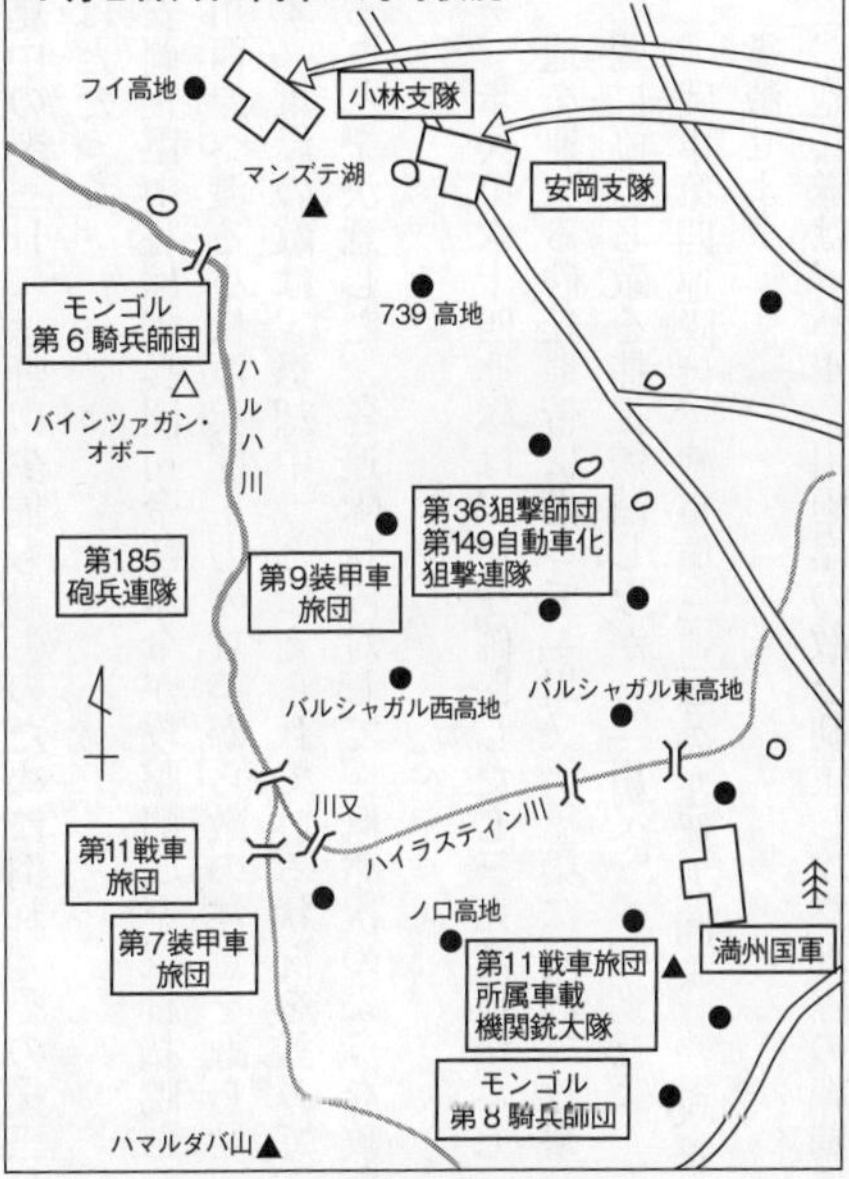

しかし、ハイラルから二〇〇キロ以上の長途を昼間、ときには四〇度にもなる暑熱の中を徒歩行軍してきた第六十四連隊将兵と連隊長の疲労は隠せなかった。山県大佐が軍刀を絶えず杖代わりにしているのを、安岡支隊司令部にいた関東軍機甲参謀・野口亀之助少佐は見逃さなかった。

もっとも、長距離の難路行軍で疲労しているのは安岡支隊司令部も同様だった。攻撃実施中の翌三日には野口少佐も過労のために倒れ、その後三日間は職務遂行が不可能になったほどだった。

安岡正臣中将は、兵団司令部命令が攻撃開始を三日払暁としているにもかかわらず、ハルハ川西岸へ渡る小松原兵団主力の攻勢から敵の注意を逸らせること、並びに偵察機情報で絶えず「東岸の敵は、退却中」と伝えられている状況を鑑《かんが》みて、ただちに当面の敵に攻撃をかけることを決意した。各連隊長に対して、概略次のような攻撃命令を下した。

一、歩兵第六十四連隊は、現在確保した七三九高地から七三七、七三一、七三八西方面高地を連ねる砂丘地帯に沿って「川又」橋梁に向けて攻撃せよ。戦車第三連隊は、この戦闘に協力し敵を捕捉殲滅しながら「川又」へ突進せよ。
二、戦車第四連隊は、戦車第三連隊の左翼方向より、攻撃。「川又」へ突進し、敵を捕捉殲滅せよ。
三、砲兵隊は、ハルハ川両岸の敵を制圧し攻撃部隊の戦闘に協力せよ。
四、攻撃前進開始は、午後六時（実際は、午後六時十五分だった）。
五、戦車部隊の戦闘後の集結予定地は、七三八高地東側地区。

現在地から目標の「川又」（ハルハ――ハイラスティン両川の合流点）まで、約二〇キロ弱あった。航空機の偵察によれば、マンズテ湖畔からそこまでの間に三層の堅固な阻止陣地帯が構築されていることが確認されていた。その一方で、ここにソ連＝モンゴル軍のどれだけの兵力が配置されているのか正直なところわからなかった。

これは、戦場となりつつあるホロンバイル草原、バルシャガル高地帯が砂丘後ろの低い草地からなる不毛地帯で、ほとんど「無人の野」に等しく住民からの情報が得られなかったことが主因である。これはソ連＝モンゴル軍側にも共通する事情で、相互に敵状がつかみ難い戦場といえた。

それにしても、何を根拠にしていたか、今日も理由がはっきりしないのは、小松原兵団司令部や偵察機からしきりに「東岸の敵は退却中」との情報が伝えられたことである。これが安岡支隊を含め日本軍指揮官たちの判断を狂わせて、その後の戦況に大きく影響したのである。

実際は五月末以来、ソ連軍はハイラスティン川以北のハルハ川東岸地帯に堅固な防御陣地を築き、砲兵隊もよく地勢観測を実地して着弾点の標定を細かく行なっていた。ソ連第36狙撃師団第149自動車化狙撃連隊（連隊長I・M・レミゾフ少佐、兵力一〇〇〇程度）及び第九装甲車旅団（四五ミリ戦車砲搭載のBA－10装甲車約八〇輛を主力とする百数十輛）、第11戦車旅団から分遣された一個大隊程度のBT戦車隊（三〇～四〇輛程度、日本側の攻撃開始時には一部がいまだハルハ川西岸から移動中）を配置して、重層的かつ機動的防御態勢をとっていた。

特に、歩兵部隊の防御陣地の間には、各種口径の野砲陣地が配置された他、六月三十日の戦闘で日本戦車隊に威力を見せつけた四五ミリ対戦車砲が多数配置されていた。これに加えて、ハルハ川西岸に布陣する重砲陣地からの支援砲火により、攻撃してくる日本軍部隊に対して砲兵火力を正面と側面から浴びせることが可能な態勢がとられていた。

一方、歩兵戦力面ではソ連側が日本側攻撃部隊に対して劣っていた。これを砲兵火力で補おうとするソ連軍の配置に対し、日本側が正面攻撃をかければ大きな損害を出さざるを得ないことは明白だった。しかし、実際の戦闘経過は、さまざまな要因がからみあって意外な展開を示すのである。

安岡中将の命令を受領後、連隊長たちは攻撃にあたっての最初で最後の打ち合わせを行なった。各連隊長とも、敵戦力の詳細や地形についての情報があいまいであることに一抹《いちまつ》の不安を感じていたが、いずれも繰り返し伝えられる「敵は退却中」との情報に判断が影響され、ただちに攻撃を始めるべき点ではいささかも疑念を持たなかった。

打ち合わせでは、先に戦場に到達して攻撃を開始していた歩兵第六十四連隊の山県連隊長から、情報提供と説明があった。それによれば、約一五キロ先には戦車または装甲車が数十輛(航空機偵察では六〇輛)が待機し、機動防禦が企図されているだろうとのこと。また、出撃点から約九キロ先までは目立った敵部隊が存在しないということだった。

各連隊長は、簡単に攻撃手順を相談した後、成功を期してサイダーを杯に盛り、乾杯をして別れた。出撃まではあとわずかな時間しか残っていない。玉田大佐が戦車第四連隊に戻ると、戦車兵たちはそれぞれ小隊ごとに出撃前の最後の夕食をとっているところだった。メニユーの目玉はビールと桃の缶詰で、昼間の暑熱の中で渇きに悩まされていた将兵たちの意気は上がった。

連隊副官の緒方休一郎少佐がニコニコして歩きながら、夕食中の兵士に、声をかけていた。

「歩兵が戦死しても白木の箱だけど、我々戦車兵は一〇万円の値段の棺桶にそのまま入れるんだから、死ぬときはそのへんの兵隊よりずっといいぞ」

緒方少佐の冗談に戦車兵たちは手を叩いて大笑いした。空には、雨を含んだ暗雲がいよいよ大きくひろがりつつあった。

戦車第三連隊、ソ連装甲部隊の反撃を打ち破って前進
七月二日午後六時十五分、安岡支隊は攻撃前進に移った。日本では夕刻にあたるが、緯度の高いモンゴル北部満州国境のノモンハン周辺ではまだまだ明るい。暦の上の日没は午後八時頃であるが、夜の帳《とばり》が完全に下りるのは、午後九時半以降である。筆者も九月初旬のモンゴル草原地帯に出向いた経験がある。午後十時までは何とか一キロ以内の目標物を見分けることができるほどだった。
しかし、安岡支隊が攻撃前進を開始して間もなく、折から湧き起こった暗雲から降雨が始まり、やがて雷鳴をともなう大雨となっていった。この悪天候は、ソ連の砲兵観測班の視界を妨げることになり、日本側に有利に働いた。
吉丸清武大佐が率いる戦車第三連隊は、前進開始後、ほどなくしてソ連砲兵の射撃を受け

たが、これは盲射といってよいもので部隊行動に支障をきたさなかった。散らばりぎみの弾幕をかいくぐりながら、吉丸連隊の戦車は前進を続けた。「あそ」「しんぎ」「ぶゆう」など、固有の名称を車体側面に書き込んだ戦車群は、雨と砲火を浴びながらも順調に前進していったが、共同攻撃するはずの歩兵第六十四連隊は、昼間の戦闘に加えて雨の中の進撃に疲労してか、行軍速度が極端に落ちていった。当初は安岡支隊を先行していたのに、すぐに戦車隊に追い越されてしまった。

この事態を見て取った支隊司令部は、ただちに野口亀之助参謀を派遣して山県武光連隊長に前進を促すとともに、そこここに伏せて動かない歩兵たちを督励し急《せ》き立ててまわらせた。しかし、この時すでに第六十四連隊将兵の体力は限界に近づいており、ソ連砲兵の弾幕射撃と雨の中、各人平均四〇キロ前後の重装備を担いで前進することは思うに任せなかった。前述したように、戦場までの二〇〇キロ以上にわたる炎熱下の行軍、引き続く攻撃行動で休むひまなく体力を使い続けたのだ。これだけでも、日本歩兵の優秀さを示すものだが、やはり生身の人間の限界を超えるものだったのだ。

野口少佐の懸命の督励で、ようやく午後八時前になって歩兵たちは散開して戦車に追随し始めたが、時速約一五キロで進む戦車部隊と歩兵の距離は開きこそすれ縮まることはなかった。その間、戦車第三連隊の先頭部隊は、七三七高地付近で反撃してきたソ連軍のBA－10装甲車や若干のBT戦車と交戦し、これを撃退して同地を占拠した。荒天をついての攻撃が功を奏して、前進開始からわずか二時間弱で約一〇キロも前進したのである。

九七式中戦車。ノモンハン事件時の最新型で、装甲も両軍通して最も厚かったが、主砲は八九式中戦車と同じ57ミリ短戦車砲だった。戦車第三連隊の吉丸連隊長は本車に乗って戦闘中、戦死した。

相互に密接に協力しあって戦闘を行なう日本戦車隊に対して、数輌ずつバラバラに反撃するソ連装甲車や戦車は、次々に破壊されていった。せっかく威力ある四五ミリ戦車砲を搭載していても、ソ連軍装甲車輌の行動はバラバラで、逆に訓練のゆきとどいた戦車兵の乗る日本戦車の集中射により各個撃破されたのである。ソ連の装甲車輌乗員の一部には、戦車や装甲自動車を無傷のまま乗り捨てる例も見られるなど、日本戦車隊の攻撃に浮き足だっている様子が見られた。

八九式中戦車の五七ミリ短戦車砲（当時、戦車第三連隊に四輌だけ配備された新型の九七式中戦車も同じ戦車砲を装備していた）は、ソ連装甲車や戦車の備える四五ミリ戦車砲に比べて、対装甲威力は相当に劣っていた。実際に五七ミリ短戦車砲を用いてソ連戦車と対戦した日本戦車兵は、「遠距離砲戦では、弾道が弓なりで命中し難い」「命中角が悪いとハネ返される」などの苦労談を多く語っている。

それにもかかわらず、七月二日〜三日の戦闘において戦車第三連隊がその戦力に匹敵するほどの数のソ連装甲車輌（装甲車三五輌、BT戦車三二輌＝吉丸連隊の戦闘記録による）を撃破し得たのは、これらの主要部装甲厚がわずか一〇〜一三ミリ程度であったことによる。練度の高い日本戦車兵が発射する低威力の対装甲弾（貫徹威力は射程一〇〇〇メートルで二〇ミリ前後）でも貫徹できたからにほかならない。燃えやすいガソリン・エンジンを搭載したソ連装甲車輌の機関部周辺（BT戦車なら車体後部、BA装甲車なら前部に配置）を榴弾で射撃して炎上させるという戦術も多く用いられた。

かつて作家の故五味川純平氏は「日本軍の戦車部隊は創設時期もおそく、地上戦闘の主戦力を構成するという認識に欠けていた。従って、当然、戦車の戦闘性能もソ連軍のそれに比べて劣っていた。火力も速度も装甲も通信設備においても。日本軍の八九式戦車の装甲板一七ミリはソ連軍の戦車砲で簡単に破壊されたが、八九式戦車の五七ミリ短身砲ではソ連戦車の装甲を破壊できなかった」（『ノモンハン』文藝春秋　六三ページ）と書いているが、これは事実を正確に表わしていない。

確かにこの時点ですでに八九式中戦車は旧式化しており、火力・機動力面でBT戦車などには劣るのは事実だ。しかし、主要部の装甲厚はこの時対戦したBT戦車やBA装甲自動車を上回っており、中国大陸での運用をふまえた経験の蓄積と訓練で得られた乗員の練度は問題にならないほど日本側が高かった。ちなみに四輌だけ戦車第三連隊に配属されていた新型

安岡支隊の主力・戦車第３連隊と戦車第４連隊の編成（1939年７月２日時点）

戦車第３連隊（連隊長―吉丸清武大佐）	総戦力＝中戦車×30 軽装甲車×15
連隊本部	八九式中戦車（乙）×2 九七式軽装甲車×2
第１中隊（中隊長―宮武政次郎大尉）本部　中戦車×3	軽装甲車×1
第１小隊（小隊長―砂川清治中尉）中戦車×3 　第２小隊（小隊長―竹下巖中尉）中戦車×3 　第３小隊（小隊長―清水三郎少尉）中戦車×3 　第４小隊（小隊長―古賀康男少尉）軽装甲車×4	八九式中戦車（乙）×10 九七式中戦車×2 九四式軽装甲車×2 九七式軽装甲車×2
第２中隊（中隊長―木野本守之助少佐）本部　中戦車×3	軽装甲車×1
第１小隊（小隊長―坂本盛顕中尉）中戦車×3 　第２小隊（小隊長―入江立男中尉）中戦車×3 　第３小隊（小隊長―田坂雅治少尉）中戦車×3 　第４小隊（小隊長―佐藤繁雄少尉）軽装甲車×4	八九式中戦車（乙）×10 九七式中戦車×2 九四式軽装甲車×5
連隊段列（段列長―吉武寛治大尉） 　支援用トラックの他、予備の八九式中戦車（乙）×4、九四式軽装甲車×3	
戦車第４連隊（連隊長―玉田美郎大佐）	総戦力＝中戦車×8 軽戦車×35 軽装甲車×4
連隊本部	九五式軽戦車×3 九四式軽装甲車×2
第１中隊（中隊長―松本信次大尉）本部　軽戦車×1 　第１小隊（小隊長―桑原勝重中尉）軽戦車×4 　第２小隊（小隊長―早乙女忠仁少尉）軽戦車×4	九五式軽戦車×9
第２中隊（中隊長代理―伊藤喜久中尉）本部　軽戦車×1 　第１小隊（小隊長―梶谷常一中尉）軽戦車×4 　第２小隊（小隊長―新倉政吉少尉）軽戦車×4	九五式軽戦車×9
第３中隊（中隊長―玉木宗一大尉）本部　軽戦車×1 　第１小隊（小隊長―平澤義之少尉）軽戦車×4 　第２小隊（小隊長―富岡義蔵少尉）軽戦車×4	九五式軽戦車×9
第４中隊（中隊長―因 三次大尉）本部　中戦車×1 　第１小隊（小隊長―白形啄郎中尉）中戦車×4 　第２小隊（小隊長―須之内誠一少尉） 　中戦車×3　軽装甲車×2	八九式中戦車（甲）×8 九四式軽装甲車×2
連隊段列（段列長―神山保大尉） 　支援用トラックの他、予備の九五式軽戦車×5	

※各連隊とも、段列に予備戦車が配置されているが、これは単に予備というわけでなく戦場の損傷戦車の回収作業の援護に当たったり、直接牽引作業を行なうなどに用いられることによって、事実上、実戦力で日本陸軍戦車隊独特の考え方に基づくものだった。

＝九七式中戦車の前面装甲厚は二五ミリで、両軍が投入した装甲車輛中で最大の装甲厚を誇っていた。

また、戦車の通信設備について日本側がソ連側に劣っていたとするのは、五味川氏のまったくの誤解である。ソ連戦車や装甲自動車が小隊長以上の指揮官車輛以外は無線通信機を搭載していないのに対し、ノモンハン事件参加の日本戦車は、性能面では問題はあったものの一応そのすべてに無線通信機を搭載していたのである。

筆者は、五味川氏らが大変な努力で活写したノモンハンの戦場の様相とそこに示された日本陸軍の〝欠陥〟について基本的に異議を唱えない。しかし、ここに述べたような五味川氏の誤認に基づく記述が一般的な認識として広まり、「ノモンハンで日本の戦車隊はソ連機甲部隊に一方的に惨敗した」とか、さらには「ノモンハン事件は、ソ連戦車にかなわない日本戦車のせいで負けた」との極論にまでつながった最大の要因のひとつに思えるのである。


歩兵の遅れで戦果を確保できず――戦車第三連隊の悲劇

戦車第三連隊が午後八時頃に到達した地点から目標の「川又」までは、ほぼ下り坂になる地形ではあったが、小さな起伏が幾重にもなって連なり複雑な様相であった。こうした地形は戦車にとって特に視界が制限されるため、ソ連軍が対戦車防禦を集中していることは容易に予測できることだった。

また、このあたりにくると、強力な妨害電波のために戦車相互間の無線通信が不可能になった。安岡支隊の最右翼を進んでいた戦車第三連隊の宮武政次郎大尉率いる第一中隊は、さらに前進して前面のソ連軍陣地の第一線、第二線陣地に向けて戦車砲火を集中した。薄暮の雨中という悪条件下でソ連砲兵中隊と対戦した戦車中隊は、優れた腕前の戦車砲手によりたちまち二門の野砲を破壊し、残る二門の陣地に突入してこれを捕獲した。

この攻撃の際、中隊の連絡用の九四式軽装甲車と軽装甲車中隊（第四小隊）の小隊長車（古賀康男少尉）が野砲弾の直撃を受けたり、螺《り》旋《せん》鉄条網（いわゆるピアノ線コイル障害でソ連軍は第二次世界大戦まで対戦車障害として多用した）に引っかかって動けないところを四五ミリ砲で撃たれたりして撃破された。この時、第四小隊長の古賀少尉は乗車を撃破されても抵抗し続け、包囲したソ連歩兵と当初は軽装甲車から下ろした車載機銃、最後は拳銃で一時間半にわたり撃ち合いを演じ、ついに戦死するという敢闘ぶりだった。

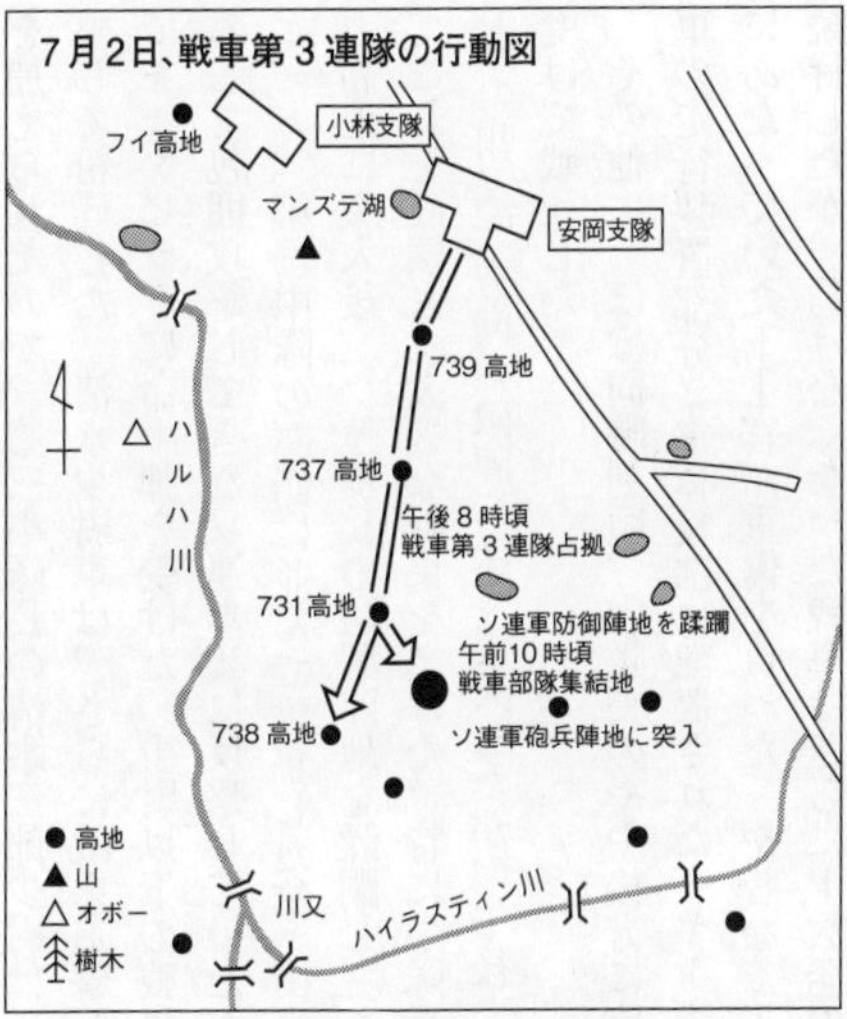

また、中隊がソ連軍野砲陣地を掃討し終わると、他のソ連軍野砲陣地から砲撃

を加えられたので、第三小隊長の清水三郎少尉は、自らの八九式中戦車単独でこの陣地を攻撃して粉砕した。清水少尉車は、さらに敵を追撃してハルハ川河畔近くまで進出したところでキャタピラーに命中弾を受けた。少尉以下の戦車兵は、これを修理しながら車載機銃を下ろして包囲攻撃してきたソ連歩兵に反撃していたが、ついに全員が射殺されてしまった。

一方、第一中隊の左側に並んで攻撃した第二中隊（中隊長木野本守之助少佐）も七三一西方高地に突入後、ソ連歩兵の防禦陣地を蹂躙し、さらに七三八高地西方の砲兵陣地に突入してこれを破壊し、大きな戦果を挙げた。特に中隊長の木野本少佐の戦車は先頭に立って突進し、「川又」方向の敵陣に深く侵入したが、午後九時三十分、四五ミリ対戦車砲の集中射を受けて戦死した。

その他に、ほぼ同時刻頃、中隊長のやや後方に位置した第二小隊長の入江立男中尉も、乗車の走行装置部分（車体後部に配置されたギヤーボックス部分）に対戦車砲弾を受け、操縦にあたっていた下士官が重傷を負った。やむなく入江中尉は、他の戦車に乗り継いで指揮を続行したが、動けなくなった戦車はさらに十数発の命中弾を受けて炎上。戦車は完全に破壊され、負傷した操縦下士官がソ連軍に捕らえられ、他の乗員は戦死した。

結局、第二中隊は戦車一輌を完全に喪失、将校二名が戦死、下士官一名が行方不明（入江中尉車の操縦下士官）、下士官一名が負傷という損失を負った。

連隊長の吉丸大佐も終始、戦車（九七式中戦車）に乗って攻撃の先頭に立ち、自ら戦車砲を操作してソ連装甲車輌や砲兵と対戦し、戦果を重ねた。このように二日夕刻の攻撃で、戦車第三連隊は大きく前進し、多大な戦果を挙げた。同地を守備していたソ連軍歩兵部隊にとって、戦車の集中攻撃を受けたのは歴史上初めての経験であり、雷雨をついて続々と押し寄せる戦車群にどう対処してよいかわからず、陣地を放棄して逃げ出す者も多かった。

そうしたパニック状態は、装甲車輌乗員の一部にも伝播したようだが、対戦車砲要員や砲兵をはじめとする一部のソ連兵たちは生命を省みず勇敢に戦い、日本側にも出血を強要した。これが、戦車第三連隊にとって、致命的な損害を受けることにもつながったのである。

戦車第三連隊の奮戦も、歩兵第六十四連隊の前進が遅れたために無駄骨となりつつあった。ハルハ川対岸やハイラスティン川南方からも飛来する熾烈なソ連軍砲兵の射撃により、山県連隊の歩兵は射すくめられるようになり、疲労もあって前進が滞りがちだった。前進するにつれて、近くのソ連軍陣地からも激しい銃火が加わり、せっかく戦車の近くまで進出してきた一部の日本歩兵も弾を避けるために小さな壕を掘ってもぐりこんでしまった。精強で知られる日本歩兵も疲労と士気の面で限界に達したのだ。

戦果拡大が望めない状況下、雨も一時小降りになった午後十時前に吉丸大佐は戦車連隊を後方に退ける決意をせざるを得なかった。夜間の戦車は、敵歩兵の攻撃に弱く、友軍歩兵が進出してこないもとでは蹂躙した敵陣地の確保はできないと見られたからである。

歩兵部隊の進撃の遅れが、戦果の確保と拡大を妨げたのだ。この歩兵が遅れを来した最大の原因は、関東軍による作戦準備の拙劣さだといえる。戦場に至るまでの移動手段を欠き、攻撃作戦直前に二〇〇キロ以上の悪路を徒歩行軍させる愚をはたらいた罪は重く、この責任を前線の将兵に負わせることはできない。

戦車第三連隊は、せっかく蹂躙・粉砕したソ連軍陣地を後にして七三一高地東方地区まで後退した。戦車中隊ごとに円形布陣し、野営することになったが、未帰還戦車などの収容にはその後なお数時間を要した。攻撃初日の失敗は、翌日、致命的な打撃を連隊が被る悲劇の幕開けとなった。

戦車第四連隊の攻撃開始

一方、玉田美郎大佐が率いる戦車第四連隊は、吉丸戦車連隊の左翼やや後方からこれを援護する形で七五二高地に前進することを企図していた。先頭に立つ斥候小隊に続いて第一中隊を配し、その後方に連隊本部、その左に第三中隊、右に第二中隊、後方に予備として第四中隊を配置していた。全体はダイヤモンド隊形で進み、その後ろを損傷車輛修理や負傷者救援にあたる段列部隊が続行した。

午後六時十五分過ぎに前進を開始。ほどなく南方地区および南西地区からソ連軍の砲撃を受け、前進する戦車の間に着弾煙が湧き上がった。上空には榴散弾（時限信管により空中で炸裂して破片をばら撒く榴弾）が弾け、頭上から降ってくる破片が九五式軽戦車の薄い装甲板に当たって、キンキンと音をあげた。

やがて雨が降りだしたこともあって、玉田大佐を含め各戦車指揮官は砲塔内に入り、ハッチを閉じた。しかし、戦車内で不充分な地図と狂いやすいコンパス（地磁気の影響を受けや

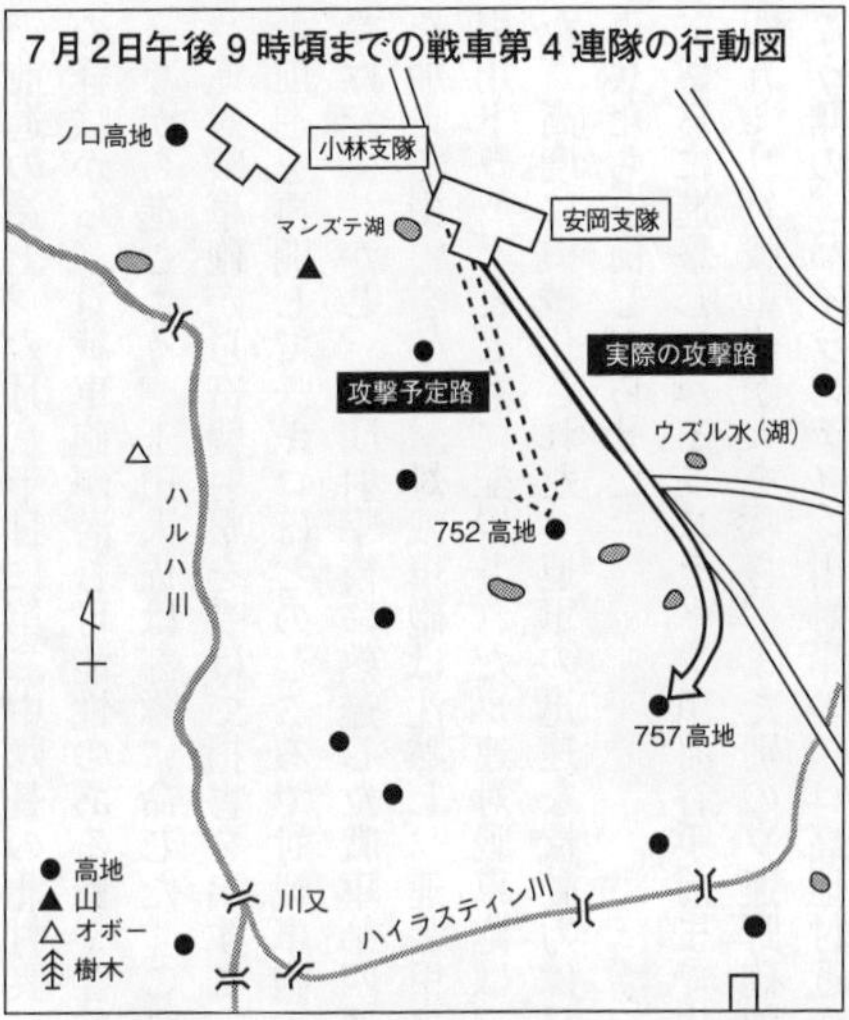

すかった）を頼りに前進していた連隊は、砲撃を受けるうちに無意識にこれを避けながら低地に沿って進んだこともあり、進路が東方よりに偏っていた。玉田大佐はじめ将兵が残した回想や戦記を見るかぎり、戦車第四連隊に対するソ連軍の砲撃はかなり正確で、吉丸戦車連隊が攻撃した正面よりも熾烈な印象を受ける。日本軍に対して具体的な損失を与えなかったとはいえ、目標進路を誤らせたことは、砲撃の効果を証明している。

午後七時三十分頃、ようやく最初の敵陣地（前方監視陣地）と接触したが、そこは目標の七五二高地からだいぶ東に逸れたウズル水（湖）西方砂丘であることが判明した。玉田連隊長は、進路を修正して主戦場である「川又」方向に進むことも考えたが、戦車の軌道上に不利な軟弱地が多いと斥候から報告された。このため、あえてこのまま南進してハイラスティン川北岸台上から「川又」にかけて通じていると見られる街道をめざし、そこから「川又」へ突進をはかることにした。

前進の途上、六月三十日に第二中隊長の北村良一大尉を失った四五ミリ対戦車砲との戦闘の経験から、対戦車砲が潜む可能性のある藪《やぶ》や窪地などに戦車砲や車載機銃で探り撃ちを加えながら進むよう、玉田大佐は部隊に命じた。これは効果的で、戦車第四連隊は隠れていたソ連対戦車砲から奇襲射撃を受けて損害を出すことはなかった。

前進を再開して一キロほどのところで対戦車砲やBA－10装甲車から四五ミリ砲で射撃を受けた。しかし、集団射撃術に熟達した戦車第四連隊の各小隊は、たちどころに正確な射弾を加えて損害を与え、対戦車砲は沈黙しソ連装甲車は逃走した。しかし、敵もさるもので牽引用トラックとともに配置されたソ連対戦車砲は、撤収するとあっという間に姿をくらました。高度に機械化されたソ連軍の迅速な機動力は日本戦車による完全な捕捉殲滅を妨げ、戦車兵たちを悔しがらせた。

さらに進撃してハイラスティン川河谷《かこく》手前まで出ると、今度は河谷前面の稜線から数門の四五ミリ対戦車砲が火を吹き、また別のソ連野砲陣地からも射撃を受けた。河谷のはるか向こう側の、ハイラスティン川対岸のノロ高地付近からもソ連軍砲火や機銃火が戦車第四連隊に浴びせられた。玉田連隊は一時、三方から熾烈な砲撃や銃撃を受ける状況下に置かれた。

しかし、悪天候のせいもあって砲撃や銃撃は正確さを欠き、移動している日本戦車にはあまり効果を発揮しなかった。そして、時折、丘陵の尾根で砲火を開くソ連対戦車砲も四〇輛以上の日本戦車が放つ正確な砲撃や銃撃にはかなわず、制圧されるか遁走した。

このように、戦車第四連隊は東岸主攻である戦車第三、歩兵第六十四両連隊の攻撃進路からはずっと東に離れた外翼より、ハイラスティン川の河谷方面まで進出することとなった。その間、猛烈な砲撃には晒されたが、ソ連軍陣地の外側をかすった形で突破したため、本格的に防備が固められたソ連軍陣地とはぶつかり合うことがなかったのである。

はるか西北地区には、おそらく交戦する吉丸戦車連隊のものと見られる熾烈な砲撃の爆煙があがっていた。部隊間の通信手段を欠き、安岡支隊司令部との通信がとれずに不安に思った玉田連隊長は副官の緒方休一郎少佐をサイド・カーで派遣して連絡をとろうと試みた。緒方少佐は、連隊の将校の中で最も方向感覚が優れているとみなされていた。

しかし、緒方少佐ですら、雨天と砲撃に晒された上に、複雑な地形に幻惑されて方角を見失った。結局、ソ連軍対戦車砲陣地にぶつかり、狙い撃ちされてほうほうのていで引き返してきた。

夜襲を決意した玉田大佐

緒方少佐を派遣して安岡支隊司令部と連絡をとろうと試みている間、戦車第四連隊は窪地に戦車を隠して待機していた。そして、戦車指揮官たちは戦場の偵察を行なっていた。砲撃は間断なく続き、特にハルハ川西岸から射撃してくる一二二ミリ榴弾砲と見られる砲火は弾数と威力が格別で、連隊将兵を不安に陥れた。この一二二ミリ榴弾砲は、前年の一九三八年にソ連軍が制式化した新兵器で、重量二五キログラムの威力ある榴弾を速い発射速度で撃つことのできる優れた火砲である（現在もロシア陸軍で使われている）。

砲撃下、悠然と九五式軽戦車の砲塔上に立って高倍率双眼鏡で敵情視察を行なう玉田大佐のところに、第二中隊長代理の伊藤喜久中尉が駆け寄ってきて、「ここにいては、損害が出るばかりです。早く前進しましょう」と意見具申をした。玉田大佐は「まあ、待てよ」と伊藤中尉を制しながら、思案を続けた。玉田大佐は、斥候の情報を次のように判断した。

一、こちらに砲撃を加える敵砲兵は、西南方約三〇〇〇メートル以上に位置する野砲と重砲合計少なくとも二個中隊。陣地は視察不能だが、観測班らしき敵は近くの稜線上に見える。

二、西方約二〇〇〇メートルの稜線には、歩兵と重火器が布陣しており、その後方には自動貨車（トラック）が配置されている。

三、ハイラスティン川河谷方向の敵の活動は積極的ではない。

玉田大佐は、この状況下で「川又」地区までの突進に成功するには、夜襲をかけるべきではないかと考えるに至った。敵側の砲兵の猛威は、与えられた損失こそ軽微であったとはいえ連隊の行動の障害となり、進路を誤らせるなど予定を狂わせてきた。しかし、このまま「川又」に達することができなければ、「退却中」の敵を捕捉できず目的を達せない恐れがある。「敵は次第に退却中」の観念は、いまだ玉田大佐の心を捉えていた。

大佐が双眼鏡で敵陣地を視察していた午後九時頃、貨物トラックに乗ったソ連部隊がゆっくり「川又」方面に去る姿が見られた。このことも、大佐に「敵はいよいよハルハ川の東岸側からの退却を急ぎ始めた」との確信を深めさせることとなった。

闇夜の中を攻撃すれば、砲撃の猛威をかわしながらソ連軍の意表をついて大打撃を加え、「川又」への突破がかなうかもしれない——戦車戦史上、日本軍はおろか列国軍においても、連隊規模の戦車隊が夜襲をかけた事例はなく、成否は大きな賭けだが、玉田大佐は、帰還した緒方副官に自分の考えを打ち明けた。

緒方少佐は、即時に賛同した。実は緒方少佐の胸中には、独立混成第一旅団解体の理由にされた北支隊戦線での「不甲斐ない戦いぶり」という汚名を何としても晴らしたい気持ちがあったのである。実際、この「不甲斐ない戦い」は当時の上級司令部が歩兵師団からの要請に応えるままに、戦車部隊をバラバラにして各師団に配置したため、集団としての戦車運用を妨げたことによるものだった。戦車を集団的に運用した攻撃作戦で、何としても敵に打撃を与え、迅速な突破を成功させることで、機械化部隊の正しい運用の効果を証明したいとの気持ちが玉田大佐や緒方少佐らにはあったのである。

そして、玉田連隊長には第一戦車団構成部隊として、長く苛烈な訓練をつませて習得させた高い戦闘技量を持つ戦車第四連隊なら、前例のない大規模な戦車部隊による夜間戦闘を必ずや成功させるだろうとの確信があったのだ。それは、すぐに実証されることとなった。

戦車第四連隊の中隊長全員が夜襲に反対

七月二日の午後九時過ぎ、暗さの増した中で玉田美郎大佐は中隊長を集めた。

「連隊長としては、夜襲しようと考えるが、各人の意見はどうか」

玉田大佐がたずねると、すべての中隊長が、連隊をあげての夜襲には反対であると意見を述べた。玉田大佐は、後に手記で中隊長らが反対したのは当然であったとして、こう説明している。


「……それは当時の戦術的常識で、典令（作戦基準にすべき原則を示した制式範例）でも歩兵に協力する場合を原則としており、一中隊以上の兵力をもってする夜襲は研究も訓練もしていなかった。まして、一個連隊をもって独力夜襲することは前例もなく、連隊長自身もいままで考えたことがないから（中隊長たちの反対は）当然である」


しかし、それでも玉田大佐は、連隊あげての夜襲実施以外に事態打開の術《すべ》はないものと確信していた。戦車第四連隊の進路を誤らせた猛烈なソ連軍重砲火の威力をかわしつつ、敵側の意表をついて当面する防禦陣を突破するには、最も有効であると考えられたからである。

また、連隊が主力としたのが、装甲の弱い（防弾鋼板の厚さは六〜一二ミリ）九五式軽戦車であることも、夜襲実施を考える理由のひとつであった。開発された当初から機械化部隊の偵察及び追撃用戦車と考えられてきた九五式軽戦車を、通常の状況下、砲兵火力や対戦車砲が多数配置された敵陣への正面攻撃に用いるのは無謀そのものであった。

結局、玉田連隊長は午後十時頃、おおよそ次のような訓示を述べ、夜襲実施を下令した。

「連隊が当面の敵を昼間突破しなかったのは遺憾である。しかし、任務をいささかも遅らせるわけにはいかない。もし、このまま推移すれば、永く歴史に部隊の汚名を残すことになるのは必定である。夜間、決意して前進すれば、敢えて敵陣突破は不可能でないと考える。従って、連隊はいまより随所に敵を撃破し、『川又』に向かい前進する。もとより夜間に敵情、地形不明の中、戦車の大部隊を投入するのは無謀に思えるかもしれないが、任務がこれを求めている。戦車第四連隊将校団の名誉にかけて、連隊一丸となって全滅を賭しても邁進《まいしん》することを貴官らに望む」

玉田大佐の断固たる決意は、中隊長らを感動させ、一同粛《しゅく》として声もなかった。この訓示の内容には、かつての独立混成第一旅団時代における戦場での経験、すなわち戦車を分散して投入されたために戦果を充分に挙げられず「不甲斐ない戦いぶり」と酷評されて後の旅団解体の理由にされたという不名誉な記憶をふまえた思いが込められていた。これは、他の戦車将校たちの気持ちの中でも共通のものだった。

稲妻の光を頼りに夜間前進

午後十一時三十分頃、戦車第四連隊は前進を開始した。先頭は八九式中戦車（甲）で編成された第四中隊（因中隊長）、その後に連隊本部の戦車が続行し、右翼には第三中隊（玉木中隊長）、左翼には第一中隊（松本中隊長）が展開し、全体の後尾を第二中隊（伊藤中隊長代理）が進んで側面援護に任じた。夜空は雨雲に覆われ、視界が一〇〜二〇メートルであることから、各中隊の間は三〇メートル、戦車と戦車の間は六メートルまで間隔をつめて進んだ。中隊長は中隊全体を伝令を用いて掌握しながら、小隊長は自分の肉声で小隊内に命令伝達が可能であるような距離の維持に努めた。そして、攻撃方向の前方、並びに隊形の左右に三名ずつの徒歩斥候を置くとともに、先頭中隊の因中隊長車には方向感覚の優れた緒方休一郎連隊副官が跨乗《こじょう》し、これを基準にして連隊の進路を定めることとした。

戦車第４連隊の前進隊形図

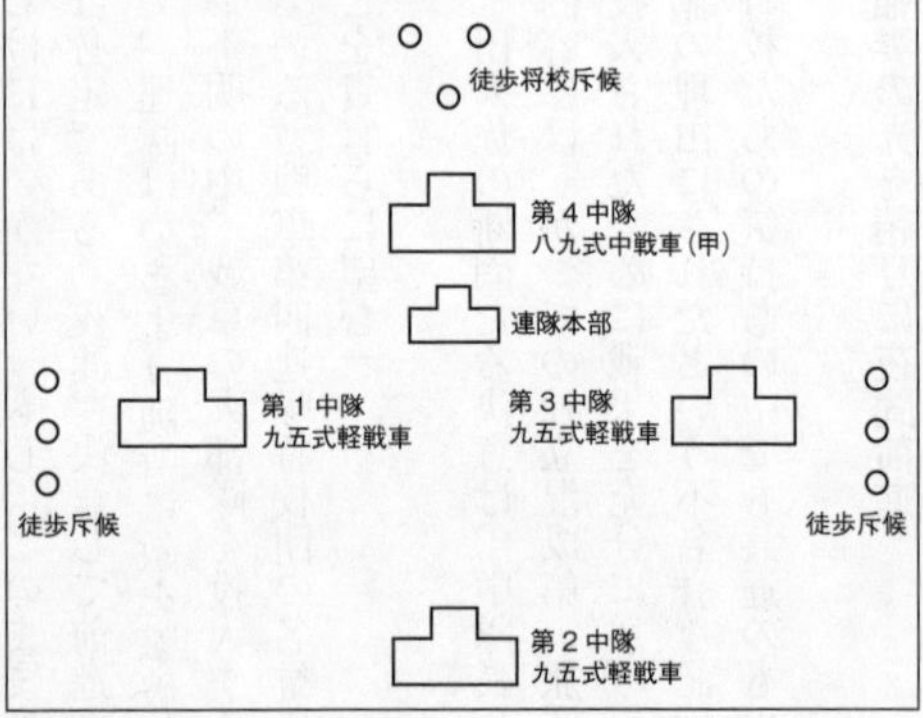

戦車は、時速五キロの最低速度で静粛に前進し、当初は回転するキャタピラーの軋《きし》みしか聞こえないほどであった。このような微速前進であるので、小隊長や中隊長は双眼鏡を手に戦車から飛び降り、近くの丘まで走って周囲の状況を偵察することができた。

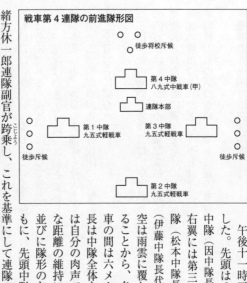

緒方少佐は、陽のあるうちに何度も周辺地区を偵察したり、連絡に走ったりしていたので、ある程度の土地勘を得ており、部隊の誘導に自信があった。そして、時折空に走る稲妻が大地や戦車部隊を瞬間的に照らしだしたことが、小隊や中隊間の位置関係や土地の起伏をもとにした所在確認をある程度可能にしていた。

やがて出発して三〇分ほどたった三日午前零時頃、南西へ伸びる細い道にぶつかった。緒方少佐が地図で確認したところ「川又」へ向かう道路であろうと思われたので、これに沿って戦車連隊は前進することとした。

この確認のための停止中、徒歩斥候に出ていた桑原少尉（この攻撃作戦での斥候責任者を任じていた）が戻ってきた。桑原少尉は「前方に哨兵壕（敵の接近を察知するための前方警戒陣地）があり、数名の敵が配置されています」と玉田連隊長に報告した。玉田大佐は、斥候部隊に対して「銃剣にて殺して進め」と命じた。徒歩斥候は、音もなくソ連軍陣地に忍び寄り、発砲せずに警戒兵全員を銃剣や軍刀で殺害し、この任務は難なくこなされた。

しかし、その後周辺の警戒陣地から逃走を図ったと見られるソ連兵が、因中隊の八九式中戦車に発見され、追い回されたあげく、数名のソ連兵が拳銃と戦車のキャタピラーによって殲滅された。

玉田大佐は、制圧した警戒線から程ないところにソ連軍の主陣地があると考えた。そして、今後は、敵と接触したらただちに全火力をもって攻撃するよう先頭中隊長の因大尉らに伝え連隊の前進再開を命じた。

激しい雷雨の中の遭遇戦

これから先の部分は、本書のプロローグ部分で触れた戦闘である。より細かく見てみよう。戦車第四連隊が前進を再開すると、すぐにバケツを引っ繰り返したような大雨が降りだし、風と雷鳴も激しくなった。これは、戦車のエンジン音やキャタピラーが軋む音もまったくかき消してしまい、攻撃側にとっては好都合だった。

しかし、稲妻の閃光でしばしば瞬間的に、迷彩の施された戦車が車尾に日の丸の旗をなびかせて前進する姿が照らしだされるため、距離を詰めればソ連軍に発見されるのは必定だった。雨の勢いはすさまじく、砲塔のハッチを開けて顔を出している戦車長らは呼吸すら困難に感じるほどだった。第四中隊の須之内誠一少尉は、防毒面を装着し、やっと一息つけたと回想している。

やがて切れ目なく雷鳴が轟き稲妻が走って、激しい雨の中にも周辺の地形が手にとるようにわかるようになった。玉田大佐らは、おかげで野砲陣地多数を従えたソ連軍防禦陣地をごく近くで視認することができ、幸い敵の発見より早く攻撃態勢に入ることができたのである。

できる限り気づかれぬように発砲を控えながら、さらに戦車連隊はソ連軍陣地への接近を図った。しかし、ようやく稲妻の閃光で浮かび上がった日本戦車に驚いたソ連兵が機銃を撃ち出し、これに対戦車砲や野砲の砲火が加わった。すぐに第四中隊の八九式中戦車、それに第三中隊の九五式軽戦車が応戦を開始し、雷鳴と機銃、戦車砲の発射音、着弾音で周辺は阿鼻叫喚の巷と化した。

日本軍にとって幸いだったことに、台地上に布陣していたソ連軍野砲はあまりに接近した日本戦車に向けて砲口を下げることができず、発砲してもまったく効果を失っていたことだ。ソ連歩兵も小銃や重・軽機関銃を手当たり次第に発射してきたが、気づいたときにはあまりに日本戦車が接近しており、対応が混乱して有効な反撃を加えられなかった。そのうち、多くのソ連歩兵がパニックに陥って逃げ出した。

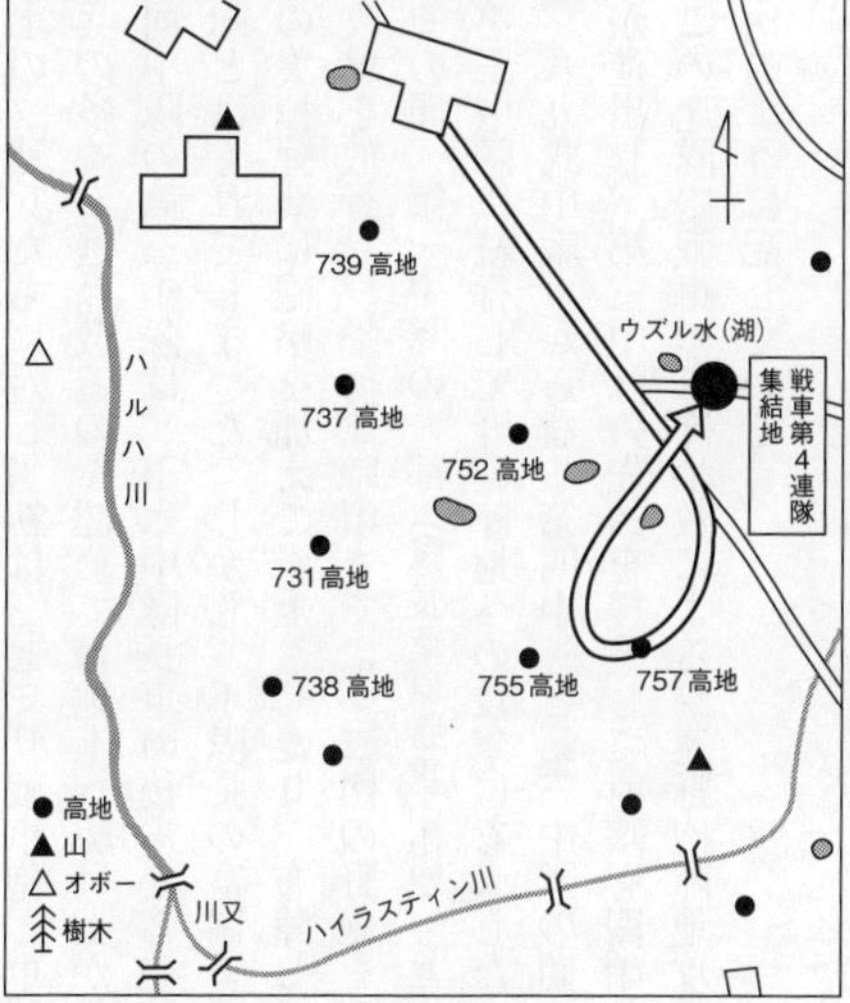

7月2日からの戦車第4連隊の行動図

危険だったのは四五ミリ対戦車砲だった。しかし、各個バラバラに反撃した対戦車砲火に対して、日本戦車は得意の小隊ごとの集中射を浴びせて一つひとつを順次制圧していった。さしものソ連対戦車砲も、奇襲の前になす術はなかった。

玉木大尉が率いる第三中隊の九五式軽戦車は、ソ連軍の激しい銃火をものともせずに右翼方向の野砲陣地に向けて突進し、一〇〇メートル手前から台地上のソ連兵たちに対し当初は三七ミリ戦車砲と車載機銃の集中射撃を加えた。そして、ソ連兵の多くが逃げ散るのを認めて台地上へ駆け上がり、砲兵陣地を次々に蹂躙していった。

同中隊の第三小隊は、玉木中隊長車の後ろから砲兵陣地に突入したが、すぐに中隊の他の小隊とはぐれてしまった。しかし、小隊長の富岡善蔵少尉は、小隊の僚車とともにソ連軍野砲の集積弾薬に砲撃を加えて炎上させたり、布陣していた野砲を踏み潰したりするなどの蹂躙攻撃を敢行し、午前二時頃までに一二門の野砲を破壊した。

その間、第一中隊の一部（隊長桑原勝重中尉）と第四中隊の第一小隊（隊長白形琢郎中尉）も第三中隊に続行して野砲陣地への攻撃に参入した。さらに、連隊の先頭に立った連隊で唯一、八九式中戦車からなる第四中隊と第三中隊の間に、後方で予備として進んでいた第二中隊が進出し、第三中隊の先頭を援護して射撃を開始した。

この連隊の戦車のほぼ半数によるソ連野砲陣地攻撃の様子について、玉田美郎大佐は手記に次のように記している。

「敵はわが猛撃にただ周章狼狽して射撃もできず、肉薄攻撃して来る者も一人もいない。わが戦車は敵を追い廻し、射撃し蹂躙した。逃げ遅れて壕あるいは砲架の下に匿れる者は機銃、拳銃をもって射殺した。戦車をもって砲架に乗り上げ、または体当たりで砲をひっくりかえし、あるいは縦横無尽に暴れ回り、対しては至近弾をぶっ放すので敵はたちまち敗退し暗中に逃れ去った」

　しかし、第二中隊が野砲陣地に突入すると、すぐに中隊長代理の伊藤喜久中尉が搭乗する九五式軽戦車は、四五ミリ対戦車砲弾に貫徹され、砲塔下に配置された弾薬の発射薬が発火して火災を起こした。黄色い煙を吹き上げた戦車の中で伊藤中尉は顔面や手足に大火傷を負い、操縦兵、前方機銃手も負傷して戦車の外に脱出した。

　伊藤中尉は、他の戦車に乗り換えて中隊の指揮をとろうとしたが、一時的に失明したため、それはかなわなかった。火災を起こした戦車は、敵側の砲火を引き付け、次々に対戦車砲弾や機銃弾が命中した。日本軍では、原則的に乗員が戦車を放棄することを禁じていたが、伊藤中尉らは中隊の他の戦車に救助され戦死を免れた。

　伊藤中尉を収容した第二小隊長・新倉政吉少尉の九五式軽戦車は、中尉らを戦闘室床に横たわらせたままソ連軍装甲自動車と交戦し、これを撃退して進撃を継続した。戦車連隊は、散発的に反撃してくるＢＡ－10装甲車や少数のＢＴ戦車を撃退しながら、およそ一〇〇〇メートルにわたりソ連軍陣地を突破蹂躙した。

　その中で逃げ回るソ連兵に機銃火を浴びせ、貨物自動車や乗用車、弾薬・物資を焼き払った。しかし乱戦が経緯する中で、統一した指揮掌握が困難となってきた。連隊は奥深く進むにつれ、中隊、あるいは小隊ごとにバラバラになって暗闇の中のソ連軍防禦地帯に散らばってしまったのである。

暗闇と静寂の中で、困難をきわめた再集合

戦車第四連隊がソ連軍の防御陣地を奥深く突破した時点で、ほぼ雷雨は収まった。ほとんどのソ連歩兵や砲兵が逃げ散ったためか、中・近距離からのソ連軍の反撃砲火もなくなり、はるか遠くから重砲が盲射してくるのみとなった。

遠くのソ連軍重砲が放つ発砲炎の光と砲弾の飛翔・着弾音以外、まったくの暗闇と静寂が戦場を支配した。玉田連隊長が周りで掌握できるのは本部付きの軽戦車二輌と軽装甲車数輌のみで、連隊の大部分の所在はまったく見当もつかなかった。

やがて、第四中隊長の因大尉と配下の一個小隊(須之内小隊)が合流した。因大尉もこの時点では、中戦車中隊の残余を見失ってしまっていた。

このような状況に直面した当初、玉田大佐は自分が命じた無謀な夜襲のために、連隊がほぼ壊滅したのではないかとの不安にかられた。しまいには、自決すら考えて緒方副官にそれをもらしたほどだった。

戦車による実戦が初めてだった玉田大佐に対し、独立混成第一旅団以来、北支戦線での実戦経験を積んでいた副官の緒方少佐は、すぐに事態は好転すると大佐に確言した。そして、やや芝居がかっていたが、二人の連隊本部付き下士官をともなって竹竿につけた大きな日の丸の旗を打ち振り、大声を出しながら戦場を歩き回った。

緒方少佐の努力が功を奏したのか、結局、次々に連隊の戦車が集まってくるところとなった。この間、緒方少佐が味方軽戦車からの機銃の誤射を受け、すんでのところで戦死を免れ

るというハプニングもあったが。

第四中隊の八九式中戦車の全車を掌握したあと、連隊長一行はあたりを移動しながら第一中隊（松本中隊）を発見、これを合流させた。その後、これに第三中隊（玉木中隊）と第一中隊、第二中隊の一部が混成した集団がやってきて合流した。これで戦車第四連隊の大部分が集合したことになり、緒方少佐は胸をなでおろすことができた。

戦車史上初の組織的な夜襲で挙げた大戦果

各中隊、小隊の指揮官が集合するにつれ、連隊本部に戦闘の詳細な様子が報告され、玉田大佐らは夜襲全体の状況を把握することができた。戦車の損失は、第二中隊長代理の伊藤中尉の九五式軽戦車一輛が炎上し、その他に一輛が四五ミリ対戦車砲弾で貫徹されて軽損したのみ。人的損失は、戦死者が将校一名（吉田正吾軍医）、下士官一名、負傷が伊藤中尉以下三名であった。

ソ連軍に与えた損害は、一〇七ミリのカノン砲、七六・二ミリ歩兵砲など野砲一二門、自動車牽引式の四五ミリ対戦車砲七門を破壊。装甲自動車一〇輛とBT戦車二輛を撃破した他、貨物トラック二〇輛を焼き払い、重機関銃一二梃、歩兵用軽迫撃砲（口径五〇ミリ）五門を破壊または捕獲した他、死傷約一五〇名と推計された。

今日、旧ソ連側の資料と照らし合わせるなら、同地を守備していたのはソ連第149自動車化狙撃連隊（連隊長レミゾフ少佐）の内の一個大隊と第9装甲車旅団の一部、それに第11戦車旅団から分遣されていたBT戦車大隊の内の一個中隊程度と、第185砲兵連隊の内の一個大隊である（第185砲兵連隊の主力は、ハルハ川対岸にあった）。

戦車第四連隊が大戦果を挙げたのは明白だった。戦車第三連隊や歩兵第六十四連隊との戦闘での損失と合わせ、ハルハ川東岸地区を防禦していたソ連軍は、二日夕刻～三日未明にかけて大きな損害を被り、三日いっぱいにかけて戦力不足の下で相当苦しい防禦戦闘を展開しなければならなくなったのである。

ちなみに、二〇〇五年に邦訳が刊行された旧ソ連側資料をふまえたロシア側の戦記『ノモンハン戦車戦』（マクシム・コロミーエッツ著　大日本絵画）では、七月二～三日未明にかけての安岡支隊とソ連軍の戦闘について、ソ連側の記録資料を引用して示している。

コロミーエッツ氏は、ロシア軍関係の研究者でモスクワ中央軍事博物館等に残された記録フォンドを用いて戦記ものの出版（主に独ソ戦関連）を継続している。コロミーエッツ氏の著書の五八ページには、ソ連軍記録からの次のような引用が示されている。

「七月二日夕刻、日本軍は攻撃部隊（筆者注＝後述する第二十三師団主力、小林支隊のこと）の渡河を隠蔽すべく、わが戦闘警備隊を殲滅する作戦を実行し、そのために戦車を伴う突撃隊を抽出した。だが戦闘警備隊を包囲する試みは失敗し、わが前線を越えて撤退した。この攻撃は心理的効果を狙ったものである。八〇輛以上に上る戦車がたいまつを燃やしながら攻撃して来た。戦闘の結果、第149狙撃兵連隊は二～三キロ後退した。わが方は戦車一〇輛以上を撃破し、一輌を捕獲した。敵の攻撃はすべて撃退された」

引き続くコロミーエッツ氏の記述によると、この戦闘についての「ソ連軍の損害に関するソ連側資料はまだ見つけ出せない」とのことだ。

少なくとも、ソ連側による当時の資料でも、戦線突破を許してしまったことを認めている。事実経過からいえば、日本側が歩兵戦闘の準備を欠き戦果を確保・拡大できなかったのであるが、戦車隊はいずれも後退しなければならなくなったのだから「敵の攻撃はすべて撃退された」と結果をまとめられても仕方がないところだろう。

いずれにしろ、戦術面から見れば戦車史上初の戦車連隊による夜襲は、天候の助けもあって見事に成功したといえよう。

残念ながら戦車第四連隊には最初から歩兵部隊が同行しておらず、制圧した地区をただちに占拠して、次の攻勢に生かすことができなかったので、戦術的成功が作戦の成功にはつながらなかった。こうした点が随所に見られるのが、ノモンハン事件における日本軍側攻勢の特徴だ。これははじめから述べているように、参謀など高級指揮官レベルでの機械化部隊や諸兵連合作戦の準備や運用についての無理解が原因である。当初の構想のように梶川歩兵大隊を戦車第四連隊に随伴させていたなら、こうした事態は起きなかった。戦車第三連隊に随伴した歩兵第六十四連隊が遅れてしまったことと同様に、これは関東軍司令部が歩兵を長途行軍させるのに自動車を配置しなかったことが問題だったのである。疲労困憊した歩兵は、戦車部隊の戦果を拡大し確保できなかったのだ。

せめて自動車化された歩兵部隊が一個大隊でも、それぞれの戦車連隊に同行していれば、その後の戦況は大きく変わったものと考えられる。

こうした大戦果の反面、伊藤中尉の損傷戦車がその後の必死の捜索にもかかわらずソ連側に捕獲され、宣伝に使われたことが戦車第四連隊には痛恨事だった。軍規上、戦車の戦場遺棄を禁じられていた戦車将校の「規律上の問題」として後に浮上し、玉田大佐と安岡正臣中将をはじめとする安岡支隊の幹部たちを悩ませることになった。

ソ連側は早くも七月六日前後、現地の軍新聞に「捕獲した日本軽戦車」の写真を掲載し、これが日本軍側の手に入り玉田大佐らの知るところとなったのである。そして、東京の陸軍省がこの責任問題を現地部隊に対して追及したことは確実であるが、関係者はこの忌《い》まわしい問題について、その後もほとんど口を閉ざしている。

安岡支隊長が、責任問題についての上部からの問い合わせに対し、「白兵戦的な状況下では、戦車が失われることは当然あり得べきこと」と弁護し、重大な処分は免れた模様である。しかし、「戦車兵は戦場で戦車を遺棄してはならない」との日本戦車隊の軍規は、戦車第三、第四連隊双方に必要以上の人的犠牲を払わせることになった。

この辺の経緯は、関係者への膨大な取材に基づき『ノモンハン』上下巻を著したアメリカのアルヴィン・D・クックス氏によって厳しく指摘されている（一九八九年、朝日新聞社）。

話を七月三日未明の戦場へ戻そう。

ノモンハン地区で発行された赤軍機関紙「英雄的赤軍（ゲロイチェスカヤ・クラスノアルメイスカヤ）」を読むロシア兵。

連隊本部への合流時、玉木大尉は砲兵陣地の占領と遺棄された火砲の捕獲を意見具申したが、玉田大佐は歩兵がいない状況下で、戦車兵を割いて陣地占拠を計るのは無理と考えた。そして夜明けも近くなり、弾薬・燃料補給のないまま再度の夜襲をかけるわけにもいかないため、将校全体で協議の上、攻撃発起点まで戻ることになった。

後に玉田大佐は「止どめの一撃」をこの時かけなかったことを後悔したというが、連隊の置かれた状況からすればしかたのないことであった。本来、当時の戦術教義上も、戦車は戦闘後、その占拠地点は歩兵部隊に引き継いで後退し、敵側の夜間反撃や逆襲を避けて車輛整備と補給にあたるとされていたのである。

戦車第四連隊は、途中で第二中隊の残余を合流させながら、ウズル水（湖）南東の攻撃発起点まで、ソ連軍重砲の盲射をくぐりながら後退した。連隊将兵は、「川又」までの突破はならなかったものの、ソ連軍相手に大戦果を挙げたことに満足し、翌日の攻勢に全力を尽くそうと決意を固めていた。

安岡支隊長、七月三日昼間の攻撃再開を決意

二~三日の夕刻から未明にかけての戦闘は、ソ連=モンゴル軍の「退却開始」を信じた安岡正臣中将が麾下安岡支隊に追撃を前提にした遮二無二の突進を命じて生じたものだった。結果として、戦車を先頭に立てた夜間戦闘は経験のないソ連将兵を驚かせ、大きな戦果を挙げることにつながった。

前夜の豪雨も上がり、七月三日の夜明け空はきれいに晴れ上がっていた。前夜の到達点から引き下がっていた安岡支隊は、攻撃再開のため兵器の整備と再補給を急いで行なっていた。また、ようやく輓馬編成で旧式野砲を牽引した野砲兵第十三連隊第二大隊(大隊長森川信夫少佐)が二日に戦車第三連隊が攻撃発起した七三一高地北二キロの地点に到着し、放列を敷いて午前五時五十分からソ連軍陣地に向けて砲撃を開始した。ようやく、支隊の主攻撃戦で歩・戦・砲のラインが統一できたのである。

安岡支隊長は、攻撃を開始した二日夕刻以来、部隊が個々バラバラになったために全般的な戦況が摑《つか》めず不安な一夜を過ごすことになった。しかし、三日の明け方近くには、主攻勢方面の状況を掌握することができ、安堵することができた。その際、遠く左翼方面を攻撃していた戦車第四連隊の戦闘経過についても、報告に出頭した第四連隊副官の緒方休一郎少佐

の報告で詳しく知ることができ、予想外の大きな戦果に喜んだ。

三日は晴れ上がった空の下、攻勢を再開することになる。そうなれば、前夜のような暗闇や悪天候でソ連砲兵の正確な射弾を避けたり、ソ連軍陣地への心理的奇襲効果を挙げることはむずかしい。この度は、ようやく日本側も支援砲火を提供する砲兵隊が配置についたのだが、これもソ連側に比べれば劣勢であり、昼間の正面攻撃は大損害を強要される可能性が高かった。

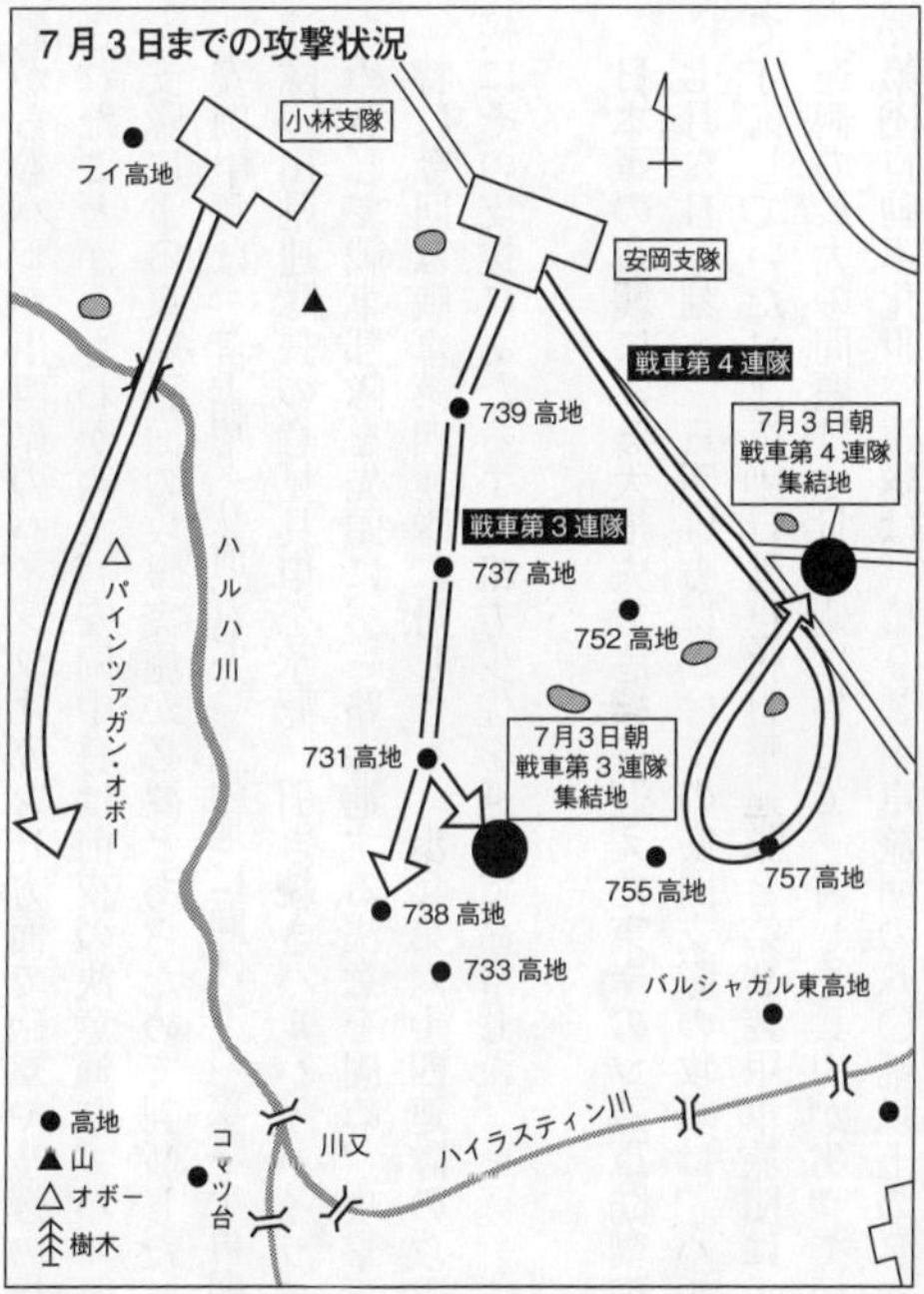

このような不安要素はあるものの、もはや猶予ならない状況も迫っていた。今次作戦での主攻勢正面であるハルハ川西岸での渡河が第二十三師団主力・小林歩兵団を軸にした支隊によって敢行され、越境攻撃が開始されていた。その様子は、夜が明けると安岡支隊の位

置からもハルハ川西岸のバインツァガン丘方面で砲撃や空爆の爆煙や飛び回るソ連機が望見されたことからもわかった。安岡中将は前夜の決意通り、ハルハ川西岸攻勢の成功のためにも支隊による東岸正面の攻撃実施が必要とあらためて判断した。

安岡中将は、「早朝より前方七三一高地に向けての攻撃を再開したい」との歩兵第六十四連隊・山県連隊長の意見具申を承認。引き続きハルハ〜ハイラスティン両川合流点「川又」をめざして戦車部隊を先頭に、一路邁進する決意を固め、攻撃再開を麾下部隊に伝達した。

特に今回は戦車第四連隊に対しても、歩兵第六十四連隊の攻撃に左翼方面から協調し、密接にその支援にあたるよう緒方少佐を通じて命令した。

日本軍の夜襲による大損失で危機を迎えた東岸のソ連軍防御陣地

七月二日夕刻〜三日明け方にかけての安岡支隊の攻撃は、ハルハ川東岸地区に陣地を築いて守備していたソ連第149自動車化狙撃連隊と第9装甲車旅団に手痛い損害を与えた。防禦上、ソ連側の最大の問題は、日本側に対して、著しく兵力が劣っている点だった。

第149自動車化狙撃連隊は、第9装甲車旅団の八〇輛以上のBA-10装甲車と第11戦車旅団から分遣された三〇輛程度のBT快速戦車、さらに砲兵一個大隊の増援を受けていた。これに加えて自動車牽引式の四五ミリ対戦車砲を多数持っていた。しかし、実際に防禦戦闘の要となるべき歩兵の数は一〇〇〇名余で装甲車輛乗員を除いた砲兵要員を含めても二〇〇〇名程度であった。

このため、数的に優勢な安岡支隊配属の日本軍歩兵と白兵戦に持ち込まれれば、防禦線の崩壊は火を見るより明らかだった。まして、前日からの戦闘での兵力損失は、日本側記録で見るかぎり死傷者三〇〇名を下らず、対戦車砲や野砲計二〇門以上と戦車・装甲車を二〇輛以上、それに自動車多数を破壊されていた。三日朝を迎えた段階でのハルハ川東岸地区での日ソ両陣営の兵力のアンバランスは、さらに広がっていたのである。

ちなみに、攻撃側の安岡支隊は、三日に遅れて到着した歩兵第二十八連隊第二大隊（梶川歩兵大隊）や支援の工兵部隊、さらに二日夕刻から攻勢に当たっていた歩兵第六十四連隊に加えれば、歩兵戦力だけで三〇〇〇名を優に超えていた。これに戦車第三、第四連隊の戦車・装甲車輛九〇輛前後が加わっていた日本軍の攻撃部隊は、ハルハ川東岸地区防禦陣地のソ連軍にとって容易ならざる相手だった。

以上のように、ノモンハン事件の各段階の戦闘では、後年いわれるように常にソ連＝モンゴル軍側が日本側に対して兵力が優勢であったわけではない。問題は、局面ごとのこうした戦力バランスの変化を偵察その他の努力で極力把握し、正しく攻撃時期や攻撃方法の手立てを講じられなかったことにあった。

情報の利用を軽視した日本軍は、作戦初期の段階には常に「ソ連軍の兵力は劣勢で、退却中」と思い込み続けた。敵に対する過小評価である。逆に旗色が悪くなると「ソ連軍は空・陸ともに我に数倍する戦力を限りなくつぎ込んでくる」と、まるで〝寡《か》兵《へい》〟で戦ったために最初から勝機がなかったようないいぶりでソ連軍戦力を評価している。後者は過大評価ではないのだが、自分の責任（この場合の自分とは、高級幹部や参謀たちのことだ）をいい逃れる類の後知恵というべきものだ。

ソ連軍が安岡支隊に対して有利だった点は、ハルハ川西岸やハイラスティン川南岸に布陣した重砲兵の強力な支援砲火を受けていることが筆頭に挙げられる。さらに六月半ば以来、機械力（動力付きの工兵用機材）も使用して、よく偽装された深い塹壕や鉄条網（螺旋鉄条網＝「コイル状ピアノ線」を含む）をふんだんに設置した堅固な野戦防御陣地を構築した点、引き続き対戦車砲を多数使用できる点などだった。これらの力にあずかって、兵力劣勢のソ連軍はかろうじて戦車を先頭とする安岡支隊の突進を阻《はば》むことができたのである。

三日朝までの間、第149自動車化狙撃連隊指揮官のレミゾフ少佐は、もうひとつの日本軍攻撃阻止のための決定打に期待をつないでいた。それは、二日の日本軍攻撃開始後、直ちにG・K・ジューコフ第57特設軍団司令官の命令でBT快速戦車約一三〇輛からなるソ連第11戦車旅団主力（旅団長ヤコブレフ大佐）と第7装甲車旅団が「川又」にある〝隠れ軍橋〟（ソ連軍が日本軍の航空偵察を欺くため、水面下に造った架橋）やバインツァガン丘南部に向かっていたことである。これらは、ハルハ川を渡河して安岡支隊の正面と右側面に食いつく形で反撃に投入されるはずであった。

しかし、このレミゾフ少佐の期待は、三日早朝、ハルハ川西岸のバインツァガン丘周辺に日本軍小林歩兵団が現われたことで裏切られてしまうことになった。八〇〇〇名以上からなる日本歩兵部隊は、多数の砲兵とともに前夜から密かに渡河し、ハルハ川の北部戦域に沿って展開していたモンゴル第6騎兵師団を撃破した。モンゴル騎兵は、装甲車大隊も投入して懸命に日本軍へ反撃を繰り返したが、数に頼んだ日本軍部隊は一路ソ連第185砲兵連隊主力が布陣するバインツァガン丘から南、「川又」地区をめざして進撃を開始したのである。

日本軍の渡河反撃はソ連＝モンゴル軍側にとってまったくの不意打ちで、第二十三師団主力からなる渡河攻撃部隊の前に立ちはだかる兵力はほとんど存在しなかった。そのため、ジ

前線で将兵を激励するジューコフ司令官（右）。

ューコフ軍団司令官は、移動中の第11戦車旅団と第7装甲車旅団をバインツァガン丘方面に行軍隊形のまま差し向け、ほとんど装甲車輌のみでハルハ川東岸地区に現われた日本軍への反撃を開始させたのである。歩兵の支援はなく、砲兵の間接射撃と航空機による地上攻撃だけがソ連装甲車輌の反撃作戦を援護した。

「貴官に向け、当面は増援を送れない。しかし、後退することは認めない。いかなる犠牲を払っても、日本戦車隊の攻撃を阻止せよ」――ジューコフ軍団司令官は、野戦電話でレミゾフ連隊長に厳命し

ったのである。

た。ソ連第149自動車化狙撃連隊は、消耗した手持ち戦力のみで困難な防禦戦を戦うことにな

戦車第三連隊、吉丸大佐を先頭に果敢に攻撃

前夜、若干の損害を受けたものの主力が健在であった戦車第三連隊は、意気高く晴天下の正面攻撃に決死の覚悟を固めていた。吉丸清武大佐は、隊員を集めて攻撃前の訓示を行ない、横に立っていた連隊副官の古賀音人大尉に対し「我、もし戦死せば、貴官が変わって連隊指揮をとられたい」と述べて締めくくった。

戦車第三連隊も、前夜までの攻撃戦闘でソ連軍の砲兵火力や特に四五ミリ対戦車砲の威力を直接知るところとなった。いかに中戦車とはいえ、一〇年前に採用された当時としても旧式化した八九式中戦車（一九二九年制式化）では、ソ連軍が対戦車砲や戦車・装甲車装備砲としている四五ミリ砲に対抗すべくもない。正面装甲で一七ミリの同戦車はおろか、あらたに採用されたばかりで配属された九七式中戦車ですら二五ミリの車体正面装甲を貫徹されてしまう可能性が高かった。昼間の正面攻撃では、目標として暴露面積の大きな戦車は対戦車砲の好餌になりかねないことは、戦車兵たちにとって自明であった。

戦車第三連隊の戦車兵たちは、将校、下士官、兵を問わずそれぞれが死地に赴く決意で戦車に搭乗し、午前十一時に攻撃前進を開始した。

おりしも晴天の空には、ほぼ一〇日ぶりに大挙来襲したソ連戦闘機I－16が、日本の九七

式戦闘機と激しく空戦を展開し、黒煙を引いて墜落するものがいくつも望見された。攻撃前進開始後、すぐにソ連軍の長距離砲火が着弾し始め、吉丸戦車連隊に先行していた山県大佐の歩兵連隊の進撃を滞らせ始めた。ソ連軍の砲火は、その威力が砂含有の多いバルシャガル（ハルハ川東岸地区のハイラスティン川寄り部分の名称）では威力が吸収されるため、思ったよりも撃たれる側の日本軍に損害を与えなかったが、心理的効果は高かった。横なぐりに衝撃波を浴び、頭上からは天高く舞い上がった土砂が間断なく降ってくる状況下で、勇敢でならす日本歩兵たちも次第に伏せるばかりになり、動かなくなっていった。

7月3日、戦車第3、第4連隊の攻撃状況

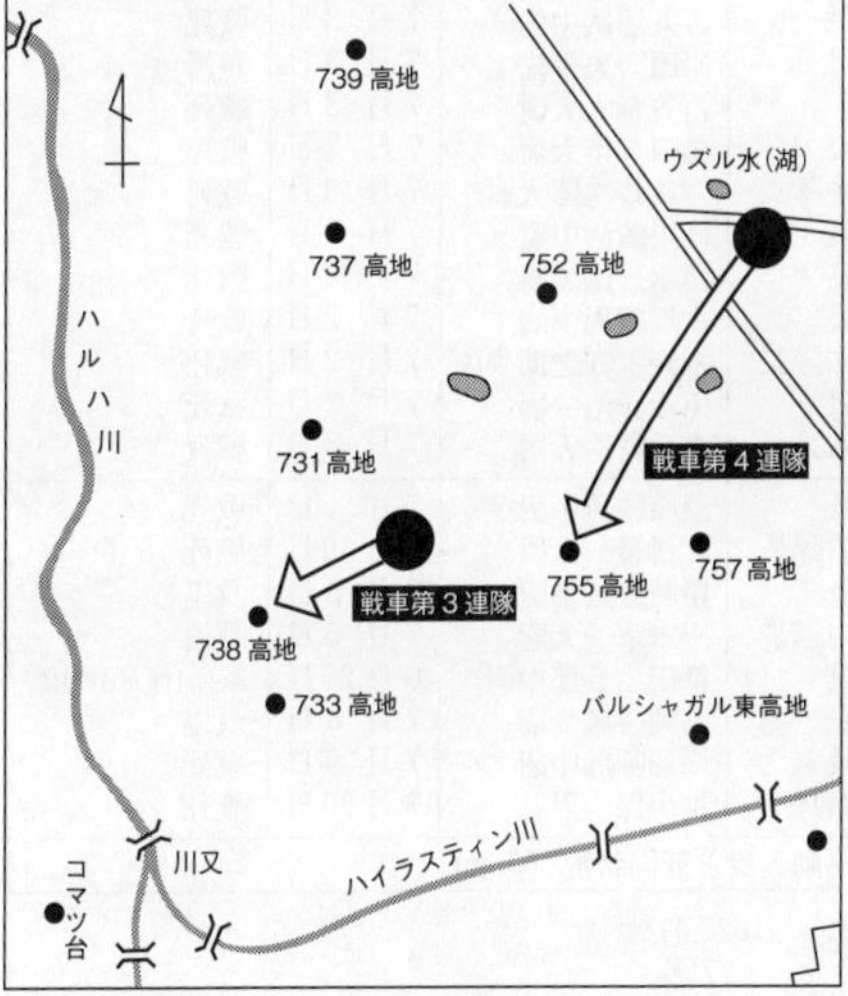

　戦車第三連隊の右翼第一線を進んでいた第一中隊長の吉武寛治大尉（連隊材料廠長だったが、この日より宮武政次郎大尉と交代）は、中隊を率いてソ連軍の主抵抗拠点となっている七三八高地北側に突進した。そして、反撃してきたBA－10装甲車数輌と撃ち合いを演じ、これをすべて撃破した。八九

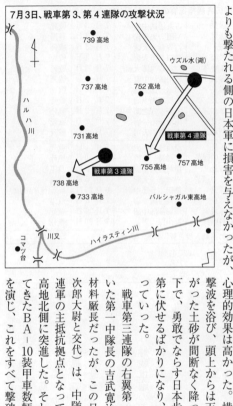

戦車第3、第4連隊の各級指揮官の死傷状況（1939年6〜7月）

戦車第3連隊	連隊長	吉丸清武中佐	7月 3日	戦死
	連隊付	原田一夫少佐	7月 3日	負傷
	副官	古賀音人大尉	7月 3日	戦死
	ガス掛	樋口与市大尉	7月 3日	戦死
	第1中隊長	宮武政次郎大尉	7月 3日	戦死
	小隊長	砂川清治中尉	7月 3日	戦死
	小隊長	清水三郎少尉	7月 2日	戦死
	小隊長	古賀康男少尉	7月 2日	戦死
	第2中隊長	木野本守之助少佐	7月 2日	戦死
	小隊長	田坂雅治少尉	7月 2日	戦死
	材料廠長	吉武寛治大尉	7月 3日	戦死
戦車第4連隊	小隊長	桑原勝重中尉	7月 4日	戦死
	第2中隊長	北村良一大尉	6月30日	戦死
	小隊長	伊藤喜久中尉	7月 3日	負傷
	第3中隊長	玉木宗一大尉	7月 6日	負傷
	小隊長	篠田半五郎中尉	6月26日	戦死（行方不明？）
	小隊長	富岡善蔵少尉	7月 6日	負傷
	小隊長	白形啄郎中尉	7月 6日	戦死
	材料廠長	神山保大尉	7月30日	戦死

戦車第3、第4連隊の出動人員と死傷状況（合計）	
出動人員	1627名
戦　死	77名
負　傷	83名

式中戦車の短砲身五七ミリ戦車砲でも、装甲厚八〜一三ミリで車体も大きなBA－10は容易に撃破できた。特に通常の自動車と同じく、前部にエンジンを搭載しているため、ここに榴弾を命中させるとすぐに炎上することがあった。

しかし、連隊の戦車が進むにつれて四五ミリ対戦車砲の激しい射撃を受けるようになった。吉武中隊長の八九式中戦車は、砲塔を徹甲弾で貫徹され、中隊長は重傷を負ってしまった（午後二時死亡）。続行する戦車も次々に命中弾を受け、死傷者が続出した。

一方、攻撃左翼第一線を進んでいた第二中隊は、七三一高地南方地区でBT戦車と遭遇し、戦車砲による射撃をさかんに受けた。その後、高地向こうから、稜線射撃をしかけてくる二〇輌程度のBA－10装甲車やBT戦車、五門程度の四五ミリ対戦車砲と交戦して三輌を撃破したものの、二輌の八九式中戦車が命中弾数発を受けて戦闘不能となった。

その後、第二中隊はソ連側が後退にかかるのを追撃し、ソ連軍防禦線に突入。逆襲してきたソ連装甲車数輌を撃破した。しかし、よく偽装された火点から発射される対戦車砲弾を多数見舞われて多くの戦車が被弾し、中隊とともに行動していた古賀連隊副官の戦車が行動不能となったため、これを牽引して後退せざるを得なかった。

一方、午後二時頃、連隊本部車輌を率いて中央部を前進していた吉丸連隊長は、砲撃に足が止まりがちな第六十四連隊の歩兵を時折砲塔から顔を出して督励しながら、自らも戦車砲を扱って戦闘に加わっていた。しかし、七三八高地西北のソ連軍陣地前に張りめぐらされた螺旋鉄条網に吉丸連隊長車のキャタピラーがからまり、前後の進退がつかなくなった。吉丸連隊長の九七式中戦車が動かなくなると、ソ連軍の対戦車砲は射撃を集中し、戦車は車体や砲塔の前面装甲を貫徹されてしまった。吉丸大佐は砲塔上部の展望筒部を貫徹した砲弾の破片を受け、あえなく戦死した。

吉丸連隊長車の苦境は、周囲の戦車をも巻き込んだ。被弾した連隊長車を救援しようとした連隊本部の樋口与一大尉や古賀副官らも戦死し、本部戦車も数輌が戦闘不能となった。ここに至り、戦車第三連隊はほとんどの戦車が損傷し、攻撃は頓挫させられたのである。

レミゾフ少佐は、砲隊鏡で吉丸戦車連隊の戦車が次々に被弾・炎上する様を見ながら、ジユーコフ司令官に「日本戦車をくい止めました! 奴らは次々に燃え上がっています! ウラー!(万歳!)」と電話で報告した。不退転の決意を固めたソ連第149自動車化狙撃連隊の兵士、特に対戦車砲兵たちや増援の戦車・装甲車乗員たちは、劣勢にあったにもかかわらず、前日のようなパニックに陥らず冷静に戦い抜き、見事に戦車を先頭に立てた日本軍の攻撃を撃退したのである。

またも歩兵との協調がならず攻撃を中止した戦車第四連隊

戦車第四連隊は、燃料・弾薬を補給した後、午前八時より前進を開始した。当初、戦車第四連隊の進出地点では、前夜の戦闘による打撃もあってソ連軍は後退しており、放棄された陣地に出くわした。

やがて九時三十分頃に七五五高地西北斜面に到達すると、連隊に向けてソ連軍重砲弾が落下し始め、さらに一キロ前進したところで対戦車砲七~八門と稜線射撃の態勢で機動防禦するBA-10装甲自動車、それに兵力四〇〇名程度の歩兵からなるソ連軍陣地にぶつかった。玉田美郎大佐は、ソ連軍の激しい射撃ぶりに前日の判断だった「ソ連軍に退却の兆候あり」との考えを改めた。支援砲兵と対戦車砲、歩兵の本格的な陣地を結んだソ連軍の防禦戦闘は、明らかに拠点の絶対固守を狙ったものといえた。

この時、第四連隊の西北約七〇〇メートル辺りで、歩兵一個中隊と満州国軍騎兵一個小隊がソ連軍装甲車と歩兵による反撃を受けてじりじり後退していた。これを認めた玉田大佐はただちに第二、第三中隊を救援に差し向けてソ連軍を撃退した。

救出された歩兵中隊は、歩兵第六十四連隊の一部であったが、攻撃前進してきたものでは
なく、むしろ前夜の戦闘で敵中に孤立した小隊を救出するために進出してきたものだった。
積極的な攻撃意図をもって進出したものではなく、前進命令も受けていなかった。

この状況は玉田連隊長を愕然とさせた。これでは、安岡支隊長の命令である「歩兵との共同攻撃」は実現し得ない。また前方のソ連軍の布陣状況から判断しても、弱装甲の九五式軽戦車を主力とする戦車第四連隊の単独攻撃は、昼間では成功する見込みもないと考えた。そこで玉田大佐は、歩兵第六十四連隊と独自に連絡をとって、今後の攻撃行動の調整を図ろうとし、緒方副官及び連隊本部付き下士官を支隊司令部に派遣した。

この間、正午頃には前方のソ連軍がBT戦車およびBA－10装甲車計七～八輛と歩兵一個中隊をもって逆襲に転じてきた。これに対し、戦車第四連隊は射距離七〇〇メートルをめどにして戦車砲による一斉集中射撃を加え、数撃でこれを難なく撃退した。しかし、その後も絶えずソ連軍は前方の陣地から対戦車砲火、そしてさらに後方からは重砲による長距離砲撃を加えてくるので、玉田大佐は無益な損失を防ぐため、連隊の戦車を稜線後方の窪地へ後退させた。

その後、夕刻までに緒方副官らが帰還したが、状況が明瞭ではなく行動の指針も得られなかった。仕方なく玉田連隊長自らが午後九時頃に歩兵第六十四連隊へ出向き、山県大佐と協議した。そして、今後の攻撃には充分な準備を要するので、明けて四日には攻撃を再開しな

い旨で合意した。そして、「歩兵連隊の攻撃再開の際は、改めて協議しよう」と約束した。

しかしながら、山県大佐は以後、攻撃の再開を呼びかけてくることはなく、ここに安岡支隊の当初計画によるハルハ川東岸掃討攻撃は力尽きて潰《つい》える形となったのである。歩兵の体力、気力が限界だったのだ。


日本将兵の精強さが支えた高級指揮官たちの〝過信〟


安岡支隊が七月二～三日にかけてハルハ川東岸地区のソ連軍と激戦を交えている頃、第二十三師団主力の小林歩兵団を軸に砲兵隊もともなった約八〇〇〇名のハルハ左岸（西岸）攻撃隊は、フイ高地南でハルハ川を渡河した。越境攻撃を開始したのである。

ソ連＝モンゴル軍側は比較的早くにこれに気づいたが、まったくこの攻撃は予期しておらず、歩兵も配置していないため航空隊を急遽《きゆうきよ》出撃させて三日午前から日本軍の架橋周辺に地上掃射と爆撃を加えていた。しかし、ソ連空軍機の地上攻撃は、ほとんど効果を挙げず日本軍の渡河攻撃を妨げられなかった。

いままでの経過を少しおさらいすると、関東軍作戦主任参謀の辻政信少佐らが起案した当初の作戦計画では、安岡支隊がハルハ川上流域からモンゴル領内に越境渡河し、「川又」を中心に、ハルハ西岸台上に布陣したソ連軍重砲を攻撃して一掃するとともに、ハルハ東岸に「不法越境」して布陣しているソ連＝モンゴル軍の退路を絶つことになっていた。

しかし、予定作戦地の地勢が軟弱で、戦車部隊の行動が不可能であることが行軍中に発覚し、急ぎ六月末に安岡支隊を東岸攻撃部隊に転用し、第二十三師団主力を渡河させてハルハ両岸のソ連＝モンゴル軍を徹底的に撃破することに決したのであった。

まったくご都合主義的な計画変更で、これでは、ただでさえ当初から資材の集積やその他の作戦準備が遅れていたのに、未知のモンゴル領内への出撃作戦など、成功がおぼつかないと考えるのが常識である。しかし、関東軍の首脳部から作戦に従事していた現場の指揮官たちにいたるまで、そう考えた者はひとりもいなかった。

「日本軍が本格的に出撃すれば、越境したソ連＝モンゴル軍などすぐに退却するに違いない」

こうしたソ連軍やモンゴル軍への侮りが関東軍部隊の高級将校たちに蔓延していたのだ。これは裏を返すと日本軍部隊と将兵の強さに対する絶対的確信があったためである。

近年まで多くの評者たちが、「根

7月1日、攻撃開始時の状況

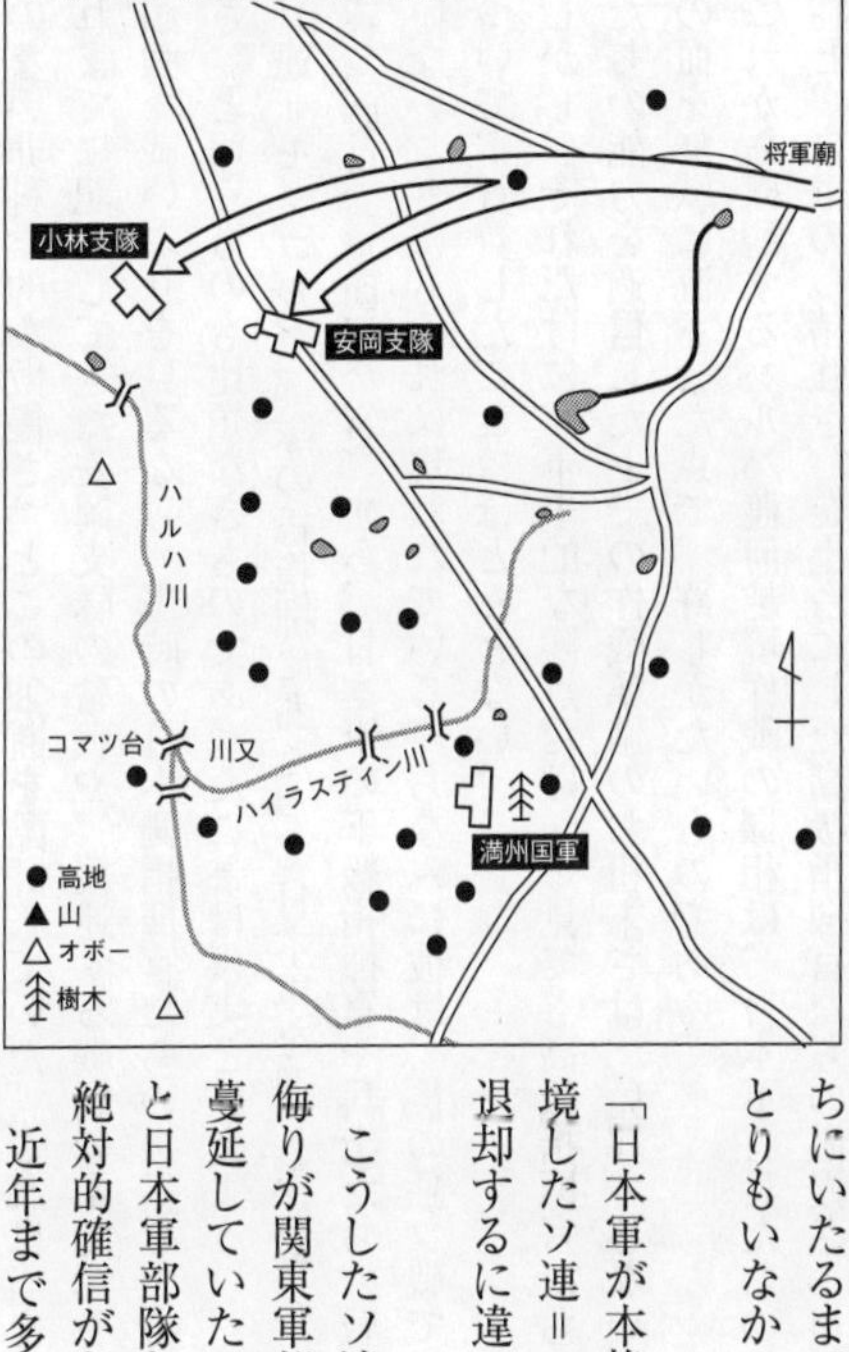

拠のない非科学的な傲慢さ」とこの独断を酷評していた。これは当を得たものといえるが、これまでに記述してきた安岡支隊の奮戦や、後述する戦闘の中で示された左岸攻撃隊の巧みで頑強な戦いぶりを見るなら、当時の日本側指揮官たちの自信を裏打ちしていた〝日本軍の強さ〟というものも比類なきものであったことは事実といえよう。

ソ連＝モンゴル軍部隊の総指揮にあたって日本軍を迎え撃ったG・K・ジューコフ元帥（事件当時は、軍団司令官）すら、日本軍の下級指揮官や兵士たちの戦いぶりに賞賛を惜しんでいないことにもそれは現われている。ちなみに彼は、後の独ソ戦で対戦したドイツ軍部隊について、賞賛したことはほとんどない。

しかし、それだけに、軍事的な観点だけから見ても高級指揮官たちのソ連軍を見下し、自分たちの能力を過信した上での作戦準備のお粗末さは、免罪できない。あたら精強な日本将兵の血を無駄に流させた点で、許しがたいものである。

これから概観するハルハ渡河越境作戦の様相は、日本軍将兵たちの類を見ない奮戦・自己犠牲と、自軍の〝精強さ〟を土台にした高級指揮官たちの傲慢さ・自己への過大評価が結びついた悲劇を典型的に示したものだ。

そして、「機動防禦戦の古典」となった戦いを繰り広げたと従来から〝輝かしい勝利〟を主張してきたソ連側が、この日本軍将兵の頑強さに対して相応以上の犠牲を払ったことも事実だ。これが、この戦いの悲劇性を双方の側から高めるものとなっている。

ハルハ川西岸への越境攻撃をほのめかす関東軍司令官命令

少し時間を巻き戻して、第一戦車団基幹の安岡支隊以外の出動部隊、第二十三師団主力と増援部隊の動きを見てみよう。作戦的な位置づけでは、こちらがノモンハン地区における作戦の〝主攻部隊〟であり、安岡支隊は〝助攻〟を担うことになっていたのである。

六月二十五日付で関東軍司令官植田謙吉大将は、第二十三師団長の小松原道太郎中将に対して次のように命令していた。

一、軍はノモンハン方面の外蒙軍（筆者注＝モンゴル軍）を掃討せんとす。

二、第二十三師団長はおおむねその主力を集中せば、なるべく速やかにノモンハン方面の外蒙軍を掃討すべし。これがため一時ハルハ川左岸（筆者注＝西岸）に行動することを得。今後安岡支隊および満軍興安師団を併せ指揮すべし。

この命令に基づき、小松原師団長は戦車部隊主幹の安岡支隊をもってハルハ東岸の掃討を進めつつ、ハルハ西岸に対する師団主力の渡河越境攻撃を具体化したのである。しかし、実際は傍線をひいた部分にあるように、すでに関東軍司令官命令の段階でハルハ川渡河は示唆《しさ》されているのである。

これは、先立つ五月末、生起したばかりの国境紛争を平定するために派遣された東支隊壊滅（第二十三師団の捜索隊が分遣されたが、ハルハ川西岸に布陣した強力なソ連軍の砲火に支援されたソ連＝モンゴル軍の包囲攻撃により、ほぼ全滅した）の教訓に基づいていた。確かに日本＝満州国側が主張する国境線はハルハ川そのものだが、ハルハ川東岸部に〝侵入〟したソ連＝モンゴル軍を掃討するには、東岸より一段高くなった西岸台上に配置されたソ連重砲兵を制圧しなくてはならない。そのための越境攻撃は、事態の根本的打開のために不可欠と関東軍司令部では考えられたのだ。

しかし、この命令は日本側主張の国境線よりも進出する点で、一時的とはいえ明確に「領土侵犯」することを意味している。そうなると単なる未確定国境紛争の域に止《とど》まらない問題にエスカレートする可能性をはらんでいるといえた。

問題なのは、この段階での命令内容について東京の参謀本部に報告されていないことだ。あくまで関東軍の自主的判断によったものなのである。国家間の重大な外交問題に発展することが確実な事案を、現地駐留軍司令部が勝手に処理する。こうした体質がノモンハンの悲劇的な結末にもつながったのであるが、同時にその後の太平洋戦争での日本の敗戦につながる本質的な要因のひとつであった。ノモンハン事件後も、出先の軍司令部が独走しがちな体質は、改められなかったのである。

しかし、回り始めた歯車は止まらない。すでにノモンハン地区への出撃拠点となっていた将軍廟に向けて、ハイラルから第二十三師団とその他の増援兵力は集結しつつあった。そして、その時点ではソ連側もこうした日本側の攻勢を予期して集結を妨害するために部隊の越境活動を躊躇《ちゅうちょ》しなかった。日本部隊が集結地に向かう間、満州国領深くまでソ連軍の装甲車・歩兵の編合部隊（第9装甲車旅団の分遣隊）が浸透し、将軍廟付近に移動してくる日本軍と戦闘を交えていたのである。

六月二十四〜三十日にかけてのソ連軍部隊の度重なる襲撃は、炎天下を長途行軍してきたことと合わせて日本歩兵部隊の疲労を高めた。しかし、こうした戦闘では総じて日本軍側が高い戦闘技量を発揮して軽微な損失でソ連装甲部隊をすべて撃退していた。

例えば、六月二十四日にソ連軍の装甲自動車五〇輛以上と二個中隊（約二〇〇名）の歩兵部隊が火砲の支援の下に行軍中の小林歩兵団の戦闘部隊を襲撃した。日本軍は速射砲や歩兵砲、重機関銃等で充分に引き寄せてから反撃し、車輛一六輛を破壊、五〇名以上を死傷させる損失を与えた。日本側の損失は、戦死六名、負傷二〇名であった。

フイ高地南西からハルハ川へ向けて前進

七月一日午前三時三十分、小林亘一少将指揮下の第二十三歩兵団（小林歩兵団）を主力とする渡河攻撃隊は、将軍廟からハルハ川渡河点へ向けて進撃を開始した。第一目標地点は「川又」地区からまっすぐ北へ流れるハルハ川が西に向きを変えるあたりのフイ高地（七二一高地）である。日本軍は、概ねそのあたりに架橋して渡河するつもりであった（この〝概ね〟というのは、地形不案内により架橋に適した地点をこの時点で確定できないという作戦準備不足を反映してであったが、これが逆にソ連側に渡河地点を予想させない効果をもたらした）。

将軍廟からフイ高地までは約三〇キロもあり、夜明け前はよかったが、陽がのぼると急速に気温が上がり、行軍する将兵を苦しめた。午後になると焼けつくような日差しの中、乾燥地帯を日本軍将兵は黙々と歩かざるを得なかった。

この間、偵察行動中のソ連軍の装甲車（モンゴル騎兵師団装甲車大隊のものの可能性もある）から砲撃を受けたが、随伴していた日本軍の野砲部隊が放列を敷き、正確な射撃で数輛を炎上させて遁走させた。

しかし、作戦事前準備の悪さによる地形不案内がたたり、渡河攻撃隊先頭はなかなかフイ高地の位置を正しく見定めることができなかった。散々、誤認を繰り返したあと、ようやく二日夕刻までにはフイ高地周辺を占拠し、架橋に適合する地点を含めた周辺偵察を実施し、ハルハ川渡河に備えた。

同じ頃、ハルハ川対岸地区の上空には、辻政信参謀の搭乗した偵察機が飛来した。辻少佐は自らソ連砲兵陣地やモンゴル騎兵の配置状況を観察し、戦場北方から渡河を予定している対岸地点のソ連軍配備が手薄なことを確認した。辻少佐の偵察報告が通信筒で小林歩兵団に同行している小松原中将にもたらされると、ただちに渡河作戦の決行が発令された。二日午後八時、先鋒部隊のハルハ川渡河点への前進が開始された。

6月30日付「攻撃命令」時のハルハ西岸（左岸）攻撃隊

西岸（左岸）攻撃隊（小林恒一少将）
　第23歩兵団（歩64連隊欠）
　　歩兵第71連隊（岡本徳三大佐）
　　歩兵第72連隊（酒井美喜雄大佐）
　野砲1個大隊（野砲兵第13連隊より）
　乗車攻撃隊（歩兵第26連隊—須見新一郎大佐）

総兵力約8000名　歩兵7個大隊半
連隊砲12門　速射砲18門　野砲12門

しかし、架橋資材が問題だった。三〇年以上前の日露戦争直後に製造された旧式の渡河資材（鉄舟、架橋資材）で、貨物積載したトラックなどは通過できないという代物だったのだ。これが、攻撃隊の渡河を混乱させることにつながった。

架橋資材は、輜重《しちょう》第二十三連隊（連隊長緑川忠治中佐）のトラックに載せられて将軍廟を一日夕方に出発した。しかし、泥道の中で方向を何度も見失い、フイ高地近くのエンゲル湖畔までのわずか二六キロに一〇時間以上費やすありさまだった。その後、架橋資材は、工兵第二十三連隊や歩兵第七十一連隊から抽出された先鋒歩兵部隊（藤田千也少佐率いる第一大隊＝鉄舟で対岸に先乗りし、渡河援護にあたる）が河岸に沿った崖の難所を経て人力で渡河点まで運んだ。

そして二日深夜、藤田大隊は工兵の支援の下、一〇隻の折り畳み式鉄舟を用いて渡河を敢行し、その後に工兵第二十三連隊は架橋設置作業を開始した。水不足の中、日中の長途行軍で喉の渇ききった将兵たちはみな、行動の合間にハルハ川の水を浴びるように飲んだ。

日本軍、続々とハルハ川を越える

ハルハ河での架橋作業は、困難をきわめた。周辺地区で豪雨が降ったために川が増水し、川幅が八〇メートル、水深が二・五メートル前後まで達していたためだ。おまけに斉藤勇中佐率いる工兵第二十三連隊は、前年に本土から大陸に渡って以降、橋梁建設の演習を行なったことがなかった。古い架橋資材も工兵たちが扱ったことのないものであった。しかし、ど

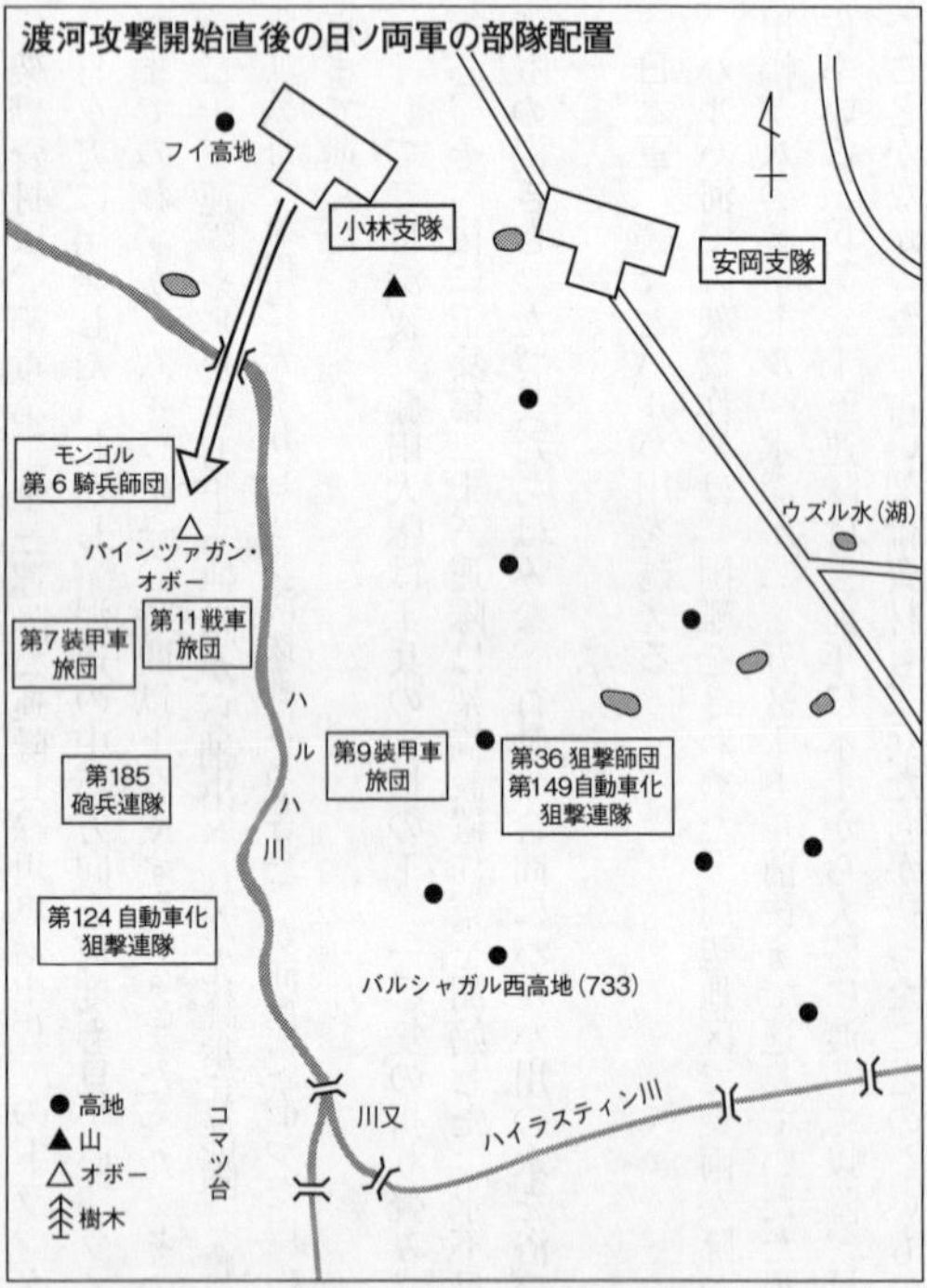

渡河攻撃開始直後の日ソ両軍の部隊配置

うやらこうやら三日午前六時十分には、川の中心部に浮橋（ポンツーン）が完成した。

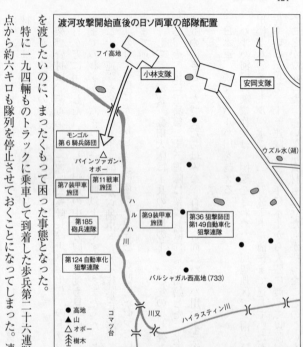

　さっそく小林歩兵団主力の渡河が開始されたが、自動車の使用等は考慮されていない時代に製造された橋梁資材のため、車載の荷物や牽引火砲はすべて人力で運ばなければならなかった。奇襲効果を挙げるためには、一刻も早く兵員と装備弾薬を渡したいのに、まったくもって困った事態となった。

　特に一九四輌ものトラックに乗車して到着した歩兵第二十六連隊（乗車攻撃隊）は、渡河点から約六キロも隊列を停止させておくことになってしまった。連隊長の須見慎一郎大佐は、

「空襲や砲撃を受けたらどうなるか」と気が気ではなかった。

しかも、この渡河時のトラブルのために、後に須見連隊は一個大隊のみが先行してしまい孤立して大きな損害を出すことにつながった。

午前九時までに、しんがりだった歩兵第七十一連隊（連隊長岡本徳三大佐）が渡河を終わった。先に渡河した歩兵第七十二連隊（連隊長酒井美喜雄大佐）を右一線、岡本連隊を左一線、渡河中の須見連隊の内の第一大隊（乗車部隊＝大隊長安達千賀雄少佐）を岡本連隊の右後方に配してハルハ川西岸台上のソ連軍重砲陣地に向けて攻撃前進が開始された。

同地には兵力数の少ないモンゴル第6騎兵師団が警戒していて、所属する装甲車大隊が騎兵をともなって反撃してきた。しかし、これは藤田少佐の先鋒部隊にすぐに撃退されてしまっており、ソ連＝モンゴル軍の配置には大きな裂け目ができた格好だった。

不意打ちの渡河作戦に驚くソ連軍

日本軍がハルハ川渡河作戦を開始した頃、同地のモンゴル軍に配置されたソ連軍事顧問I・M・アフォーニン大佐は、バインツァガン丘陵地帯を視察中だった。そこで、アフォーニン大佐はモンゴル騎兵部隊が藤田少佐の日本軍先鋒部隊に激しく攻撃され、敗退している現場に出くわした。

すでにバインツァガン高地の大半は日本軍の手に帰し、多くの部隊が渡河しつつあった。アフォーニン大佐は、モンゴル第8騎兵師団装甲車大隊の出動を命じた。そして、ただちにハマル・ダハ山にあるソ連第1軍集団（第57特設軍団を改称）司令部に駆けつけ、ジューコフ軍集団司令官に大規模な日本軍部隊の渡河を報告した。

この渡河作戦は、ソ連＝モンゴル軍にとってまったくの不意打ちとなってしまった。それまでフイ高地周辺に移動してきた日本軍主力部隊に対して、ソ連軍は繰り返し攻撃をかけたり、航空偵察や空襲をしかけたりしていた。しかし、日本軍の主攻勢は二日から始まった安岡支隊の戦車を先立てた攻撃作戦であるとみなし、こちらは陽動であるとみなす過ちをおかしていた。そして、折からハルハ川東岸地区に進出していたソ連第149自動車化狙撃連隊と第9装甲車旅団が、安岡支隊の攻撃で大損害を出しており、こちらの救援に躍起となっているところだったのである。

ジューコフ司令官にとって最大の問題は、ハルハ川を渡ってきた日本軍に対して、ソ連軍の虎の子である重砲兵部隊を守るために投入すべき歩兵部隊が皆無であることだった。周辺のソ連＝モンゴル軍部隊をかき集めても一〇〇〇名余にしかならず、この時のソ連側の評価で「一万五〇〇〇以上」（実際は八〇〇〇名程度）の日本軍渡河部隊の攻撃を支えることは充分な阻止陣地もないことから、不可能に思えた。

そこでまずジューコフは、ハルハ川東岸で安岡支隊を迎え撃っている砲兵隊をも含めて、ソ連軍砲兵の可能な全砲火をバインツァガン方面の日本軍に向けて開かせることを命じた。さらに航空隊には、地上攻撃への全力出撃を命じた。急速に台上（日本側呼称「ハラ高地」「コマツ台」）の砲兵陣地に向けて進撃している日本軍の足を少しでも鈍らせなくてはならないため、取れる手段はすべて取ろうということだった。

そして、ハルハ川東岸で安岡支隊を側面から攻撃するために、タムツァク・ブラク地区から呼び寄せていたソ連第11戦車旅団主力と同第7装甲車旅団、それに第24自動車化狙撃連隊の任務を変更。バインツァガン方面の日本軍渡河攻撃部隊への反撃に向かわせることとした。歩兵の数は少ないが、モンゴル軍騎兵師団の装甲車大隊と合わせれば、戦車や装甲車の数は合計で四〇〇輛以上となるものであった。

午前九時過ぎにバインツァガン丘前面の戦線にジューコフ司令官は駆けつけた。そこではすでに命令を受領した第11戦車旅団が、旅団長ヤコブレフ大佐の指揮の下、第一次攻撃を開始しようとしていた。

同戦車旅団は後方地区から到着したものから、ヤコブレフ大佐の指示を受けるままにそれぞれ日本軍部隊に向けて突進していった。歩兵を随伴させない戦車による単独攻撃である。

折から、ハルハ川の東西両岸のソ連軍砲兵陣地から激しい砲火が日本軍に浴びせられ始めた。ソ連空軍のポリカルポフI－16戦闘機やツポレフSB－2高速爆撃機も上空に進入し、機銃掃射や爆撃を繰り返した。

ソ連＝モンゴル軍側は、可能なあらゆる手立てで日本軍攻撃部隊の阻止を図ろうとした。

しかし、歩兵部隊の不在は如何《いかん》ともしがたい。戦車部隊を単独で、火砲を持つ歩兵部隊に向けて攻撃させるのは、ジューコフにとっても経験のないことであった。第24自動車化狙撃連隊が戦場に急行しつつあったが、これとて兵力的には不足であった。

ソ連側には以上の投入兵力の他、第6戦車旅団が後方地区より急行しつつあった。これを最後の決め手にすることが期待されていた。ジューコフは賭けに出ることを決心したのである。

こうして、史上初の平原での戦車の大群と歩兵・砲兵部隊との間の一大決闘が繰り広げられることになったのである。この戦闘は、第一次世界大戦以来、ひとつの戦域に投入された戦車、装甲車の数では最大のものであった。

日本軍にぶつかる鉄の激流

ハルハ川の渡河を終えた日本軍部隊の主力、左翼第一線の歩兵七十一連隊（岡本連隊）と右翼第一線の歩兵第七十二連隊（酒井連隊）はただちに前進を開始した。南方の「コマツ台」上のソ連軍重砲陣地をめざして、先鋒部隊は渡河点より約一〇キロの「ハラ高地」周辺まで順調に前進した。

早くも午前七時頃には、警戒のために移動してきたらしいソ連軍戦車（装甲車も含む）との交戦があった。日本軍側は各連隊の火砲や、時に火炎瓶による肉薄攻撃でいずれも撃破・撃退した（前掲コロミーエッツ著『ノモンハン戦車戦』によれば、「日本軍は、火砲で撃破した戦車に火炎瓶で放火した」としており、火炎瓶そのもので動いている戦車を炎上させるケースにはほとんど触れていない）。

日本軍の先頭部隊が「ハラ高地」周辺に達したのは午前九時で、ようやく第七十一、第七

ソ連軍第24狙撃連隊配属のT－26部隊。

十二両連隊の後尾部隊が浮橋を渡り終えたところであった。しかし、ここに至って周辺に各種口径の砲弾が落下し始め、前方に戦車、装甲車の大群が望見されるようになった。多くがBT快速戦車で、その数は約二〇〇輌。それが二〇～三〇輌ずつのグループ（大隊単位）を形成し、縦列になって西から迂回しようとするもの、南からまっすぐ日本軍の方へ突進しようとするものなど、砂塵をあげながら襲いかかってきた。M・P・ヤブコレフ大佐は、指揮下の第11戦車旅団の一三二輌ものBT戦車を、モンゴル第6騎兵師団の装甲車大隊と並んで攻撃させ始めたのである。

攻撃の戦端は、まず岡本連隊の前面で開かれた。ソ連第11戦車旅団第2戦車大隊の一五輌のBT戦車とモンゴル軍の九輌のBA－10装甲車が戦車砲と機銃を射ちながら、岡本連隊の先頭に向けて突撃してきたのである。

また、日本軍部隊の西側、右翼の酒井部隊及びその後方にやや離れて前進していた歩兵第二十六連隊（乗車部隊）第一大隊（安達大隊）の側面方向から、ソ連第3戦車大隊とフェジュニンスキー中佐指揮の第24自動車化狙撃連隊（編成にT－26軽戦車やT－37水陸両用軽戦車からなる戦車大隊一個を持つ）が攻撃を開始。さらに北側のハルハ川下流域沿いから、ソ連第1戦車大隊がモンゴル軍装甲車部隊とともに日本軍の渡河点をめざして突撃してきた。

およそ午前十時四十五分までに、ハルハ川西岸に進出した日本軍部隊のすべての前面で、ソ連戦車との戦いが開始された。


日本軍砲兵隊の〝戦車狩り〟


日本軍の架橋周辺や前進部隊の周辺には、数次にわたりソ連機による地上攻撃が行なわれた。その合間にソ連砲兵の重砲弾もそこそこに着弾する。いまだハルハ川東岸で渡河待ちしている部隊にも砲弾が降り注いだが、日本軍部隊はいまいましい旧式の橋梁を使い、黙々とハルハ川渡河を継続した。

乗車編成だった須見連隊は、渡河に際しその積荷のすべてをトラックから下ろして、兵士たちの手で橋上を渡した。そのため、先に渡河した安達大隊との距離の差が、縮めることが不可能なほど開いてしまった。そのため、安達大隊は一個大隊のみで酒井連隊の側面援護と補助攻撃の任に当たらざるを得なかった。

しかし、戦車を迎え撃っていた前線では、当初は日本軍砲兵が大きな戦果を挙げて意気軒昂であった。岡本連隊の速射砲（三七ミリ対戦車砲）中隊は、各大隊の歩兵砲（九二式七センチ歩兵砲）小隊とともにBT戦車を引き付け、射程四〇〇メートルで一斉射撃を加えて次々に炎上させた。

また、BA－10装甲自動車に対しては、重機関銃小隊が集中射撃を加えて何輛かを撃破している。残余の戦車は、その都度逃げ去った。地面に伏せたり浅い掩蔽壕《えんぺい》を掘って砲兵や重機関銃とソ連戦車との決闘を見守っていた日本兵たちの間から、「万歳！」の歓声が何度も沸き起こった。

この日、日本連隊の速射砲小隊（岡本小隊）は、一〇発の射弾で七輛のBT戦車を撃破する優秀な射撃技量を発揮した。また酒井連隊の速射砲小隊（園部小隊）も第二分隊の砲手全員が倒されたものの、小隊長も率先して三七ミリ対戦車砲を照準し、計二七輛もの戦車・装甲自動車を撃破した。

やがてヤコブレフ大佐のBT戦車群は、酒井連隊と安達大隊の間隙を突いて日本軍先頭部隊の後方に進出し始めた。そして、渡河後に第七十一、第七十二両連隊を支援するために前進を開始していた野砲兵第十三連隊（伊勢連隊）と衝突した。

連隊は直ちに三八式七五ミリ野砲と三八式一二センチ野砲の放列を敷き、瞬発信管付きの榴弾をソ連戦車に見舞った。装甲厚の薄い（最厚部でわずか一三～一六ミリ程度で組み立てに溶接とともにリベット留めが多用された構造の）BT快速戦車は、スマートな外見の割に意外に脆《もろ》かった。七五ミリ口径クラス以上の榴弾が一～二発命中するとたいていは戦闘不能なほどの被害（装甲板の脱落や、鋲の飛散による乗員の死傷など）を受けた。車体後部の機関室周辺に命中弾を受けた場合は、容易に燃え上がった。

ソ連戦車・装甲車は弾道性能の優れた四五ミリ戦車砲を装備し、およそ一五〇〇メートル前後の距離から発砲してきた。しかし、交戦距離が七〇〇メートルくらいになるとソ連軍装甲車側より腕のよい日本砲兵によって、容易に〝訓練標的〟とされてしまった。砲弾があるうちは、日本砲兵が戦車との対戦を〝楽しんだ〟ほどであったという。

続々、装甲部隊を投入するソ連軍

次々に炎上するソ連戦車や装甲車の姿に、日本軍将兵の意気は大いに上がった。砲兵が討ち漏らして日本軍隊列に接近してきたソ連戦車は、四〇〜五〇メートルほど接近したところで飛び出して行く日本歩兵や工兵たちの火炎瓶や地雷によって破壊された。日本兵の中には、BT戦車の砲塔に飛びついてハッチをこじ開け、中に手榴弾を放り込んだり、銃剣や軍刀で乗員を突き殺したりして擱座《かくざ》させる猛者《もさ》までいた。

こうして日本軍が、七月三日の午前中までに破壊した戦車・装甲自動車は、一〇〇輌程度と見られた。日本側の多くの戦記では、その情景について「まるで八幡製鉄所を思わせる工業地帯の煙突からたなびく煙のように、多数炎上した戦車からの煙が空にたなびいていた」と伝えている。

午前十一時頃、ソ連側の攻撃が一時的に下火になった。左岸攻撃隊指揮官の小林亘一少将

改造三八式7・5センチ野砲。野砲兵第十三連隊の主力装備砲であった。明治38年制定の旧式野砲を改良して、射程を延伸したものだ。装甲の薄いソ連の装甲車輌に対しても効果的な射撃を行なえた。

は勝利感が溢れるなか、各部隊に対し「現地点を保持し、引き続きタムスク街道への追撃戦に備えよ」と命令した。

しかし、この時、歩兵第七十二連隊の連隊副官だった浜田敏夫少佐は、前線で部隊を交戦の混乱状況から整理し直している途中、とんでもない情景を目撃した。敵方面の地平線の向こうに多数のソ連戦車や装甲自動車が再集結をし始めている。少佐は、じっくりその数を数えてみた。その数は、五〇〇を優に超えていた。

浜田少佐は、連隊長の酒井美喜雄大佐と協議した。そして、馬を前線に走らせ、各部隊に散兵壕を掘って対戦車防御戦闘の準備をするよう命じたのである。

この頃、ソ連軍側では第11戦車旅団が第一次攻勢を終えて陣容を整えていた。第24自動車化狙撃連隊の残余やA・L・レゾボイ大佐が率いる第7装甲車旅団（BA－10やBA－20装甲自動車等、一五四輛）、それにモンゴル第8騎兵旅団の装甲自動車大隊（五〇輛前後）が新たに戦場へ到着し、午後からの攻撃の準備に入っていたのである。

こうした状況下、ハルハ川西岸部に加え、安岡支隊の攻撃を受けていると思われる東岸のソ連軍陣地からも砲撃が小林歩兵団に加えられていた。日本軍部隊が展開する「ハラ高地」上は、砂地のため着弾する榴弾の威力を著しく削いでいたが、時間が経つにつれて日本軍将兵の死傷者は増えていった。

たちまち砲弾が枯渇した日本軍

一方、安達大隊（歩兵第二十六連隊第一大隊、安達千賀雄大隊長）は、浮橋を先に渡ったために本隊（須見連隊）から孤立して進出するハメになってしまった。そして、午前十時過ぎにバインツァガン丘西南に進出したとき、初めてソ連戦車と交戦した。

この時は、陵線から砲塔だけ出して大隊に射撃を加えてきた五輛のソ連戦車（あるいは装甲車）の内、連隊砲（四一式七五ミリ山砲）や速射砲の射撃で三輛を破壊。その後も前進中に一六輛からなるBT戦車の襲撃で三輛を破壊した。そして、さらに一六輛のBT戦車隊の攻撃を受けたが、大隊の全火砲の射撃により、これを撃退した。

しかし、正午には四〇輛のソ連戦車が大隊に接近してくるのを発見。午後一時にはこれらの戦車と交戦に入るなど、安達大隊は午後にかけて次々に襲ってくるソ連戦車との交戦に忙殺された。損害も続出し、結局、夕方までには連隊砲や速射砲、歩兵砲（大隊砲）の弾薬がほぼ枯渇した。また、何度も歩兵の中に突っ込んでくるソ連戦車との肉薄戦闘のため、部隊は著しく散開してしまった。

安達大隊が置かれた状況は、ハルハ川を渡河した他の部隊でもほぼ同様であった。午後過ぎまでには日本軍攻撃部隊の前進は停滞し、ソ連軍戦車やモンゴル騎兵の襲撃に対して防戦する状況だった。弾薬不足が深刻な問題となりつつあった。

7月3日、ハルハ川西岸（左岸）地区の主な戦闘状況

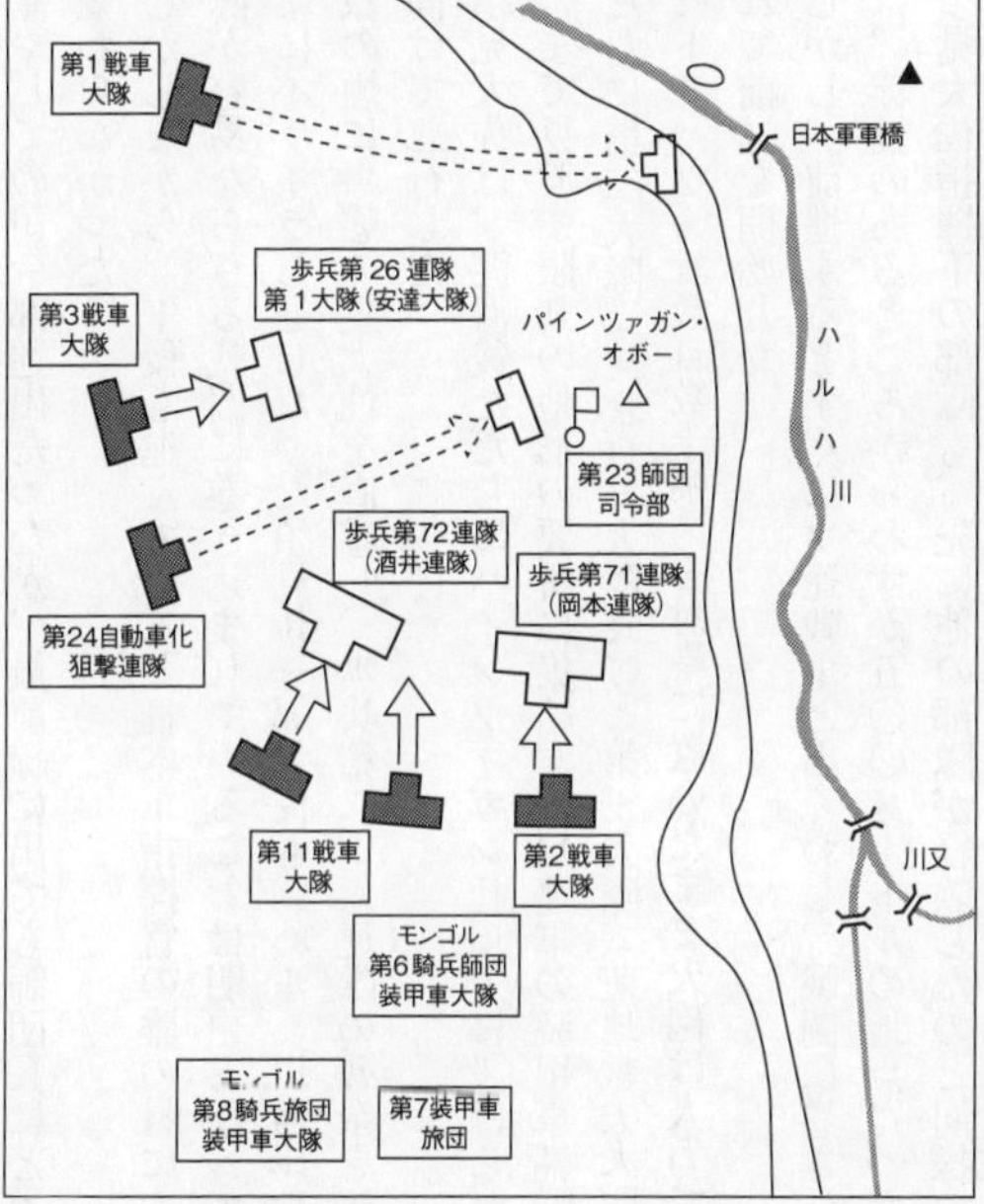

午後一時に、第二十三師団長の小松原道太郎中将はハルハ川西岸に渡ってきて戦闘司令所をバインツァガン丘に設けた。しかし、無線通信機材の不備のため、指揮下各部隊との連絡は困難をきわめた。前線の状況が皆目わからないことに業

を煮やしての司令部進出だったが、最前線に出ても師団長にとって「状況不明」という事態は変わらなかった。

しかしながら、午後も進んでくると日本軍指揮官の誰の目にも、ハルハ川西岸に渡河した部隊が容易ならざる戦闘に巻き込まれていることは明白となってきた。なかなか進まぬ渡河作業にイライラし通しだった須見新一郎大佐も、ハルハ川西岸地区に轟く砲声と立ちのぼる無数の煙に事態の重大性を直感し、歩兵第二十六連隊の残余を渡河させた後、ただちに戦場に向けて急行した。

須見大佐は、渡河後ただちにバインツァガン丘頂上に設けられた観測哨に登り、そこで地平線まで見渡す限りの地形の要所に集結するソ連軍の装甲車輛群を目撃した。須見大佐は、ただちに第二大隊（河合自一大隊長）と第三大隊（菊地哲夫大隊長）に前進を命じた。両大隊はトラック（総数百数十輛）を対岸に置いたまま火砲は人力で押して、歩兵と砲兵が入り乱れて前進を開始した。

しかし、前進するとすぐにソ連戦車と出くわし、戦闘に巻き込まれてしまった。最初の戦闘は、浮橋のあるところからわずか五〇〇メートルの地点だった。

須見大佐指揮下の部隊も、先に他の部隊が経験したのと同様の戦闘を繰り広げることになった。連隊砲や速射砲による射撃で戦車を撃破し、引き続き火炎瓶や地雷による肉薄攻撃が繰り返された。歩兵第二十六連隊の戦闘日誌によるとこの日の午後だけで八三輛の戦車・装甲車を撃破したとある。

しかし、これだけの損害を出しながら、ソ連軍やモンゴル軍の戦意にかげりは見られなかった。彼らは、味方歩兵の支援がないまま日本軍陣地に突進し、目の前で多くの戦友が砲弾の直撃や火炎瓶攻撃で犠牲になるのを見ながら、躊躇することなく戦い続けた。

ソ連側資料を基に近年、ロシアで書かれた前掲の『ノモンハン戦車戦』には、バインツァガン地区で日本軍に反撃したソ連装甲車乗員（第七装甲車旅団所属のようだ）による生々しい報告が引用されている（七五～七六ページ）。

「第1中隊小隊長A・マルティーノフ中尉――『……防戦する敵まであと一五〇～二〇〇メートルとなった。敵は右方向と正面から射撃していた。敵を発見した小官は走行射撃を開始した。砲弾四発を発射し、その後搭乗車を撃破されてからもさらに一発を撃った。右側には二両の装甲車が、また前方には偵察車が燃えているのが見えた。わが搭乗車は敵弾で砲塔が動かなくなった。小官は前方機銃による射撃を命じたが、即座に敵弾が操縦手と機関銃手を殺害した。小官と砲手は脚を抱きかかえて、銃砲火が鎮まるまで一五分間座り続けた。その後われわれは脱出し、発見した二名の負傷者とともに後方へ撤退した』」

「第1中隊装甲車長L・ストレリツォーフ小隊下士官――『敵に接近するや小官は砲火を開き、弾薬装塡中は機関銃射撃を行なった。砲弾の命中は一回だけ確認した。敵の初弾が搭乗車に命中し、機関銃手を殺害、操縦手を負傷させ、燃料タンクが炎上した。二発目の砲弾がエンジンを撃砕した音が聞こえた。小官はもう一度砲塔に入ったが、敵は砲塔にも射撃を始めた。左手にはエレメーエフとコズロボロードフ、サマルダーク中尉の搭乗車がどれも燃えており、わが装甲車は前部が吹き飛んでいるのが見えた。小官は敵の塹壕から一五〇メートルのところにあり、車両を遺棄することにして匍匐前進で後方に戻った』」

多くのソ連戦車兵や装甲車乗員たちは、仲間の車輛が炎上したり戦友が目の前で戦死したりする状況にひるまず、戦い続けた。炎上した戦車や装甲車から車外に出た乗員たちは、大部分が日本軍の銃火で打ち倒された。

炎上する戦車から飛び降りて拳銃で日本兵に応戦しながら、白兵戦闘を挑んできた日本兵の銃剣で刺殺された兵士もいた。擱座しながら機銃や戦車砲に発砲し続け、火炎瓶で炎上させられて戦車と運命をともにした者もいた。日本兵に〝鈍重〟と軽蔑されていたロシア兵たちが退路を絶って命知らずの戦いぶりを繰り広げるさまは、日本将兵から見て驚きであった。

戦車対歩兵・砲兵の決闘は、三日の夕刻までバインツァガン地区の日本軍各部隊の周辺で続いた。午後二時には、日本軍の渡河点周辺にまで歩兵（第24自動車化狙撃連隊の一部）をともなったソ連戦車部隊が襲撃を行ない、渡河援護隊の工兵や砲兵たちの肝を冷やした。また、この場を目撃した関東軍参謀たちも冷や汗をかいたに違いない。

夕刻に戦闘が小止みになって、第二十六連隊長の須見大佐は置かれた情勢を考えた。彼の連隊に本来与えられた任務は、トラック乗車の機動力をもってソ連軍の背後を切断し、西岸から「川又」地区に殺到するというものだった。しかし、戦車が殺到しての乱戦状況下、もはやこれが不可能になったことは明白だった。

そして、結局、第二十六連隊本隊よりも前方に突出した第一大隊にはソ連戦車の攻撃に対処するために追いつけなかった。戦車や装甲車相手に大戦果を挙げたが、損害も重大だった。いまや、まともに使える火砲は第二、第三大隊に各一門の歩兵砲を持つのみになってしまったのだ。それも弾薬は各門に一箱（数発）だけだ。多数持参した火炎瓶も、連隊全体でわずか三六本しか残っていない。これでは、数時間の戦闘にもたえないことが明らかだった。

BT戦車の追撃を受けた小松原師団長

日本軍のハルハ川渡河攻撃隊は、午前中の〝善戦〟状況が正午以降に暗転し、夕刻に至ると武器弾薬の不足と重大な損失という深刻な状況に直面した。戦況の転換点であった正午頃、象徴的な出来事がバインツァガン丘で起きた。

この頃、野砲兵第十三連隊はソ連軍戦車と戦闘を交えつつ、前方部隊に追いつくため前進していた。同連隊の第七中隊はその最中に「師団司令部を援護せよ」との命令を受けた。やがて、草葉榮大尉（戦時中にノモンハン従軍記として秀逸な『ノロ高地』を著す）が率いる第七中隊に、黒塗りのビュイック乗用車に乗り、トラック乗車の護衛兵を引き連れた小松原中将一行が追いついてきた。

一行は、午前十一時三十分過ぎに中隊を追い越していったが、すぐにソ連戦車の攻撃を受けて逃げまどい始めた。護衛兵たちはトラックから飛び降りて散開し、迎撃態勢をとったが、将軍たちはビュイック乗用車でとって返して遁走をはかった。しかし、スピードのあるBT快速戦車（当時の日本将校の証言では、平坦な野外なら時速五〇キロで走行していたと思われるという）は、機銃や戦車砲を発砲しながらみるみる追いすがって、乗車用の後方わずか十数メートルまで迫るほどになった。

この状況を目撃した草葉大尉は、野砲兵たちに射撃準備を命じた。射距離はおおよそ七〇〇メートルだったが、大尉は〝ままよ〟と考え三八式七五ミリ野砲の放列に射撃を命じた。砲兵の放った瞬発信管付き榴弾は、見事に先頭戦車に命中してこれを擱座させた。残りの戦車はクルリと向きを変えて野砲兵中隊の方に突進を開始したが一四輌あったBT戦車は、すべて草葉砲兵中隊によって炎上させられることになった。最後の一輌は乗員が白旗を揚げたが、大尉は容赦せずにこれも砲撃で破壊させた。

すんでのところ命拾いをした小松原将軍であるが、この経験がどの程度その後の彼の判断に影響を与えたかは定かではない。しかし、辻政信参謀をはじめ、ハルハ川西岸にこの時訪れていた高級将校たちは、溢れかえるような大量のソ連戦車の攻撃に肝を潰したのは確実である。それは、一転して「西岸より撤退」の決定を進言することとなって現われることになる。

「一本の橋」にかかる渡河攻撃隊の命運

七月三日夕刻に入ると、弾薬が不足した日本軍攻撃部隊の間隙を縫ってソ連軍戦車と歩兵が、唯一のハルハ川東西両岸の連絡路である浮橋周辺にまで浸透してきた。そして、守備につく日本部隊と戦闘を交え、かろうじて撃退される状況だった。戦線に到着したソ連第24自動車化狙撃連隊やその戦車大隊（T－26軽戦車や火炎放射型のKhT－26戦車などを持つ）、モンゴル第8騎兵師団が何度か日本軍の浮橋の破壊を狙って、攻撃してきた。しかし、その都度、須見新一郎大佐が率いる歩兵第二十六連隊の第二、第三大隊と、渡河して以来、すぐに橋の周辺で張り付けになって戦闘に巻き込まれた野砲兵第十三連隊の一部によって撃退された。

この時、東京の参謀本部作戦部長の橋本少将が前線視察に訪れていたが、砲兵出身の少将自身が砲兵を直接指揮してソ連軍戦車と対戦しなければならない事態まで生じた。このため、橋本少将は小松原師団長と会合できないまま、帰還することになってしまった。その後も執拗にソ連軍戦車や航空機による浮橋への襲撃は続けられた。夕刻の時点で、進出してくるソ連軍戦車や歩兵に対して砲兵射撃を充分に加えられないことから、日本軍は部隊ごとに分断されかねない状況に陥った。こうなると、ソ連＝モンゴル軍側に増援が到着するにしたがい数的劣勢がすすみ、各個撃破される恐れが生じてきた。すでに渡河攻撃隊の先陣に立っていた歩兵第七十一、第七十二連隊と第二十六連隊第一大隊（安達大隊）は、周りをソ連軍やモンゴル軍の装甲車輌に囲まれていた。それでも、しばしば起きる衝突では水不足と炎熱による渇きにもかかわらず、日本軍歩兵は驚異的な奮戦で敵装甲部隊に損失を強要し続けていた。

ポンツーン橋（浮橋）でハルハ川を渡るソ連砲兵。

午後三時過ぎになって、前線で小松原道太郎師団長に「助言」するために訪れていた関東軍参謀副長の矢野音三郎少将とずっと第二十三師団に付き添ってきた作戦参謀の辻政信少佐は協議した。そして、小松原中将に対して「部隊をハルハ川東岸に転進させて、攻撃を続行する」ことを進言することに決めた。二人の関東軍参謀は次のような結論に達した。

わが補給はただ一本の橋梁によっているが、明朝以後爆撃と戦車の集中攻撃を受け破壊される危険があり予備の渡河材料もない。本日の戦闘で敵戦車の半ばを撃破したが、残弾少なく明日以後大いなる戦果を期待できない。進退の責任は（関東）軍で負うべく、師団長に負わすべきでない。

この結論に加え、第二十三師団のこれまでの行動については、「敵の撤退を完全に遮断できなかったのは遺憾であるが、数的に優勢な敵と相対した師団の戦闘効率から見て満足すべき成果を挙げた」ので、「作戦目的を達成した」と評価が加えられた。

しかし、ここには〝官僚〟特有の責任逃れ的発想が伺える。だいたい、ノモンハン地区でのソ連＝モンゴル軍〝懲罰〟作戦を一から起案したのは自分たちなのだ。たった一本の時代遅れの架橋を頼みに、対岸の兵力未知数の敵軍を越境攻撃するという果敢ではあるが、いささか無謀な計画の失敗を糊塗する意図がみえみえだ。「わが補給はただ一本の橋梁によっているが、明朝以後爆撃と戦車の集中攻撃を受け破壊される危険があり予備の渡河材料もない」などというのは、本来参謀たちが作戦準備をいかにおろそかにしたかを露呈するものだ。しかし、これをまるでしかたのない所与の条件のごとく言い放っている。これに加えて「目的達成による転進」というに至っては、開いた口も塞がらないというのが率直な感想である。

本来、過去の戦史物語の中、現場で下された判断なりについては感情的に論ずるべきではない。いずれにしろ、この段階で事実上の撤退を日本軍が判断しなければ、その後に渡河攻撃隊はいっそう悲惨な結末を迎えたことは間違いないだろう。

小松原師団長は、三日午後四時、麾下部隊に現在地からの撤退と、ハルハ東岸フイ高地周辺への集結を下命した。しかし、通信手段の不備も手伝って、渡河部隊の最終的なハルハ川東岸への「転進」は、五日までかかってしまった。

火炎放射戦車まで繰り出して執拗に渡河点を攻撃するソ連軍

撤退命令が下された後も、三日夜から四日にかけて激しい戦闘が継続された。三日の深夜（午後十一時頃）には、ソ連軍は火炎放射戦車KhT－26の一個小隊（三輌）を日本軍の架橋攻撃に差し向けた。

これは当時、架橋の守備にあたっていた工兵第二十三連隊第一中隊の将兵にとって、いささか奇妙な体験であった。夜中、橋の南西方向から灯火のような火炎放射を一キロ以上も遠方から続けながら、三輌の火炎放射戦車が接近してくるのを中隊長の栫伊浪美《かこいいわみ》大尉が発見した。

大尉は、橋梁指揮官の神虎男少尉に率いさせた肉薄攻撃班五名を橋の西岸部に急行させ、戦車の迎撃を準備させた。

やがてソ連戦車は橋からわずか一〇～二〇メートルのところまで迫り停止した。しかし、火炎放射燃料を使い尽くしたとみえ、放射口から最後の火炎の舌を出した後、機銃や拳銃で周囲に迫っていた日本工兵に発砲を始めた。

最も橋に近づいていた戦車に対し、肉薄攻撃班長の下士官が梱包爆薬をしかけ点火して退避すると、轟音とともに戦車の転輪や履帯が吹き飛んだ。再び、工兵下士官が爆薬を持って止《とど》めをさそうと接近すると、立ち往生した戦車の小砲塔から発射された車載機銃の弾丸を浴びて、援護のもうひとりの兵士とともに地上に倒された。

この様を見て興奮した周囲の日本兵たちは、小銃や軽機関銃で狂ったように戦車を撃ちまくった。そして、結局、別の兵士たちが銃火を冒して駆け寄り、梱包爆薬を戦車の下部で炸裂させた。その後、日本兵たちは沈黙した戦車に殺到し、壊したハッチから引っ張りだしたソ連戦車兵を銃剣で刺し殺したのである。

撃破を免れた他の二輛の戦車は遁走をはかったが、その内の一輛は数百メートル先でハルハ川の中に落ち込んでしまい、逃げ延びたのは一輛のみだった。

これらは、ソ連第24自動車化狙撃連隊の戦車大隊に所属した火炎放射戦車であった。この戦車が、何のためにはるか彼方から火炎放射をやみくもに行なったのかは、理由が判然としなかった。

ハルハ川西岸からの撤退開始

日本軍渡河攻撃隊の撤退は、三日夜十時頃から開始された。最初に撤退に移った部隊は野砲兵第十三連隊第一大隊だった。砲兵たちは、退却途上にソ連戦車との遭遇戦を予期し、戦場に散乱した手榴弾や地雷などを拾い集めてから架橋への移動を開始した。その後ろを、歩兵の二個連隊が追撃してくるソ連軍装甲車輛や歩兵に反撃を加えながら、続行していた。

後退する日本軍の背後には、ソ連軍の重砲の盲射による炸裂や重機関銃の曳光弾が錯綜していた。しかし、夜間戦闘に馴れないためか、ソ連軍戦車もモンゴル軍騎兵もごく近くまでは迫って来ない。日本軍の退却を本気で阻止するつもりはないようにも思えた。

しかし、実際はソ連軍装甲部隊もモンゴル軍装甲車大隊も、朝から昼間にかけての戦闘で

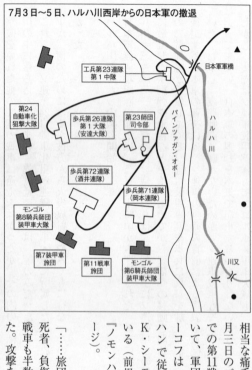

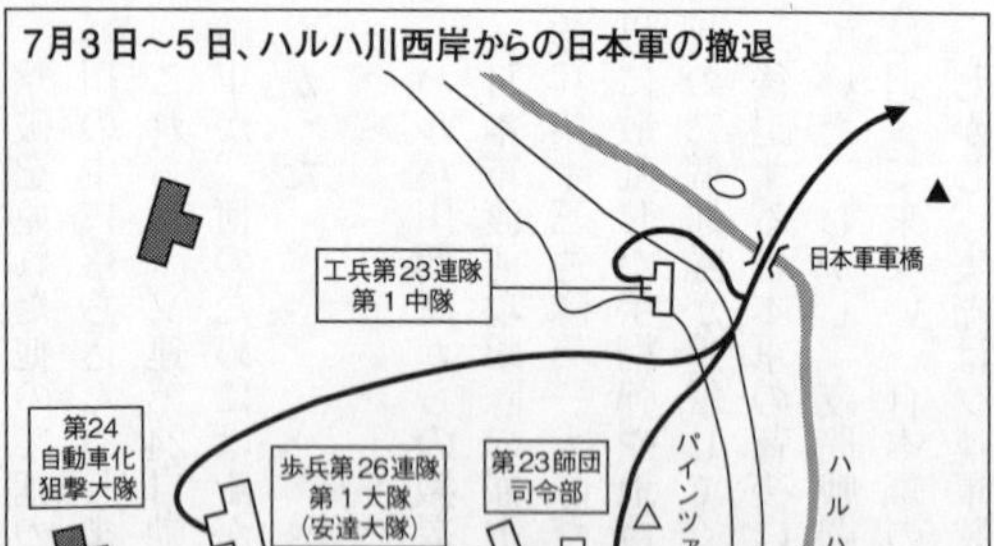

相当な痛手を負っていた。七月三日のバインツァガン地区での第11戦車旅団の状況について、軍団司令官だったジューコフは一九五〇年、ノモンハンで従軍取材経験のあるK・シーモノフにこう語っている（前掲、コロミーエッツ著『ノモンハン戦車戦』六四ページ）。

「……旅団は人員の半分を戦死者、負傷者として失った。戦車も半数かそれ以上を失った。攻撃を支援していたソ連軍とモンゴル軍の装甲車部隊はもっと大きな損害を出した。戦車は私の目の前で燃えた。ある戦区では三六両の戦車が散開したが、そのうち二四両は瞬く間に燃え上がっていた」

ソ連＝モンゴル軍側の戦車、装甲車の損害はソ連側司令官があけすけに認めるほど、深刻なものだった。それは、組織的な作戦行動に支障をきたすほどのもので、日本軍渡河攻撃隊の全体を包囲殲滅《せんめつ》するような行動はとれなかったのである。

飢えと渇き、疲労にもかかわらず、日本歩兵たちは戦死者や集められるだけの武器を回収し、それらをかついで黙々と撤退を続けた。彼らの進む荒野には昼間の戦闘で撃破された無数のBT戦車やBA－10装甲車の残骸がくすぶり続け、ソ連戦車兵たちの遺棄死体も散乱していた。まさに〝地獄〟さながらの光景であった。

しかし、小林歩兵団の第七十一、第七十二両連隊と野砲兵第十三連隊の撤退は順調に進んだ。夜明けには疲れ切った人馬ともに架橋のあるハルハ河畔に到着し、多くの兵士たちは馬とともに川の水を汲んで飲み、生還を喜びあった。

そして、西岸へ退却した部隊は七月四日午前中にはフイ高地周辺に集結。ソ連軍の砲撃や空爆によって師団司令部に大損害を受けたり（大内孜参謀長が戦死）、部隊に多数の死傷者を出したものの、その後マンズテ湖地区に移って安岡支隊と合流、その指揮下に入った。

包囲された安達大隊の苦闘と第二十六連隊主力による夜間救出作戦

架橋による渡河作業の混乱から、本隊である歩兵第二十六連隊（乗車攻撃隊）からはるか前方に突出してしまった同連隊第一大隊（大隊長安達千賀雄少佐）は、事実上、包囲下に陥った。そのため、撤退に移ろうにも安易ならざる状況に置かれたのである。

第一大隊は、午前中より熾烈な戦闘をソ連戦車隊との間で繰り広げていたが、午後には火砲がほとんど破壊された上に弾薬も尽きた。おまけに、数次にわたったソ連軍戦車の蹂躙攻撃のため、大隊全体が三つのグループに寸断されてしまった。

三日夜には、BT戦車十数輛にモンゴル騎兵、ソ連軍歩兵が夜襲してきて激戦となった。戦車に対して日本兵は肉薄攻撃を展開したが、すでに火炎瓶も地雷もないため、小銃の台尻や軍刀を持って戦車によじ登ってハッチをこじあけようとする悲惨な戦いを展開した。大隊の将兵は肉薄攻撃の都度、ソ連戦車が相互に撃ちだす機銃火によって倒されていった。午後十時頃には、大隊長の安達少佐もBT戦車に飛びつき、軍刀をふるっている最中に機銃火で射落とされ、絶命した。

ソ連歩兵たちは、日本兵の気迫に押されてか、白兵戦を避けて五〇～六〇メートルの距離までしか近寄ってこなかった。しかし、その代わりに集団でいっせいに手榴弾を投げる戦術に出て、日本側に損害を与えた。日本側はソ連歩兵に対して銃剣突撃をかけたが、ソ連兵たちはすぐに逃げ出してまるで追いかけっこの様相であった。結局、戦車や歩兵との交戦の都度、日本側は消耗していった。

安達大隊の戦闘は四日朝にも続いた。夜が明けると大隊の布陣地区には集中的な重砲火が浴びせられ、日本兵たちは蛸壺陣地の中で頭を上げることができなかった。夕方になると、再びソ連軍戦車や歩兵、モンゴル軍騎兵の攻撃が始まり、手榴弾投擲《とうてき》戦が繰り広げられた。

その頃、歩兵第二十六連隊は須見大佐以下、撤退援護のための後衛任務に就きながら第一大隊の運命を慮《おもんぱか》っていた。四日午後五時、連隊は小松原師団長から最終的な撤退命令を受領したため、須見大佐は第一大隊に対しても「連隊は本夜ハルハ川を渡河して再集結を行なう。大隊は、五日午前二時までにハルハ川渡河点に到着するべし」との命令を発し、伝令を出した。しかし、この命令は包囲するソ連軍に妨げられたため、安達大隊に届かなかった。

そこで須見大佐は、安達大隊救出のため、連隊に残った全歩兵戦力をもって夜襲を決行する決意を固めた。まず、破壊を免れた火砲（歩兵砲や速射砲）がすべて集められて、退路確保のために架橋のある渡河点周辺の防備に就かされた。そして、須見大佐が先頭に立ち、第二、第三大隊の将兵は、指揮官は抜刀し兵は小銃に着剣する突撃態勢で中隊ごとにつらなり、第一大隊の布陣方面へ攻撃前進に移った。午後十時十五分のことである。

この頃、安達大隊は弾薬も底を尽きかねない状況で、最後の突撃による〝討ち死に〟を決意しつつあった。しかし、攻撃開始に先立って須見大佐が派遣した二名の伝令兵が幸いにもソ連軍の重囲をかいくぐって大隊に到達し、救出作戦発動を伝達できた。このため、生き残っていた一四〇～一五〇名の将兵は最後の突撃を思いとどまり、連隊本隊の救出攻撃に呼応する準備に入った。

午後十一時十四分、安達大隊を包囲したソ連＝モンゴル軍と歩兵第二十六連隊主力との交戦が開始された。須見連隊は大隊長一名を含む多数の戦死傷者を出したものの、安達大隊の救出に成功した。

安達大隊を合流させた歩兵第二十六連隊は、ただちに死傷者の収容と渡河点への退却を開始した。そして、五日午前五時までには架橋を渡ってハルハ川東岸への移動を完了。同七時にはビリゲル湖畔に再集結し、このあたりに布陣していた安岡支隊の指揮下に入った。

三日以来の日本軍との戦闘で大きな痛手を負っていたソ連＝モンゴル軍側も、五日の早朝、明るくなるのを見計らって日本軍への攻撃を再開した。ソ連戦車、装甲車は日本歩兵の肉薄攻撃による損失を避けるため、距離をおいて戦車砲射撃による攻撃に終始した。午前六時頃には日本軍の架橋付近に約八〇輛の戦車、装甲車が殺到しようとした。しかし、すんでのところで日本工兵の手でハルハ川にかかった日本軍唯一の架橋は爆破された。これは日本軍が戦場に持ち込んだ唯一の渡河器材であったので、これでハルハ川対岸への越境攻撃の手段は失われたことになる。

ハルハ川西岸地区戦闘の終局

ハルハ川西岸の戦いでは、日本軍、ソ連＝モンゴル軍の双方が多大な損害を被った。特に歩兵による支援なしに日本軍渡河攻撃隊に正面からぶつけられたソ連＝モンゴル軍の戦車・装甲車の損失は目をおおうばかりだった。日本軍砲兵の正確な射撃と、歩兵や工兵の地雷、火炎瓶による肉薄攻撃でガソリン機関搭載の上、装甲防禦力の不充分なBT戦車や装甲車は容易に撃破され、炎上してしまったのだ（ソ連側の戦闘後の分析では、装甲車輛の損失のほとんどは日本軍の対戦車砲、野砲によるもので、火炎瓶攻撃は行動不能になった戦車や装甲車を焼き払い再生不能にするために実施されたとしている）。

ハルハ川西岸地区で日本軍と交戦したソ連＝モンゴル軍の主な部隊

ソ連	
第11戦車旅団(M.P.ヤコブレフ大佐) 第7装甲車旅団(A.L.レゾボイ大佐) 第24自動車化狙撃連隊 (フェジュニンスキー中佐)	BT-5快速戦車132輌 BA-10、BA-20装甲自動車154輌 T-26軽戦車、T-37水陸両用 軽戦車等約30輌
モンゴル	
第6騎兵師団 第8騎兵師団	騎兵計6000、装甲自動車約100輌

例えば、反撃の主力であったヤコブレフ大佐指揮の第11戦車旅団は、旧ソ連側の記録によると投入した一三二輌のＢＴ－５快速戦車のうち八二輌を失ってしまった。これらは主に日本軍の各種野砲や三七ミリ速射砲で薄い装甲を貫徹されたものである。

その他に、モンゴル軍騎兵師団や第7装甲車旅団所属の装甲車の損失を加えるなら、約二〇〇輌以上の装甲車輌をソ連＝モンゴル側が失ったのは確実だ。これは日本軍側が認定した戦果とほぼ同じ数字である。

一方、日本軍の渡河攻撃隊の中では、須見新一郎大佐が率いる歩兵第二十六連隊が最も痛手を負っていた。

第七師団から分遣された同連隊は、第二十三師団主力の側面援護と撤退の際の後衛戦闘に任じた。しかし、第一大隊（安達大隊）渡河時の混乱が起因して敵中に突出してしまい、孤立した戦いを余儀なくされた。このため、ハルハ川西岸攻撃部隊の中では最も長期間にわたってソ連＝モンゴル軍との交戦を継続した。救出作戦に任じた連隊本隊の犠牲も大きく、歩兵第二十六連隊は安達大隊長はじめ将校、下士官、兵で計七一二名もの死傷者を出した。

しかし、同連隊の犠牲のおかげで、第二十三師団主力の犠牲が最小限のものとなった。そのため、この後に安岡支隊と合流してハルハ川東岸での攻勢を再開することが可能になったのである。

いわばこの段階の双方の陣営は、激しい殴り合いでグロッキー状態のまま水入りになったに等しい状況にあった。しかし、容赦ない戦いの炎は、再度、ハルハ川東岸の高地帯で燃え上がったのである。

小松原師団長、東岸での攻撃再開を命令

七月四〜五日に渡河攻撃隊をハルハ川西岸より撤収させた小松原道太郎師団長は、これらを安岡正臣中将麾下の右岸（ハルハ川東岸）攻撃隊・安岡支隊に合流させた。そして、バルシャガル高地方面で二日以来の日本軍の猛攻に耐え続けたソ連軍（第149自動車化狙撃連隊と第9装甲車旅団の残余）を一掃するため、集中攻撃をかける決意をした。また、渡河攻撃隊の撤退が完了する前の四日午後三時、小松原師団長は安岡支隊長あてに次のように発令した。

師団長の企図は、安岡支隊を主力とし、ハルハ川東岸のソ連＝モンゴル軍を殲滅することにある。

安岡支隊は引き続き（バルシャガル高地のソ連軍陣地の）攻撃を続行し、川又（ハルハ──ハイラスティン両川の合流点）渡河点を破壊し、前面のソ連軍を撃滅せよ。

小林恒一少将指揮下の歩兵第六十四連隊第三大隊、歩兵第七十二連隊主力を（安岡支隊

に）増加する。これらの諸隊は五日早朝から行動を起こし、七三一高地にて安岡支隊長の指揮下に入る。

　野砲兵第十三連隊（伊勢部隊、第一大隊はすでに安岡支隊に配属）は、小林少将の指揮下で七三一高地に前進、安岡支隊の戦闘に協力する。


　この命令をもって、安岡支隊正面は「主攻勢を援護する助攻勢」の立場から、文字通りの主攻勢を担う正面になったのである。

　しかし、皮肉な話ではあった。前日の戦いでは砲兵、歩兵の不足で総体的な戦力に劣りながらも対戦車砲をふんだんに持っていたソ連軍を撃滅できなかったのである。そして、その無理な戦いの中で、安岡支隊の主力といえた戦車第三連隊（吉丸部隊）がほぼ壊滅的な損害を受けた翌日になって、ようやくその不足していた兵力をあてがわれたのである。これでは、兵力の逐次投入の誹《そし》りをまぬかれない。

　さらに小松原師団長は、先の命令で増強した安岡支隊とともに、ハイラスティン川南岸部に歩兵第七十一連隊（連隊長岡本徳三大佐、一個大隊欠）を基幹とする岡本支隊を派遣し、ここから「川又」部に向けた攻撃を実地させようとした。つまり、ハイラスティン川を挟んで南北の両翼からハルハ川東岸に陣取るソ連軍部隊を挟撃しようと考えたのである。

　しかし、以上の処置が検討され前記の命令が下されたときは、まだ小林歩兵団及びその他の部隊の多くが、ハルハ川西岸から東岸へ撤退の最中であった。小松原師団長の構想に基づく攻撃再開のためには、歩兵第七十二連隊で二八キロ（ハルハ川西岸ハラ高地より東岸の七五五高地まで）、ハイラスティン川南岸まで移動する歩兵第七十一連隊にいたっては、四〇キロもの距離を行軍しなければならないのである。

しかも、七月三日以降、一時は日本航空隊によって大損害を受けながらも戦力を回復しつつあったソ連空軍の行動が活発となり、対地攻撃をさかんに行なうようになっていた。これに加えてソ連砲兵隊の絶え間ない攪乱《かくらん》砲撃により、日本軍部隊の移動・配置転換はさかんに妨害されるようになっていた。

このため、師団長命令にあるような攻撃再開のために部隊の再配置を迅速に行なうことは困難だった。一方、安岡支隊も「攻撃再開は、小林兵団の来着を持ってから」と決した。三日の正面攻撃で大きな損失を出したことも鑑みて、拙速な攻撃再開を実施し得ないと判断したのである。

日本軍側の積極的行動が萎《な》えてきたことを把握し、むしろ活発に攻撃を繰り返してきたのは、ソ連＝モンゴル軍側であった。

ソ連軍機械化部隊による戦車第四連隊への攻撃

七月四日の午前六時、待機中の戦車第四連隊正面に対してソ連軍砲兵隊が砲撃を開始した。連隊長の玉田美郎大佐は、攻撃再開に向けて歩兵第六十四連隊等と連絡調整中だったが、ソ連軍側の砲撃は次第に激しさを増した。

日本軍の攻撃配置図(7月6日〜13日)

ハイラスティン川右(北)岸　□
左(南)岸　□

- 第23師団　小松原道太郎中将
  - 安岡支隊　安岡正臣中将
    - 右翼部隊　歩兵第28連隊　2大隊　梶川富治少佐
    - 右翼部隊　第23歩兵団　小林恒一少将
      - 右方面部隊　歩兵第64連隊　山県武光大佐
      - 中央方面部隊　歩兵第72連隊　酒井美喜雄大佐
      - 工兵第24連隊　河村質郎大佐
    - 戦車部隊　戦車第3、4連隊　玉田美郎大佐
    - 砲兵部隊　独立野砲兵第1連隊　野砲兵第13連隊　伊勢高秀大佐
  - 須見部隊　須見新一郎大佐
    - 砲兵第26連隊
      - 7月8日〜9日　歩兵第72連隊の左側　7月10日　梶川大隊の右側
  - 工兵部隊　斉藤勇中佐
    - 工兵第23連隊
  - 予備部隊　井置栄一中佐
    - 捜索第23連隊　歩兵第71連隊　1大隊
  - 岡本支隊　岡本徳三大佐
    - 歩兵第71連隊　(1個大隊欠)

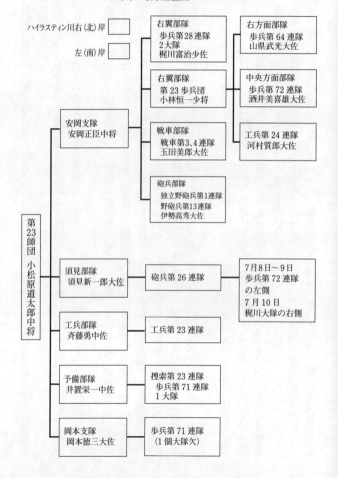

戦車に若干の損傷を受け始めたので、玉田大佐は連隊を丘ひとつ分、後退させその稜線の陰に隠した。

午前七時三十分頃、安岡支隊司令部により将校伝令が連隊に来着したので、玉田大佐は支隊長に対して以下の意見具申を行なった。

「連隊は、昨日来、独力をもって優勢な敵の歩、砲兵と対戦しているが、戦況は目視される如く敵の砲撃はすこぶる活発である。昨夜、山県部隊（第六十四連隊）と攻撃について協定したが、同隊は本四日攻撃を実施せず準備を続行するはずだから、協力部隊たる当隊もまだ動かない。当面の敵陣地に対する攻撃は夜襲をもって第一案とし、歩兵・戦車・砲兵の緊密なる協同攻撃（筆者注＝による昼間攻撃）をもって次善案とし、右いずれの場合においても主攻正面は地形上当隊正面より指向するを可とする（筆者注＝指向すべきである）」

この意見具申の内容は、七月二～三日にかけての攻撃作戦で安岡支隊の各級指揮官たちの頭を支配し続けた「敵は漸次退却中」との考えを玉田大佐が改めたことを示している。そして、断固たる決意で優勢な火力を頼みに陣地を固守する敵に対して、本格的な準備で攻撃すべきであるとの認識にいたったことを示している。

大佐の意見具申はまったく至当なものであった。しかし、日本軍側の意見調整の間に、ソ連軍の砲撃はさらに激しくなっていった。戦車第四連隊は反撃のため砲兵隊にも支援を要請したが、近くにいた森川砲兵大隊（野砲兵第十三連隊所属）も準備が整わず、この日に砲兵による反撃を実施することはできなかった。

四日午前頃になると、ソ連軍は砲撃の一方で第一戦部隊の機動を開始した。そして、戦車第四連隊の側面を守っていた東バルシャガル高地正面の満州国軍北警備隊（騎兵隊）を撃退するに至った。さらに午後一時頃、円形防禦隊形をとった戦車第四連隊に対し、ソ連軍は戦車部隊や車載歩兵により攻撃を開始したのである。

ソ連側の戦力は、BT快速戦車とBA－10装甲車混成の装甲部隊一五～一九輛。四五ミリ対戦車砲十数門、軽機関銃や重機関銃で支援された四〇〇～五〇〇名の歩兵であった。

これに対し、戦車第四連隊は、前日までの戦闘で損傷を免れた八九式中戦車八輛、九五式軽戦車九輛、軽装甲車（九四式または九七式）二輛の計一九輛である。日本側で迎撃するのは戦車、装甲車輛のみで歩兵や砲兵は参加しない。歩兵戦力と火力面で、ソ連軍の方が優勢であった。

ソ連軍の歩兵、装甲車輛が対戦車砲や野砲の援護射撃下に協同して前進してきた。日本軍側は戦車の砲塔のみを丘の稜線上に出してこれに射撃を加えた。装甲の弱さを補うため、敵の火力に車体を暴露せずに有利な射撃を行なうもので、これを戦車戦術では「稜線射撃」という。射撃技量に勝る日本戦車兵は、ソ連の装甲車輛によく命中弾を繰り出し、歩兵には榴弾と機銃弾を見舞った。

概ねソ連軍装甲車輛が五〇〇メートルまで近接し射撃に移ろうとして停止すると、戦車第四連隊はいっせいに攻撃前進に転じて逆襲した。そして、逃げ遅れた歩兵部隊に対しても蹂躙攻撃を行ない、午後三時頃にはソ連軍の攻撃を完全に撃退した。

その戦果は、装甲自動車二輌の撃破、対戦車砲五門と重機関銃三梃を破壊し、歩兵十数名を死傷させるという結果だった。損失は八九式中戦車一輌が補修可能な程度の損傷を受けるにとどまった。

さらに午後四時頃には、戦車第四連隊の最北七〇〇メートルの地点でソ連軍から攻撃を受けていた歩兵第六十四連隊の一個中隊を救援するため、九五式軽戦車一個小隊（三輌）を派遣。一個大隊程度のソ連歩兵部隊を側面から攻撃し、撃退した。

日本軍戦車、薄暮の戦車戦でソ連軍を痛撃

その後もソ連軍による威力偵察的な装甲部隊・歩兵による協同攻撃が繰り返された。敵の攻撃が潰《つい》えたら、可能な限りの戦力で追撃するという、戦術セオリーが忠実に実施されたのである。

午後七時頃には、戦車第四連隊の左翼側を守備していた第一中隊（中隊長松本信次大尉）に対しソ連軍のBT快速戦車六輌、装甲車四〜五輌が歩兵二個小隊（五〇名程度）をともなって、野砲や対戦車砲（四門）の援護下に攻撃をかけてきた。第一中隊の九五式軽戦車は、これらに正確な集中射撃を加えて各個撃破し、突破を許さなかった。

午後八時になると、ソ連軍はさらに五輌程度の戦車と歩兵を増援して攻撃圧力を増した。

第一中隊の左後方に展開していた満州国軍騎兵隊（北警備軍）がソ連軍に撃退されたので、玉田大佐は後方に配置していた第三中隊を進出させ、第一中隊右翼から攻撃させてBT戦車二輌を撃破、多数の歩兵を死傷させてソ連軍の攻撃を頓挫させた。

繰り返されるソ連軍の執拗な攻撃に直面し、玉田連隊長は午後九時頃、ソ連軍の出撃路になっているハイラスティン川河谷《かこく》方面に連隊の全力をもって攻撃前進し、策動の根を絶つ決意をした。そして、薄暮の中、ソ連装甲部隊を蹴散らしながらハイラスティン川北岸周辺を掃討し、迎撃してきた五～六輌のBT戦車のうち四輌を撃破し、戦果を重ねて同地区のソ連軍を撃退した。

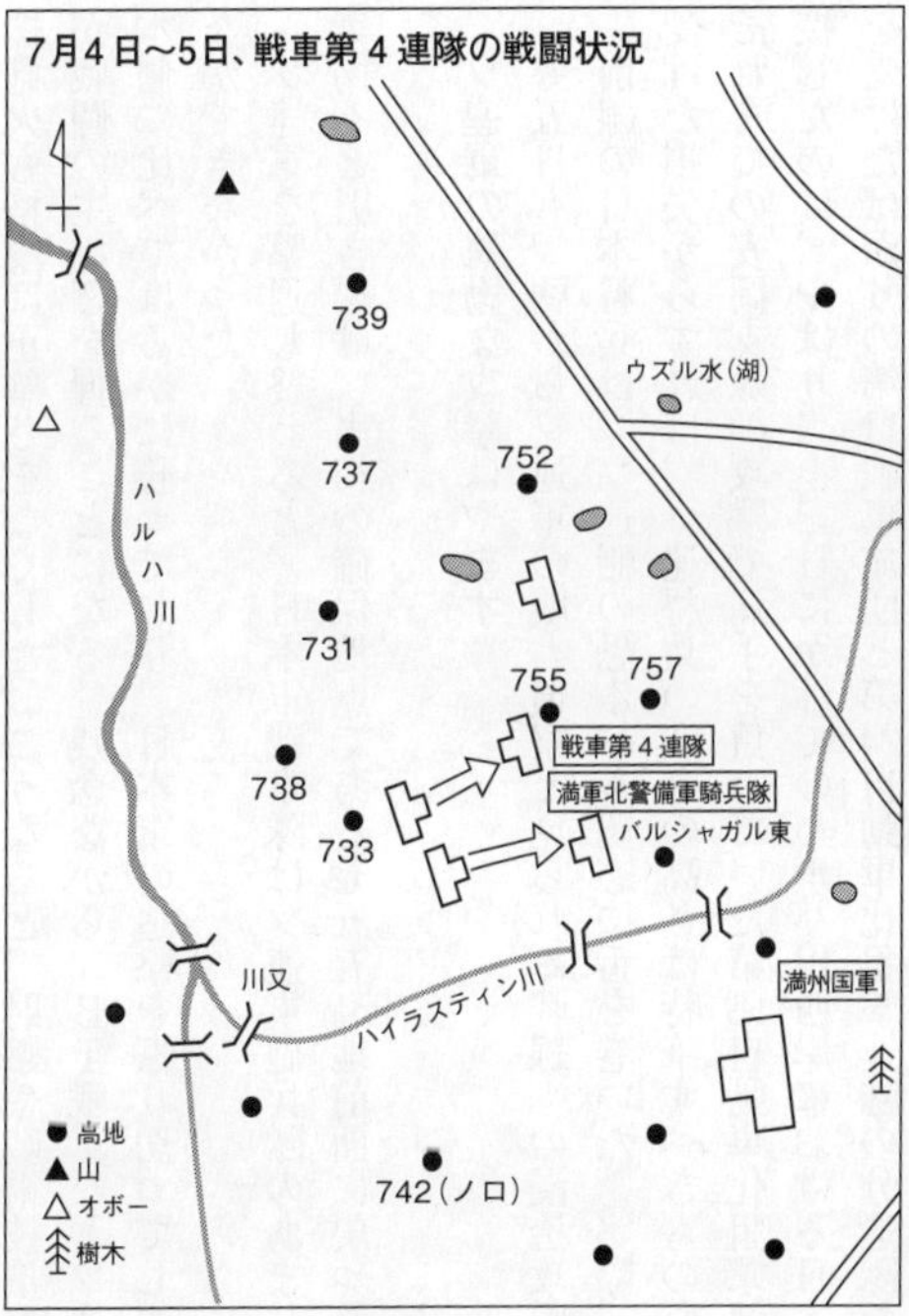

7月4日～5日、戦車第４連隊の戦闘状況

薄暮の中では、ソ連軍野砲や対戦車砲による支援砲火も格段に正確さをなくした。こうなると、射撃や戦術技量が卓越した日本戦車兵の側が戦闘の主導権を握ることになる。残念ながら、BT戦車などソ連軍の装甲車輌の速力は日本側に比べてはるかに勝っており、日本軍の追撃を振り切ってしまうので、戦果拡大はなかなかできなかった。

ソ連軍を撃退し終わると、日本軍戦車隊はソ連軍砲兵隊のあまり効果のない盲射の中を意気揚々と引き揚げ、当初の確保地点である七五五高地前面に戻った。

ソ連軍の執拗な攻撃はやまず

翌五日も、朝からソ連軍の威力偵察と見られる戦線への浸透攻撃は続いた。前線の日本将兵は、ソ連側の恐るべき闘志に舌を巻いた。実際、客観的に見てもそれまで受けた損失からすれば、ソ連将兵の戦意の高さは特筆すべきものだ。ハルハ川東岸に渡ってそれまでの安岡支隊の攻撃で痛手を負っていた第149自動車化狙撃連隊や第9装甲車旅団に増援したのは、やはり二〜三日にかけてのハルハ川西岸における日本軍渡河攻撃で大きな損失を受けたばかりの第11戦車旅団と第24自動車化狙撃連隊の分遣隊だからである。

第11戦車旅団は戦車兵力の三分の二近くを失っていたが、旅団長のヤコブレフ大佐を先頭にハルハ川各所に架けられた「水没架橋」（川面の下に構築され、航空偵察隊が発見し難いようにされていた）を渡って反撃に出ていたのである。消耗した部隊を励まし、先頭に立って戦っていたのは、旅団長のヤコブレフ大佐だ。ヤコブレフ旅団長は、七日、増援された安岡

ソ連第11戦車旅団のBT－7快速戦車。

支隊が再開した攻撃を迎撃した戦闘で、戦車を下車して歩兵を督励している最中に銃弾を受けて戦死した。

この日のソ連側の攻撃は、戦車第四連隊の南側面に配置された満州国軍北警備軍騎兵隊に集中された。装備、戦意ともに日本軍に比べて相当に劣る満州国軍は、前日までの戦闘でもソ連軍の攻撃を受けるとすぐに後退するなど、日本軍側戦線の弱点となっていた。弱いところを突いてきたのである。

午後二時頃、玉田大佐に対し北警備軍からソ連軍戦車五～六輛の迂回攻撃を受けつつあり救援してほしいと要請してきた。要請を受けた玉田大佐は、内心「三日以来、毎日敵に押され後退ばかりしている」と、満州国軍のふがいなさに不満だったが、黙って第三中隊と第二中隊の両方を救援に向かわせた。

北警備軍が展開していた東バルシャガル高

地東側にかけつけた玉木宗一大尉が率いる日本軍軽戦車は、そこで約一キロ前方にBT快速戦車五~六輌と装甲車三輌が前進中であるのを発見し、高地上に布陣して待ちうけた。

有効射程(五〇〇メートル前後)に入ると日本軍側は九五式軽戦車の三七ミリ戦車砲でいっせいに射撃した。日本戦車に撃たれたソ連戦車は若干反撃しただけで、すぐに退却を開始した、玉木大尉は一個小隊にこれを追撃させたが、やはり速度が勝るBT戦車を捕捉できなかった。しかし、日本軍戦車がソ連軍装甲部隊を後退させた様を見ていた満州国軍騎兵たちは大変に喜び、「お礼」として玉木大尉に羊一頭分の肉を贈った。彼らは「自分で歩く食糧」、羊の群れを引き連れて行動していたのである。

戦闘についての報告を受けた玉田連隊長は、四五ミリ戦車砲の長射程と高速を利用して、攻守柔軟に戦術を展開するソ連軍に感銘を覚えた。その一方で、日本軍戦車や速射砲(対戦車砲)の火力の貧弱さに歯がみする思いであった。

また、すでに三日間にわたり周辺で戦い続けているはずの味方砲兵や歩兵連隊とろくな連絡もつかないこと、戦車部隊のみで孤塁を守るような戦いを継続していることは、大佐を大いに不安にした。戦後、玉田大佐は、連絡手段の不備とそれ以前の臨時的に編成された部隊の団結力のなさという欠陥に憤懣やるかたがなかったと回想手記に記している。

やがて夕刻になると、ソ連軍の攻撃は再び戦車第四連隊に向けられ始めた。午後八時を過ぎると、野砲の援護射撃を受けながら対戦車砲数門をともなった兵力約一五〇名のソ連歩兵が、第四中隊(中戦車中隊)前面に攻撃前進をしてきた。

日本軍の八九式中戦車はこれに五七ミリ戦車砲をもって反撃を加え、四五ミリ対戦車砲一門を破壊し、歩兵にも損害を与えて撃退した。午後九時三一分過ぎには新手のソ連歩兵約二〇〇名がまたも攻撃前進してきて、薄暮の闇を利用して中隊前面約二〇〇メートルの地点に陣地構築を始めた。

やがて、第四中隊左翼に陣取った第一中隊前面でも夜陰にまぎれてのソ連軍側の陣地構築が始まった。ソ連軍は、明らかに戦車第四連隊を包囲しようとしていた。玉田連隊長は中隊長及び中隊命令受領者（将校斥候などで中隊長不在の場合、代理として命令受領に出頭する者）を招集し、ソ連軍の夜襲を警戒するよう命じた。戦車兵は戦車に乗車したまま待機させ、小銃や手榴弾、地雷で武装した車外員を各所に配置して警戒することを求めたのである。

激戦の予兆

ソ連軍による夜襲警戒を命じつつ、もうこれ以上兵員数の少ない戦車連隊での陣地固守は困難と考えた玉田美郎大佐は、安岡支隊司令部に歩兵部隊の支援を要請した。そして、明けて六日の午前三時頃、歩兵第六十四連隊第三大隊長の譜久村安英少佐が部隊とともに戦車第四連隊に到着し、指揮下に入ることを申告した。しかし、玉田大佐は、戦線が比較的平穏になったと判断して譜久村大隊を歩兵第六十四連隊の本隊に帰還させてしまった。

この措置をとった後、夜明け直前になってソ連軍側は照明弾を打ち上げ、野砲の砲撃下に戦車第四連隊に対する攻撃を開始した。約一個大隊、五〇〇～六〇〇名のソ連歩兵は重機関銃や対戦車砲、重砲の援護下、戦車第四連隊の布陣地区に向かってジリジリと前進してきた。

ソ連軍対戦車砲は、隠蔽して配置された日本戦車に猛射を浴びせた。このため、短時間の内に八九式中戦車四輌と軽装甲車一輌が破壊されてしまった。ソ連軍側の弾着観測班が前進してくる姿も見られ、重砲による砲撃も時間とともに正確さと激しさを増してきた。

日が昇り、ますます状況が悪化する中で玉田大佐は安岡支隊司令部に増援要請のため、自動車で伝令を送った。六日が終日激戦になることは、この早朝の状況で容易に想像がつくものであったからである。

戦車第四連隊とソ連軍との激闘

前述の通り七月六日早朝のソ連軍による払暁攻撃で、玉田美郎大佐が率いる戦車第四連隊中、最も有力だった中戦車中隊（第四中隊）は大損害を被った。このため、午前八時になって玉田大佐は防備態勢の建て直しを図り、ソ連軍が攻撃してくる方向からやや後退させ、部隊全体を五〇〇メートルほど北西に移動させた。

この移動が終わった午前九時頃、またしてもソ連軍は新手を繰り出した。兵力はトラック乗車歩兵が三個中隊強（三〇〇〜四〇〇名）、それに対戦車砲数門とBT快速戦車、BA－10装甲車各三輌程度だった。ソ連攻撃部隊は、日本側防禦ラインからやや突出していた戦車第四連隊第三中隊を包囲するような構えで前進してきた。

この様子を見ていた第三中隊長の玉木宗一大尉は、第二中隊から増援として派遣された新倉小隊をともなって中隊を前進させた。まず瞬発信管付き榴弾（命中と同時に爆発する炸裂弾で、ノモンハン事件の際はソ連装甲車輌の機関室周辺を射撃すると有効だった）でBT戦車に集中射を浴びせた。日本戦車のこの反撃で、三輌のBT戦車はすべて炎上した。

ソ連戦車を撃破すると、小銃や軽機関銃、手榴弾で武装した中隊車外員（整備や欠員が生じた場合に戦車に搭乗する要員）が軽戦車や増援されていた速射砲小隊の援護を受けてソ連歩兵部隊を攻撃した。日本側は兵力に劣り、援護するのも九四式三七ミリ速射砲二門だけだったが、旺盛な戦意で反撃を敢行したのだ。

ソ連歩兵は、蛸壺陣地に入ってこれを迎え撃ったが、連携のよくとれた日本戦車隊の攻撃に抵抗する術がなかった。それでも個々のソ連兵は日本軍側が称賛するほど勇敢で、中には小銃や機銃で必死の抵抗の末、手榴弾で自爆する者まであった。後でそれを知った玉田大佐は、「敵ながら天晴《あっぱ》れのスラブ魂である」と驚いた。

ソ連歩兵は、やや離れた場所に布陣する四五ミリ対戦車砲に援護されていた。一〇〇〇メートル以上の距離からソ連対戦車砲は、正確な射弾を日本戦車に飛ばし、致命的ではなかったが日本戦車を損傷させた。

結局、一時間半にわたった戦闘で、日本軍側はBT戦車三輌、装甲車一輌を撃破炎上させ、対戦車砲一門とマキシム重機関銃八梃、軽機関銃五梃を破壊、ソ連歩兵にも多大な損害を与えてこれを駆逐した。

戦闘後、玉木大尉が反撃部隊を元の位置まで後退させたところ、ソ連軍はまたしても第三中隊に対して攻撃を再開した。この攻撃では、密かに第三中隊の側面に入り込んだソ連軍対戦車砲が九五式軽戦車に次々と命中弾を与え、第三中隊の五輌の軽戦車が戦闘不能となってしまった。

中隊は連隊段列（整備・補充部隊）より二輌の軽戦車の補充を受けて戦闘を継続、現陣地を維持し続けたが、時間が経つにつれて損失は増すばかりだった。玉木中隊長の九五式軽戦車も、大小の命中弾三〇発以上を受けた。そのうち正面装甲を貫徹した徹甲弾の破片で操縦手が負傷し、搭載弾薬の誘爆で中隊長も負傷してしまった。

しかし玉木大尉は、戦列から脱することを拒否し、衛生兵に止血させ、化膿止めの薬を注射させて戦闘を継続した。この勇戦ぶりが七月二日の夜間戦闘での功績とあわせて評価され、玉木宗一大尉は後に金鵄《きんし》勲章を授与された。

午後に迎えた戦闘のピーク

側面からソ連軍の攻撃を受けて損害が続出していた第三中隊に対し、玉田大佐は損害を受けたために布陣地区で防備に任じていた第四中隊の線まで下がるように命じた。午前十一時に第三、第四中隊は合流した。その後、追いすがるように攻撃を再開してきたソ連軍部隊と一時間ほど戦闘を続けた。砲兵の熾烈な援護射撃を受けたソ連歩兵部隊の攻撃は執拗で、結局、日本側は西北に五〇〇メートルほど退くことになった。

この時、ポリカルポフI－16戦闘機一五機が低空より戦車第四連隊の布陣地区に飛来した。

ソ連戦闘機群は、第三、第四中隊の戦車、さらに連隊の指揮所にも銃撃を加えていった。日本航空隊との空中戦で大損害を受けたソ連航空隊は、一時なりを潜めていたのにハルハ川東岸地区に地上の主戦場が移ると活発に行動を展開してきた。

午後一時、今度は連隊左翼の第一中隊の方面にソ連戦車と砲兵が新たな攻撃をしかけてきた。第一中隊から送られた伝令は、玉田大佐に「新たなる敵戦車七～八輛、速射砲四～五門、歩兵二〇〇～三〇〇名は砲兵火力支援の下に、逐次連隊の左翼側に迫らんとしつつあり」と伝えた。

報告を受けた玉田大佐は、「いよいよ敵は連隊を両翼から包囲する作戦に出てきたな」と考えた。連隊の右翼に展開する第三、第四中隊方面は厳しい砲火を受けつつあるものの、敵歩兵の攻撃前進は緩慢だった。そこで玉田大佐は当面、左翼からの新たな攻勢を挫折させることが重要と判断。右翼方面を一時放置してでも左翼方面に増援し、対処することにした。そして、自ら第三、第四中隊から抽出した戦車とあわせ、連隊本部の装甲車と戦車を加えた戦隊を率いて出撃することにした。

午後一時二十分、玉田大佐の直率する戦闘団は、第二中隊の東にある窪地に身を隠した。第一、第二中隊に迫りつつあったソ連軍攻撃部隊を待ち伏せするためである。

待ち伏せした戦車群は、ソ連軍の攻撃縦隊が距離六〇〇メートルほどで側面をさらした瞬間を狙って一気にこれを攻撃した。一斉射撃で次々にBT戦車に命中弾を与え、ソ連軍の攻勢を頓挫させた。生き残ったソ連戦車と歩兵は、ほうほうの体《てい》で南方に退却していった。

しかし、勝利の凱歌を挙げる間もないまま、ソ連軍は連隊正面に向けて今度は戦車、装甲車合計一七～一八輌、四五ミリ対戦車砲一〇門その他の支援を受けた一個大隊（四〇〇～五〇〇名程度）の歩兵をもって攻撃をかけてきた。ハルハ川西岸から増援された部隊（第24自動車化狙撃連隊の一部と第11戦車旅団の残余）に違いなかった。

迎え撃つ戦車第四連隊は、これまでに約三分の一の戦車が戦闘不能・損失状態であった。日本軍が装備していた戦車は、火災を起こしにくいディーゼル機関搭載が主だったため（ただし、戦車第四連隊の中戦車中隊が装備する八九式中戦車［甲］は、ガソリン・エンジン搭載型だった）、戦闘で損傷してもその後の整備補修で戦力の回復がしやすかった。しかし、これほど短時間のうちに敵が波状的に攻撃をかけてくるようでは、戦力回復がままならず、戦うたびに戦闘力が落ちていった。

この時点での戦車第四連隊の戦力は、八九式中戦車四輌、九五式軽戦車二〇輌、九四式軽装甲車三輌、歩兵第三大隊から派遣された歩兵一個中隊（約一〇〇名）、捕獲したソ連製四五ミリ対戦車砲を加えた臨時編成の速射砲分隊一個であった。戦車数では、繰り返し攻撃部隊を繰り出すソ連軍に対してやや優勢の状況で推移していた。しかし、対戦車砲や支援砲兵の火力はソ連側が圧倒的に優勢で、歩兵の数は四～五倍にもなった。時間の経過が、ソ連軍の増強を許してしまった結果である。

幸い、攻撃してくるソ連軍に対して日本側の布陣位置が高く、戦車の撃ち合いやソ連歩兵に対する制圧射撃では日本戦車隊が有利に戦った。しかし、攻撃の都度、ソ連軍が直接支援射撃用に数門ずつ投入する四五ミリ対戦車砲により、戦うたびに日本戦車は命中弾を受け、損失を重ねていった。

　連隊副官の緒方休一郎少佐の搭乗していた九五式軽戦車にも、一時に数発の四五ミリ徹甲弾が命中し、三七ミリ戦車砲が使用不能になった他、操縦手席前面を貫徹した砲弾によって操縦兵が戦死してしまった。第三中隊でも、二輌の軽戦車が対戦車砲によって撃破された。戦力が激減していた第四中隊もなけなしの八九式中戦車二輌が新たに撃破された。戦死者も続出した。

　この激しい戦闘と損失にもかかわらず、戦車第四連隊の将兵と増援部隊の日本兵たちは攻撃してくるソ連軍部隊に一歩も譲らなかった。逆に攻撃を受けるたびにBT戦車や装甲車を数輌ずつ炎上させ、一個中隊程度に相当するソ連軍歩兵を壊滅させた。この出血を堪えながらの奮戦で、午後三時頃までには攻撃してくるソ連軍部隊をすべて撃退し、一時的に平静を得ることができた。


安岡支隊長から戦車第四連隊に届いた後退命令

　午後三時半頃、玉田連隊長は攻撃を波状的に繰り返すソ連軍が連隊前方稜線の背後に布陣していると考え、引き続き防禦線などの準備と威力偵察の実施を計画した。新たな戦闘準備を各中隊に命じていたが、午後四時に安岡正臣中将から「連隊段列位置（後方支援部隊の配置点）まで転進し、以後の行動（七日以降の総攻撃）の準備をせよ」との命令を受領した。

正午発のこの命令は、安岡支隊司令官が従来の「追撃型」の攻撃を改めて、充分に準備を整えた上での攻撃を企図しようと決意し、発せられたものであった。

七月五〜六日にかけて、主要なソ連軍の反撃は戦車第四連隊の正面にかけられていた。同時にハルハ川西岸から渡河攻撃隊が安岡支隊へ合流するまでの過程で、これらの移動中の部隊と安岡支隊全体に対しても、戦線後方へ浸透を図るソ連軍戦車や乗車歩兵部隊、モンゴル騎兵による執拗な妨害攻撃が反復されていた。このため、攻撃再開のための部隊再配置は著しく妨げられ、しばしば各所で激戦が展開された。

その過程で、安岡支隊長をはじめとする日本軍指揮官たちは、ソ連軍がハルハ川東岸地区も断固死守する構えであることを感じた。「敵は漸次退却しつつあり」とする楽観的判断から目を覚まさざるを得なかったのである。

本格的攻勢を準備するにあたって、戦車部隊だけをあたら敵砲火にさらし続けたり、損傷を放置して消耗させてしまうわけにはいかない。ほぼ戦闘力を喪失した戦車第三連隊についてはいうまでもない（それでも、大損害を受けた後、ソ連軍の襲撃に対して連隊段列長が率いる八九式中戦車五輌が反撃し、BT戦車一個中隊の内の半数を撃破するという果敢な戦闘を展開していた）。七月二日以来の連続した戦闘で損害を回復できず、大幅に消耗しつつあった戦車第四連隊も車輌の本格的整備と損失の補充が切実となっていた。

玉田大佐は、支隊長の意図を汲み六日夜に後退準備を始めた。そして、数輌の損傷戦車を除く連隊全体を七日午前一時にまとめて後退させた。戦車第四連隊は、明け方までに二キロ

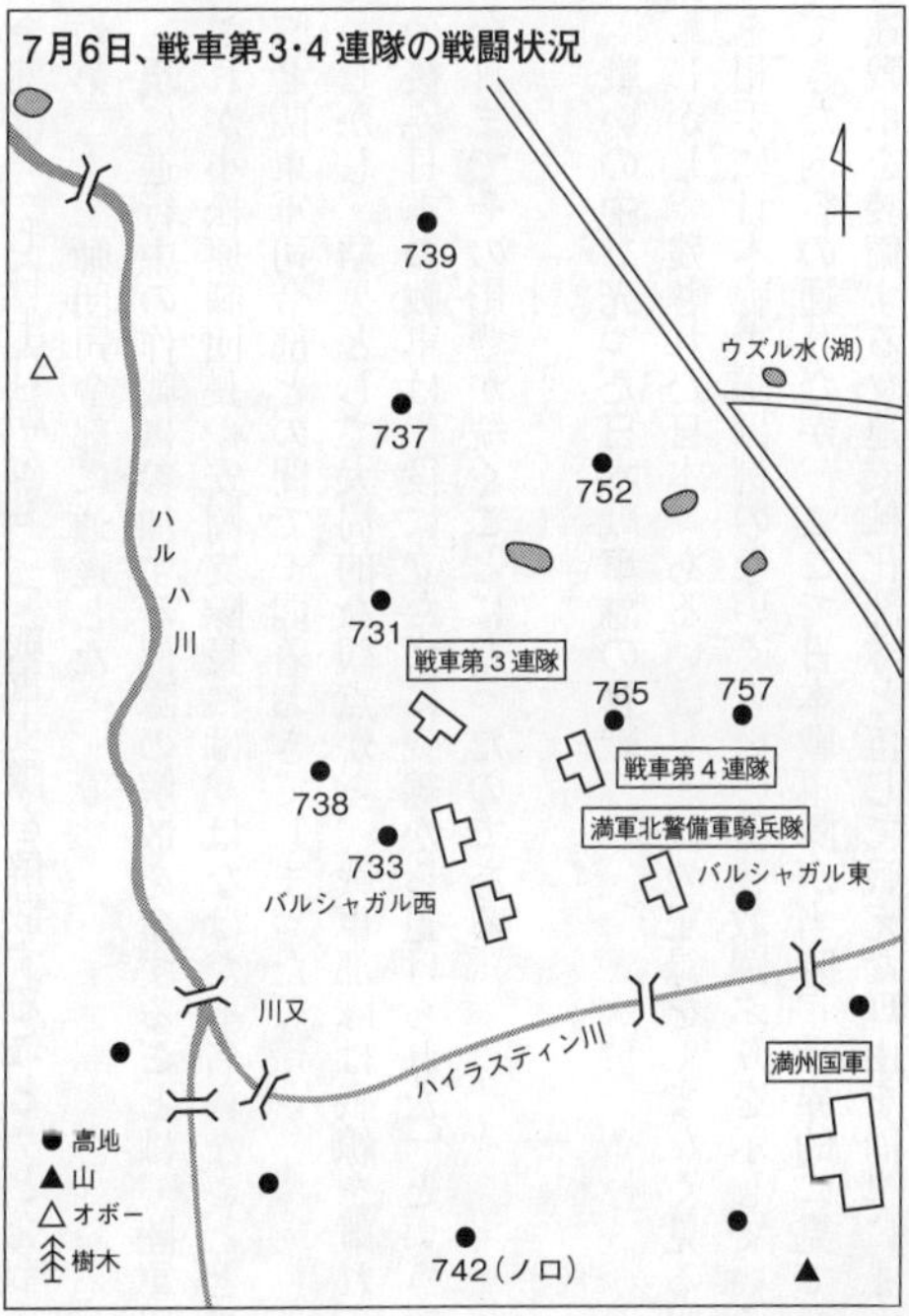

北方の連隊段列の展開地に到着し、全周防御態勢をとって休息に入った。玉田大佐をはじめとする連隊の将兵たちは、戦闘から離れて久しぶりに身を横たえることができ、明日以降に再開されるであろう総攻勢作戦に備える心構えをした。

しかし、日本戦車隊のノモンハン地区における戦績は、ここまでで終局を迎えた。戦車第三、第四連隊の大きな損失報告に驚いた関東軍司令部が両連隊の引き揚げと安岡支隊の解散を決定したからである。安岡支隊の根幹をなした第一戦車団は、以後、あらたに整備されるべき関東軍、ひいては日本陸軍機甲部隊のモデル部隊というべきもので、これが失われることを軍首脳部は恐れたのだ。

七月九日付で関東軍司

令部は、「七日十日朝をもって戦車支隊を解散すること」と発令。ノモンハン地区に展開中の第二十三師団司令部に通達した。

現に進行中の作戦に参加する部隊の解散を命ずることは、陸軍史上かつてないことだった。これが小松原師団長や安岡支隊長には、はなはだ不名誉なことと受け止められ、現地部隊首脳と関東軍司令部との間で一悶着おきてしまった。

しかし、結果として大局的な観点から、戦車部隊は戦線を離れることになった。これがその後「日本の戦車は、役に立たずに戦線から退けられた」という説が流される遠因ともなり、今日までその影響が続くことになったのである。

戦いの中で光った日本戦車隊の奮戦

しかし、残された日本、あるいはソ連側の記録をくまなく見る限り、優勢なソ連装甲部隊を相手に日本戦車隊は例のないくらいの勇戦敢闘ぶりを示している。それは、これまで述べてきた内容の通りだが、ここで日本戦車隊が当時、世界的に見ても最も有力であったBT快速戦車を装備するソ連機械化部隊と伍して戦えた理由を簡単にまとめてみよう。

①日本戦車の性能は、従来から唱えられていた説のように劣ったものではなかった……日本の八九式中戦車や九七式中戦車、九五式軽戦車は、ソ連軍が装備するBT快速戦車（同じ武装と防禦力で機動性能の劣ったT－26軽戦車もごく少数が使われた）より戦車砲

の火力と速力が劣っていた。しかし、装甲防禦力面ではほぼ同等で、むしろ日本の中戦車の方がソ連側より勝っていた（八九式の一七ミリ、九七式の二五ミリ）。BT戦車の装甲厚は、九五式軽戦車とほぼ同等の一三〜一六ミリで、これなら有効射程に入りさえすれば日本の戦車砲（五七ミリ短戦車砲や三七ミリ戦車砲）で充分貫徹できた。また、日本戦車が基本的にディーゼル・エンジン搭載で火災を起こしにくかったのに対し、BTはガソリン・エンジン搭載で榴弾射撃でも機関室に命中すれば炎上したほどだった。これが、双方の損失比率の著しい相違につながっている。何度損傷を受けても高い率で戦力回復できる日本戦車は、想像以上に撃たれ強かった。

②乗員の練度が桁違いだった……日本戦車兵の練度は、中国戦線での戦訓も踏まえて世界でも有数な高さで維持されていた。また、小隊単位の集団戦闘も〝以心伝心〟の域で行なえ、同一目標に高い命中精度で集中射を浴びせるなど高水準の戦技を示した。一方ソ連戦車連隊は、大損害にもめげずに攻撃を続行する高い戦意を示したが、無線機装備が指揮官戦車のみで戦車相互の連携がまずく個々に撃破されるケースが目立った。また、見張り（外部状況の視察）が戦車の機能面でも戦車兵の心得としても不充分で、これが日本戦車や砲兵の発見が遅れて先制射撃を加えられてしまう原因となった。

日本戦車隊善戦の理由は、以上のようなものである。日本戦車隊にとって悲しむべきことは、ノモンハンで得た戦訓がその後に正しく生かされなかったことだ。特に対戦車戦闘には、弾道が低伸する高初速の戦車砲を搭載する必要があることや、対陣地戦闘には日本戦車の装甲防禦力がまったく不足であることは、日本の国力に見合った改善策が見つかる前により大きな戦争（太平洋戦争）に突入し解決されなかった。このため、英米との開戦以後も基本的にノモンハン事件時と同じ性能の戦車で戦わざるを得なかったのである。

安岡支隊の解隊と七月中の日本軍の攻勢作戦開始

筆者が本書で企図しているのは、ノモンハン事件全般にわたって日ソ両軍の作戦展開の詳細を検討することではない。一九三九（昭和十四）年七月六日に事実上、日本戦車部隊の戦闘が終了したことから、以後の七月中の戦闘は歩兵や砲兵を中心としたものに移行し、草原を駆け回るような機甲部隊戦闘はなりを潜めた。

むしろ、第一次世界大戦のヨーロッパ戦線における塹壕戦に近いものに戦いの実相が移ったのである。したがって、両陣営対峙の消耗戦であり、この段階の戦闘については歴史の教訓を検討するに値する動きは乏しく、経過の概略を紹介するに止める。

安岡支隊は、正式には七月十日に解散されることを通達された。独立野砲兵第一連隊（機動九〇式野砲で編成）が戦線に残される他は、支隊の根幹をなした第一戦車団（戦車第三、第四連隊と支援部隊）は原駐地の公主嶺に戻されることとなった。

一方、引き続きハルハ川東岸のソ連軍陣地に対する攻撃は、第二十三師団主力によって継続されるものとされた。この度の攻撃作戦は、ハルハ川対岸のソ連砲兵火力への対抗が重視

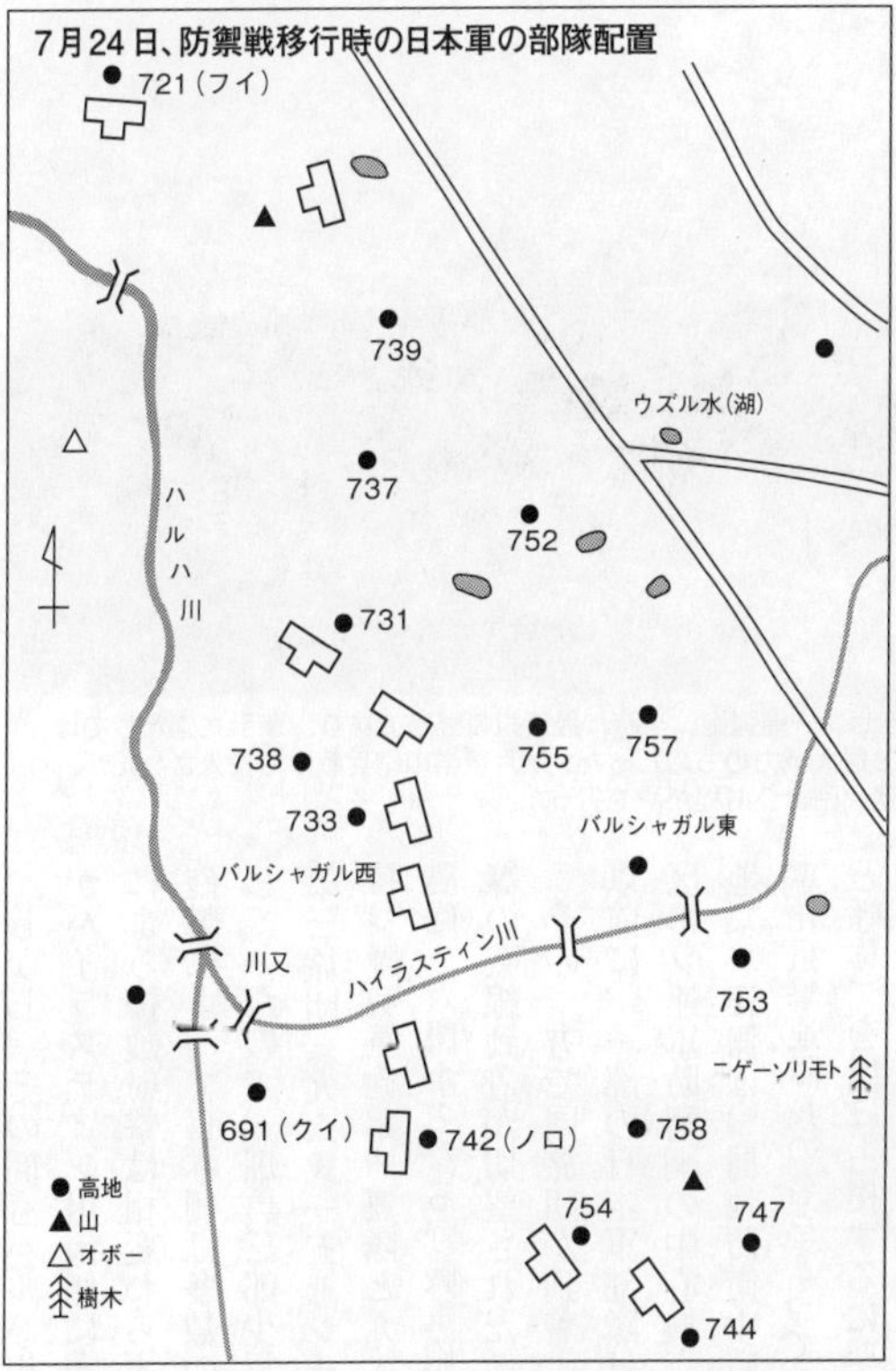

され、日本本土から呼び寄せる野戦重砲第三旅団と、旅順や穆稜《ムーリン》から集めた関東軍所属の重砲兵部隊を投入することになった。そして、七月下旬にはハルハ川対岸のソ連軍砲兵を砲撃戦をも活用して殲滅する最終的な攻撃作戦を実地するとされたのである。

七月十一日以降、小林歩兵団を中心とする日本歩兵部隊は攻勢に転じ、小部隊単位での夜襲作戦を連日反復した。この時点で歩兵の数で劣るソ連軍部隊はじわじわと押され、次第に防禦地帯がハルハ川岸へ圧迫されていった。

九六式15センチ榴弾砲。当時、最新鋭の野砲であり、牽引式砲としては日本陸軍で最大威力のものだった。7月後半の砲兵戦から投入されたが、同種のソ連火砲より射程がやや劣った。

しかし、その間もハルハ川西岸台上や一部がハイラスティン川南側に布陣したソ連砲兵による援護射撃は相変わらず猛威をふるった。砲撃によって日本側は多数の死傷者を連日出していたので、畑勇三郎少将が率いる野重砲第三旅団（九六式一五センチ榴弾砲一六門を持つ野戦重砲第一連隊と九二式一〇センチ加農砲一六門からなる野戦重砲第七連隊で編成）等の戦線到着が切望された。

その一方で同旅団が到着する七月二十一日以前に、一部の日本軍部隊はハルハ川東岸地区のソ連軍防禦網の中心拠点だった七三三高地（ソ連側は、同地防衛中戦死した第149自動車化狙撃連隊長の名をとって「レミゾフ高地」と呼称）をほぼ占拠するに至っている。

この頃がソ連側にとって危機のピークで、ハルハ川を背に戦うソ連軍兵士たちは連日、悪鬼のように夜襲をかけて白兵戦を挑んでくる日本兵に悩まされ、疲労しつくしていた。

しかし、七月後半期にはソ連本土からも大幅な増援部隊が到着し始めていた。ジューコフ軍団司令官の第57特設軍団は、七月十九日に第1軍集団という従来にはなかった編成単位に〝昇格〟させられた。歩兵数を中心に兵力が大幅に増やされ、支援の航空隊も増強された。

そして、ハルハ川東岸地区には、七月初めから同地で戦ってきた第36狙撃師団の第24自動車化狙撃連隊及び第149自動車化狙撃連隊に加え、新たに第5狙撃旅団が増援された。また、ハイラスティン川南岸のノロ高地前面にも新たに到着した第82狙撃師団から二個連隊（第602、第603狙撃連隊）を進出させた。

こうした措置が功を奏して、ソ連軍は何とか日本軍の攻勢を支えて危機的事態を打開し、ハルハ川東岸に橋頭堡を確保し続けることができた。これが、八月の劇的な勝利の礎となったのである。

日本軍、重砲兵を作戦に投入

七月二十三日、日本軍側が大いに期待をかけた重砲兵を投入した総攻撃を開始した。

新たに投入した砲兵は、合計三二門の重砲からなる野重砲第三旅団、並びにムーリン重砲兵連隊（連隊長染谷義夫中佐、旅順要塞からの増援の二個中隊も含む）の六門の十四年式一〇センチ加農砲である。

これに、攻撃当初から戦線にあった野砲兵第十三連隊（連隊長伊勢高秀大佐、三八式七・

五センチ野砲及び三八式一〇センチ榴弾砲で編成）を独立野砲兵第一連隊（連隊長宮尾幹大佐、機動九〇式七・五センチ野砲で編成）と合わせて全体を二つの砲兵群にわけて、ハイラステイン川を挟んで戦線の南北両方面に配置した。

二十三日午前七時三十分から、終日、日本軍の二つの砲兵群はハルハ川西岸台上のソ連軍砲兵陣地を砲撃した。ソ連砲兵も応射し、激しい砲撃戦が双方で交えられた。

日本側は、前線近くまで配置されていたソ連軍野砲陣地を相当数破壊することに成功した。しかし、ハルハ川西岸台上の向こう斜面に隠蔽されていた一五二ミリ榴弾砲の陣地を捕捉することは、困難だった。砲撃戦の当初の目的は、交戦初日でソ連重砲兵を殲滅することだったが、これは達成できなかった。

もともと、ハルハ川西岸台上は、高いところで日本軍が布陣する東岸地区よりも五〇メートル程度高く、反対斜面に置かれた砲兵陣地を観測し、正確な位置へ射撃を加えるのは困難だった。当然、航空偵察などの情報がカギとなるのであるが、日本軍はなかなか正確な射撃ができなかった。

この原因には、日本砲兵の観測態勢の不充分さや砲兵隊全体の協調行動の悪さなど、当時の戦闘の教訓として諸点にわたった指摘がある。しかし、筆者の感想としては、七月後半期における航空戦でソ連側が盛り返し、日本側が制空権を確保できなかった点が大きいのではないかと思っている。

これは、小松原道太郎師団長の日記などにもその趣旨が記載されているし、別項で筆者が検討した日ソ航空戦の実相に合致するからである。すなわち、砲兵隊のために目標を標定した砲撃効果を評価するための空中偵察が著しく困難になっていたと見られる。

また、攻撃二日目の二十四日には、歩兵部隊も呼応して総攻撃をかけた。しかしながらこの日は、ソ連砲兵の反撃も熾烈をきわめ、日本側は歩兵部隊が射すくめられるとともに、各砲兵隊も射撃戦で重大な打撃を受けた。

砲兵隊は、部隊での砲撃に際し選りすぐりの要員が操作する基準砲を用いて試射を行ない、次にその射撃データに準拠して他の砲を射撃して弾幕を形成する。しかし、この日は、各部隊とも基準砲がソ連軍の圧倒的な砲撃で次々に破壊され、ベテラン砲兵たち多数が死傷した。

圧倒的な火力を誇るソ連砲兵に対し、日本軍側は弾薬集積量も不足がちな上、弾薬運搬車が砲撃で吹き飛ばされる事態も続出したため、ついに射撃続行を断念せざるを得なかった。

もちろん、関東軍は重砲の損失を補充するための予備は持たなかったのである。

こうして、意気込んで準備された砲兵戦も短期間であえなく日本側の敗北に終わってしまった。

日本軍、防禦態勢へ転換

七月二十四日付で関東軍司令部は第二十三師団に対し、以下のような命令を発し、二十五日に関東軍参謀の手で小松原師団長のもとに届けられた。

一、ハルハ川東岸に残存する敵兵力の掃討完了を待たず、ただちに築城準備にとりかかるべし。
二、ハルハ川東岸に展開する全部隊は、築城防禦拠点の確保に努めるべし。
三、砲兵団は、機会を見て当面する敵砲兵への攻撃を実施すべし。

この命令を受け取ったとき、第二十三師団司令部はいまだ攻撃作戦を検討中であった。そして、それに先立って「歩・砲の協同攻撃の成否は、一に今後における弾薬量にあり」と対ソ連砲兵戦の経緯から結論して、補給弾薬の増加を関東軍に要請したばかりであった。関東軍の「築城」命令を受け取った小松原中将は、表面冷静をとりつくろっていたが、内心穏やかならぬものがあった。彼は、その日の日記にこう記している。

「……遺憾千万なり。河岸まで進出、残敵剿滅《そうめつ》を目的として夜襲力攻し、之《これ》がため生じたる多大の犠牲者、英霊に対し慰むるの辞なし。何故砲兵の助力を予期せずして（あてにしないで）攻撃続行せざりしやを悔む、我過てり」（『ノモンハン 上』アルヴィン・D・クックス著 岩崎俊夫訳 秦郁彦監修 朝日新聞社 三九六～三九七ページ）

「砲兵の増援などあてにせず、歩兵だけで攻撃を持続すれば目的を達成できた」というのが将軍の言い訳のようだ。

小松原将軍がこういうのは、砲兵戦実施に先立ち、砲兵側の要請によって「ソ連砲兵が日本軍重砲の射程外に離脱するのを防止するため」にハルハ川近くまで進出していた歩兵部隊を後退させてしまったことを悔いる心情が反映している。しかしながら、いかに精強を誇った日本歩兵の力をもってしても、ソ連＝モンゴル軍側に決定打を与えられたかどうかは、疑わしい。

いずれにしろ、日本軍の路線は転換された。その後も「冬入り前にもう一押し」との論が浮上したこともあった。しかし、この時は強硬派でならした辻政信作戦主任参謀が議論を止めに入り、沙汰やみとなったという。

辻いわく、

「満州北辺の冬は、零下五一度にもなる。九月には降雪が始まる。そんな状況で攻勢作戦をとれば冬越えの準備が疎《おろそ》かとなり、将兵は戦でなく寒さに凍え死ぬことになる」

満州の状況をよく知っていたのは、なみいる関東軍参謀の中で辻少佐のみだったので、誰も抗《あらが》えなかった。もともと「防禦築城に転換し、冬越えの準備を」の方向を唱えだしたのも、辻だった。彼が七月三日、ハルハ川西岸に戦闘部隊とともに率先して渡ったとき、ソ連戦車の大群に肝をつぶしてしまったのは、すでに見たところである。

すなわち、ハルハ川渡河攻撃作戦が失敗したにもかかわらず「敵に多大な損害を与え」さらに東岸地区においても「越境したソ連＝モンゴル軍をあと一押しで掃討しうるまで追いつめた」と強引に状況を〝判断〟したものの、構想の誤りにようやく気づく。そして、あれほど作戦指導に口うるさかったにもかかわらず砲兵戦前後には嘘のように沈黙を守っている。

これも、本書の検討の範囲ではないが、筆者は誠に〝小壮参謀〟、いいかえるなら中堅軍事官僚というものは、保身に長けたものであるとの感を深くしている。紛争の要因となった関東軍の「国境紛争処理要綱」を起案し、その上ノモンハンの前線でいわばお目付け役として具体的な作戦にまで関与したのに、悲惨な結末についての責任については知らんぷりだ。

これは後日談であるが、ノモンハン戦に関与した多くの部隊指揮官たちが更迭、退役や、最悪のケースでは戦場や後方での自決などで〝責任〟をとらされたにもかかわらず、辻はその後もエリート参謀将校の道を邁進した。大東亜戦争では緒戦の華々しいマレー半島進撃作戦で顔を出したものの、戦争後半期のガダルカナル島やインパールにおける日本軍部隊の悲劇的末路にも大きく関与することになったのである。

不足した陣地構築資材と隙間だらけの部隊配置

小松原師団長は麾下部隊に対し、「空、地協力による我が軍の連日の力攻により、敵に甚大なる損害を与え」目的を達したとしつつ、「関東軍の命令によって」残敵の掃討を待たずに、ただちに防禦のための築城にかかる旨を発令した。

また、この命令を機に解散が決まった後も「予備部隊」として現地後方にとどまっていた安岡支隊の基幹、戦車第三、第四両連隊の原駐地への帰還が開始された。これで、ノモンハン方面の日本軍部隊からは、機甲部隊は完全に姿を消すことになった。

以後、七月いっぱいは〝作戦整理〟に類するような戦闘が継続した。部隊によっては単なる小競り合いの域に止《とど》まらない激しい戦闘に巻き込まれるケースもあった。八月初旬までは戦闘規模こそ大きくないものの、特にハイラスティン川南岸のノロ高地前面では激戦が続いた。しかし、戦線全体では、概して越冬のための陣地造りが各部隊の間で開始されることとなった。モンゴルの夏は短い。六月は夏のさかりだが、七月末〜八月になるとストーブが欲しくなるような寒風が吹き始める。

しかし、築城にあたって日本軍がまず直面したことは、資材と機械力（動力式の掘削機械等）の不足であった。日本工兵は優秀であったが、道具といえば円匙《えんし》（小型シャベル）とツルハシ、大工道具程度しか持たなかった。そして、草木のほとんどないノモンハン地区では、塹壕や掩蔽壕造りに欠かせない板材の現地調達は無理であった。川岸に密生する灌木では、ほとんど役に立たなかった。

そこで、各部隊はいっせいに戦場に出かけ、散乱している空になった砲兵の弾薬箱や各種補給品の空箱をあさった。そして時には夜間ソ連軍陣地に向けて出撃し、鉄条網の支柱を盗みとる作戦まで行なったのである。こうして盗みとった支柱は一二〇本以上になったという。

資材面でも道具の面でも不充分な状況での陣地構築は、当然、防御力の劣るものとならざるを得なかった。特に歩兵部隊の陣地を視察した砲兵将校たちは、「これでは塹壕の深さが足りない」「こんな掩蔽壕では、砲弾の直撃に耐えられない」と指摘することしきりであった。しかし、歩兵や工兵に装備された小型の円匙では、ソ連軍が動力式の塹壕掘削機で掘った壕の深さと同様のものを造ることは困難であった。

それでも、日本軍部隊は最善の努力をした。工兵隊は手持ちのセメントとハイラスティン川の川底の砂を活用してコンクリート・ブロックの製造まで行ない、トーチカ構築や防禦陣地強化のための資材とした。しかし皮肉なことに、これら製造されたブロックの多くは、八月二十日以降に始まったソ連軍の総攻撃に倒れた日本兵士たちの墓石にされることになったのである。

防禦陣地の不充分さは、配置面でもいえた。七月までの攻勢、さらに八月に入ってからの小競り合いで日本軍部隊はそれぞれ、まちまちの方向や場所に進出していた。少しでも日本・満州側が主張する国境線であるハルハ川に接近することを企図していたことから、部隊の防禦態勢を考慮することなく、進出したままの位置で防禦態勢への移行が行なわれた。これは、防禦陣地を構築し、相互に火網《かもう》を形成して支援し合う上では、不都合この上なかった。

こうした事情から、各部隊の布陣には大きな間隙が生じている場合があった。例えば、ハイラスティン川北部のバルシャガル高地に布陣していた歩兵第六十四連隊（山県連隊）と歩兵第七十二連隊（酒井連隊）との間隔は約八〇〇メートルもあった。土地が起伏に富み日本軍陣地から死角がありがちだったことから、この間隔での布陣では、ソ連軍斥候や小部隊の浸透を防ぐことが難しかった。

また、こうして布陣地区が大きく隙間を持っていることは、強力な打撃力と機動力をあわせもつ機械化部隊の攻撃を受けた場合、容易に迂回・包囲を招く危険があった。こうなると、日本軍部隊は各個撃破されてしまうことになりかねない。そして実際、その後の経過は、そうした事態を招いてしまった。

第二十三師団司令部でもこうした危険な状況は充分に認識していた。そして、関東軍に対して必要な陣地構築資材の送達や増援部隊の派遣を要請したが、これにはなかなか応じてもらえる気配がなかった。いや、応じようがなかったというのが正確なところだ。

補給活動や増援部隊派遣のネックになっていたのは、すでに関東軍が集められるだけの貨物トラックをほぼすべて、ノモンハンに投入してしまったことである。当時約一〇〇〇輛のトラックが就役していたが、これで運べる物資量は、第二十三師団を何とか維持する程度の武器弾薬や燃料、食料のみだった。これに加えて越冬用の寝具や被服を追加しなくてはならず、日本軍の補給担当部門には悩みのタネであった。結局、輸送力が不足しているために、第七師団から新たな増援部隊を投入することや、防禦陣地を強化するための資材の補給などはあきらめなくてはならなかったのである。

以上のように、攻撃の面でもネックとなった兵站《へいたん》の弱点は、防禦に転じた際にもネックとなった。こうした日本軍の状況と裏腹に、ソ連軍やモンゴル軍は八月中にハルヒン――ゴール（ハルハ川）地区の紛争に決定的な結末をつけるべく、七月下旬より本格的な攻勢準備を始めたのである。

ソ連側の補給線は、最寄りの鉄道駅であるボルジヤから約六五〇キロも伸びた未舗装道路しかなく、地形的条件のみでいえば日本側よりも三倍は困難なはずであった。しかし、ジューコフ司令官はソ連本国政府の全面的なバックアップを受け、困難を克服するに足るだけの措置をとりながら新規部隊の集結と膨大な必要資材の集積を実現した。

日本軍部隊は、戦場では圧倒的な強さを示したが、近代の機械化戦闘には、それに必要なセンスと作戦準備がなければならない。それを正しく認識し、困難をものともせずに準備を万全にした方が勝利を得る。そのことを、八月からのソ連軍の活動は見事に示すことになる。

ソ連第1軍集団、総攻撃を八月下旬に計画

日本側がハルハ川東岸に展開したソ連＝モンゴル軍や西岸に布陣したソ連重砲陣地への攻勢の継続を断念し、防禦陣地構築に転ずる決定を下した頃、ソ連＝モンゴル軍側はどのような見通しを持って行動しようとしていたのか。

まず明確だったのは、ソ連中央政府も日本政府同様にノモンハン地区の紛争を全面戦争に拡大させる意図はまったくなかったことだ。これは過去にさまざまな立場から例証が示されて論じられているので、改めて詳述するつもりはない。簡単にいうなら、ソ連にとってより重大な関心を払うべきヨーロッパの情勢（大戦前夜のドイツや中部ヨーロッパ諸国の動向）について、水面下の外交ゲームが繰り返されていたことが極東での紛争不拡大方針の背景にある。

この隠された流れが八月二十三日、世界をアッといわせた独ソ不可侵条約の締結につながった。さらには九月一日からのドイツ軍によるポーランド侵攻という形で、第二次世界大戦の幕が切って落とされる。ソ連にとっては、来るべき西正面での重要事態（ドイツとのパワーゲームと最終的な対決）に備え、極東方面での紛争は早急に収束させる必要があった。「紛争を拡大させず、しかも早急に終息させる」――この命題への回答は、冬を目前とした残り少ない時日の内に〝越境〟している日本軍、満州国軍部隊に壊滅的打撃を加えることであった。

そのために、G・K・ジューコフ軍集団司令官が率いるソ連第1軍集団の軍事会議（司令部）は、大規模な攻勢作戦を密かに準備することにした。当面する日本軍部隊を大幅に上回る歩兵、砲兵、機械化部隊及び航空部隊によって、敵の脆弱《ぜいじゃく》な側面を突破し、機動部隊を後方に迂回させて包囲・殲滅するという古典的な作戦であった。

八月六日にはザバイカル方面軍集団（ノモンハン事件に対応して臨時編成、G・M・シュテルン二等軍司令官）が設置され、モンゴル領内に進駐している第1軍集団をバックアップすることとなった。その援助の下、ノモンハン地区での来るべきソ連軍攻勢は八月二十日に開始されることが決定された。準備活動は七月後半には着手され、八月に入ると本格化した。

困難を克服して攻撃準備を進めたソ連軍

従来のノモンハン事件に関する解説や作品には、八月下旬に開始されたソ連＝モンゴル軍側の大攻勢の成功について、次のように述べるのが普通だった。

「日本と段違いの国力を誇るソ連は、ふんだんな物資と兵力、機械化部隊を投入して、勝利した……」

「日露戦争以来、代わり映えしない日本軍部隊に対し、近代化の進んだソ連軍事機構は大量の機械化部隊と砲兵を用いて圧倒的兵力で包囲戦を実施した……」

しかし、ジューコフ司令官が構想した包囲殲滅戦は、いかに機械化部隊や砲兵をそろえていたソ連軍でも、並大抵ではない本腰を入れた苦労の多い準備活動が必要であった。そして、それをやりぬいたことこそ、ソ連軍司令官たちが日本軍の参謀や高級将校に比べて優れていた点なのである。

何よりも困難だったのは、砂漠と貧弱な草の生えた草原で、水や活用できる木材もほとんどない地域に数個師団の兵力を集結させながら多大な物資の集積を行なったことである。何しろ、補給拠点となるべき鉄道停車場からの距離は日本軍が約二〇〇キロだったのに対し（ハンダガイ～ノモンハン間）、ソ連軍は約六五〇キロ（ボルジヤ～ハルハ川西岸地区）と三倍以上も離れていたのである。

この距離の野道を、当時としてはソ連といえども普及率が決して高くなかった貨物トラックを多数動員して物資や兵員の輸送に充てなくてはならなかった。

その間の事情について、ジューコフは回想録で次にように書いている。

「我が軍は次の極めて困難な作戦を遂行するために、補給駅からハルハ川まで六五〇キロの距離を急造道路で次のような資材を輸送せねばならなかった。

一、砲兵用弾薬――一万八〇〇〇トン

一、空軍の弾薬――六五〇〇トン

一、各種燃料、潤滑資材――一万五〇〇〇トン

一、各種食料――四〇〇〇トン

一、その他資材――四〇〇〇トン

作戦の開始までに、以上の貨物を輸送するためには、トラック三五〇〇輛、油槽トラック一四〇〇輛を必要とした、軍団はトラック一七二四輛、油槽トラック九一二輛を保有しているに過ぎなかった。八月十四日以後になってソ連国内からさらにトラック一二五〇輛、油槽トラック三七五輛が補充されたが、なおかつ五二六輛のトラック、一一三輛の油槽車が不足した。

資材輸送の主な負担は、部隊の自動車輸送あるいは大砲牽引車を含む隊列内の自走機械に頼った。われわれがこのようなせっぱ詰まった措置を決意したのは、第一に他の方法が見つからなかったこと、第二に我が軍の防御は充分に堅固であるとみなしたからである。運転手たちはあたかも神のような勇士たちだった。実際に不可能事をなしとげた。

疲れきらせる暑さと乾ききった風の中で、往復一二〇〇～一三〇〇キロの輸送に五日間かかった」(『ジューコフ元帥回想録 革命・大戦・平和』 清川勇吉・相場正三久・大沢正 共訳 一九七〇年、朝日新聞社 一二四～一二五ページ)

一九二〇年代型のT型フォード・トラックをコピーしたGAZ-AA(四輪)やGAZ-AAA(六輪)、それにほぼ同様なZIS-6トラックが輸送作戦に投入された。一九三〇年代当時、ようやく重工業化が緒についたソ連工業の未熟さもあり、これらのソ連製トラックは今日《こんにち》の自動車のように安定した性能を発揮するものではない。故障はしばしば起こり、それを暑熱下に連日運行させるのであるが、とても六五〇キロの道のりを今日の貨物輸送トラックのように一日内に走り抜けることは困難だった。せいぜい一日で三〇〇キロ弱の行程を走ることが、トラックにも運転する人間にも精一杯のところであった。

ソ連軍はザバイカル方面軍集団兵站部隊に鉄道補給拠点から戦場までの輸送作戦を支援させた。補給駅のボルジヤからノモンハン地区に向かう経路の途中二ヵ所、バイントゥメンとタムツァク・ブラクに燃料補給や車輌補修のための拠点を構築した。ここでは、運転要員や移動部隊の休養のためのサービス拠点も設けられた。このように多大の労力をつぎこんで戦場への物資輸送を懸命にサポートしたのである。

こうした自動車輸送の難点としては、前線までの経路の途上に燃料補給のための集積拠点が必要となる点である。これらは、森林のない広大な乾燥地帯では航空機による偵察から隠すのに充分な隠蔽措置をとりにくい。容易に航空攻撃の目標になるし、また補給拠点そのものへの燃料輸送にも絶えず気を配らなければならない。

そうした問題点を事前によく予想していたソ連側は、日本航空隊の気をそらす作戦をさかんに展開した。七月末以降、地上での日本軍攻勢が衰え、ソ連＝モンゴル軍側の絶え間ない威力偵察的な攻撃行動以外は戦線が落ち着いた後も、ソ連航空隊は活発に行動した。偵察飛行や日本軍陣地、飛行場の襲撃、日本戦闘機との空中戦がしじゅう演じられた。

この航空作戦は、ソ連側にとって苦しいものであった。車輛輸送にのみ頼らざるを得ない航空燃料を消費して大攻勢のための事前集積を困難にし、手練《しだ》れの日本航空隊との戦闘で航空機と搭乗員の消耗も激しかった。

こうして大掛かりに行なわれた大攻勢準備のための輸送活動で特に注目すべきは、ジューコフがあげている集積物資の総量である。もちろん、「食料のみならず、煮炊きのための薪まですべてソ連国内から運搬しなければならなかった」とジューコフが述べているので、ここにあげた数字が運送・集積された物資の総量ではない。それでも合計で四万七五〇〇トンに達するこれらの必要資材のトラック輸送は、どのようなものか。八月はじめから攻撃開始日の二十日までに運ぶためには、一行程が五日として二トン積載トラック換算で六〇〇〇輛弱が必要なことになる。

しかし、八月十四日までの間、ソ連第1軍集団はトラック・油槽車計で二六三六輛しか保有しておらず、ソ連国内から増援を受けた後の数量も三三二五輛で、仮定した必要数の六割程度にしかならない。しかも、貨物トラックのうち七二〇輌は貨物ではなく、一万八〇〇〇名に及んだ増援兵力の輸送に充てたとされている（それでも一部のソ連歩兵部隊は、車輌輸送があてがわれず七〇〇キロ近くを徒歩で行軍せざるを得なかったのだが)。

その不足分を、野砲や対戦車砲等の牽引車で埋めようとしたとジューコフは説明しているが、いずれにしろ大変に困難な輸送任務だったはずだ。実際の輸送活動は七月下旬から始まっていたものの、おそらく攻勢開始までにジューコフがあげた数字(これは、他のソ連公式資料でも繰り返し示されているもので、確定的なデータのようだ)の物資集積は完了しなかったはずだ。一部の車輛が二往復したとしても、総量の輸送には八月いっぱいかかったものと考えるのが妥当であろう。

おそらく、ソ連軍は数世紀にわたって軍隊における兵站手段の主力だったお馴染みの輸送馬車も投入したに違いない。しかし、「近代的な機械化作戦の典型」としてソ連軍の教科書や戦史にうたわれている「ハルヒン――ゴール事件」に〝荷馬車〟が登場するのは相応《ふさわ》しくないと考えているらしく、記録には見当たらない。

関東軍は第二十三師団をはじめとするハルハ川東岸の部隊の兵站活動に、部隊固有のものと合わせてせいぜい総数一〇〇〇輛程度の自動車を投入したにすぎない。これに比べれば、ソ連側の物資輸送活動の規模は驚くべきもので、近代的な作戦を準備する現実的発想・着眼に日本側とは歴然とした違いがあったといえる。

ソ連軍の集中と攻勢企図の欺瞞作戦

大規模な物資輸送・補給活動の展開とともに、ソ連側の攻勢準備活動で興味深いのは各レベルの司令部や部隊で実地された情報秘匿《ひとく》と欺瞞《ぎまん》作戦である。

情報の秘匿という点についてジューコフは次のように記している。

「我々の攻撃作戦に関する情報が敵方に洩れないようにするため、総攻撃計画は軍司令部の中で司令官、軍事会議委員、政治部長、参謀長、作戦部長などは直接会合して作成した。各兵科部隊指揮官、隊長、後方の隊長たちは、計画により司令官の確認した個別の問題だけを扱った。作戦計画、命令、戦闘指令、その他作戦上の文書の印刷はただ一人のタイピストが担当した。

攻撃期日の切迫と共に、各種兵科の指揮官たちは、戦闘行動の四昼夜前から一昼夜前までに逐次作戦計画を通報された。兵や下士官たちは攻撃三時間前に目標を与えられた」（前掲書、一二六～一二七ページ）

こうした命令書や口述情報までの徹底した管理により、ソ連＝モンゴル軍の下級指揮官以下は、実際の攻勢作戦の時期はおろか、作戦の有無すら知らなかったのである。これでは、日本側が攻勢の予兆を察知するのは相当困難となるのは、明白だ。

例えば前線のソ連将兵に「拠点防禦戦闘上の注意書」なる書面が多数配布され、あたかもソ連＝モンゴル軍側が越冬期を陣地で過ごすかのように「まず味方を欺《あざむ》く」策がとられたので、日本側に対してもその欺瞞効果は大きかった。

情報の秘匿を図る場合、このように適切な欺瞞策と組み合わせることが重要である。というのは、大きな軍事作戦は必ずそれに付随する戦力の再配置、物資の輸送や集積等の大がかりな動きが伴う。仮に文書情報や通信情報の内容が完全に秘匿されたとしても、活動の有無やその規模については、一度でも暴露してしまえば、敵側の偵察活動や各種情報収集により把握される場合が多い。

現に当初は日本軍側も「八月半ば頃にソ連＝モンゴル軍側が総攻撃」と予測し、それを裏づける物理的動きに関する情報も届いてはいた。攻勢準備を裏づける情報には、航空隊の偵察や前線部隊からの断片的な情報を総合したものとともに、モスクワからシベリア鉄道でハルピンまで帰任した在ソ大使館付き陸軍武官の「二個師団分の兵員、資材が鉄道上を東へ移動中であることを目撃」との確度の高い目撃情報もあった。

こうした確度の高いさまざまな情報が軍の司令部に届くのであるが、これらを総合してどう判断するかが、軍事指導のカギとなる。ソ連側は、日本軍司令部に届くであろう確度の高い周辺情報の価値をぼやかすために、大々的な欺瞞策を展開した。それはおおまかにいって、欺瞞通信情報の配信と擬音の発生の二つが主な手段で、攻勢開始直前まで継続された。

第一の欺瞞通信情報については、日本軍側が通信傍受や有線電話の盗聴を行なっていることを前提に行なわれた。無線はもとより、有線の野戦電話でも単純な暗号形式で前線部隊からの防禦陣地構築用資材の請求や工事進捗状況の報告、その他のニセ情報を流した。また、発信先から部隊の移動を把握されないように、実際に移送した旅団や連隊の通信部隊を旧展開位置に残し、通信を行なわせるなど工夫をこらした。

第二の擬音発生については、いっそう大がかりであった。拡声器放送機材の活用で大音響の音楽（日本語による呼びかけや日本の民謡まで流したという）を流したり、実際の貨物トラックや戦車を走らせる（一輛で大部隊の移動に見せかけるため、マフラーを外して走り回らせることもした）、火器発砲も行なった。航空隊の夜間出撃と爆撃も、地上の動きから日本軍の注意をそらすために実施されたのである。

ソ連軍重砲は毎日定期的な砲撃を行なった。こうなると、砲撃を受ける日本兵も「定期便だ」などとこれに馴れてしまい、変化を感じ取りにくくなってしまう。また、実際に日本側から見ることのできる前線陣地では補強工事を実施し、拡声器ではハンマーの杭打ち音を発生させるなどをして「ソ連側は越冬準備のため防禦に転じた」かのような印象作りに全力を挙げた。

このような欺瞞策に対し、当初は日本側も訝しがって擬音が生ずる方向に野砲で砲撃を加えたりしていた。しかし、時日が経つにつれて興味を失い、何ら反応を示さなくなったという。日本前線部隊では、連日のソ連機による深夜の低空飛行と盲爆のために睡眠不足が蔓延し、指揮官と兵士の判断力が著しく低下していたといわれる。

このため、ソ連軍は八月十七〜十八日にかけて実施した総攻撃直前の大規模な機械化部隊の移動を、何ら日本軍側に妨害されることもなしにやってのけることができた。

日本側兵力を大幅に上回る機械化集団の集結を完了

さまざまな欺瞞策の助けを得ながら、ジューコフが率いるソ連第1軍集団は攻勢開始直前までに二個狙撃師団と一個機関銃旅団、一個空挺旅団（歩兵として使用）、一個戦車旅団、二個砲兵連隊を増援としてハルハ川西岸に呼び寄せた。ソ連側の評価では、ソ連＝モンゴル軍の既存配置兵力と合わせて満州国軍を含む日本軍側に対し、以下の比率で優位を保つに至ったという。

歩兵大隊＝（ソ連）三五対（日本）二五、騎兵大隊＝二〇対一七、機関銃（重・軽）＝二二五五対一二八三、口径七五ミリ以上の火砲＝二六六対一三五、対戦車砲及び直接支援火砲（大隊砲）＝二八六対一四二、迫撃砲＝四〇対六〇、装甲自動車＝三四六対？（実際はフイ高地に配置された第二十三師団捜索隊＝井置支隊に一個小隊程度を構成する九二式重装甲車と九四式軽装甲車があった）、戦車＝四九八対一二〇（実際は日本側は安岡支隊解体と原駐地帰還のため、皆無）。

また、航空隊についてもソ連側は五一五〜五八〇機まで増加させ、日本航空隊に対して一・六倍の優勢を確保したという。これは、六月にノモンハン地区で日本軍との紛争が本格化したときにソ連側が配置した戦力の二倍以上にあたるものであった。

同じ時期に日本軍側がとった措置は、第七師団から実際的には歩兵一個連隊程度の兵力しか保持していない第十四旅団を増援させ、ハイラル地区からノモンハン東部に配置するといった程度のものであった。

「我々は、これらの作戦で決定的なカギは、作戦・戦術的な急襲にかぎると思った。それは敵をして、我軍からの壊滅的打撃に対抗できなくさせ、反攻作戦をとり得ないような状況に陥れるに違いないからである。とくにわれわれが計算したことは、日本側が精鋭戦車兵団や自動機械化部隊を持たないので、日本の第六軍（著者注＝ノモンハン地区の第二十三師団と増援部隊を合わせてこう呼称するようになった）を包囲するために、その防禦陣地の側面で行動する我が攻撃部隊に対して、日本軍は他の場所から増援または攻撃のために、部隊を敏速に投入することはできないだろうということだった」（ジューコフ前掲書、一二五ページ）

このジューコフの計算通り、日本軍は機動予備兵力を持たなかった。歩兵と機動力に乏しい砲兵隊で多大な流血をともなった力攻で確保したハルハ川東岸のバルシャガル高地、ハイラスティン川南岸のノロ高地以東の陣地にしがみついていた。

こうした日本軍の状況は、兵卒に変装してトラックで前線を行き交いながら偵察をしたソ連軍の各級指揮官たちに、次第に把握されつつあった。

ソ連＝モンゴル軍の三方面からの攻撃集団

ソ連第1軍集団は、徹底した秘匿措置と欺瞞情報を流布しながら、攻撃開始予定日の八月二十日までに必要な部隊と資材の集積、及び予備配置を基本的に完了した。この攻撃予定日は、それまでの偵察及び情報収集活動で、戦線の平静化に安心した日本軍各級将校の多くが、日曜日には遠くハイラル地区まで出かけて休暇をとることを察知したため、日本軍側の混乱を期待したジューコフ司令官が特に希望したものという。

ソ連軍やモンゴル軍では、前述のように第一線の部隊指揮官には攻撃開始直前まで攻勢作戦の開始日時を告知せず、また八月十七日から十八日頃まで攻撃発起点への部隊移動すら実施されなかったが、ソ連＝モンゴル軍側はハルハ川東岸の日本軍防禦陣地に対して、基本的に三方面から同時攻撃をかけることにより、作戦展開上のイニシアチヴを握ろうと企図していた。

攻勢の主力を担うのは、ハイラスティン川南部地区の集団で、M・I・ポタポフ大佐指揮下に第6戦車旅団、第57狙撃師団、第8装甲車旅団、第11戦車旅団の二個戦車大隊、一個自走砲大隊（トラック車台に旋回式の七六・二ミリ榴弾砲を搭載したSU−12で編成）、第37対戦車砲大隊、一個独立火炎放射戦車中隊とモンゴル第8騎兵師団からなっていた。

同集団に期待されたのは、ハイラスティン川南岸地区の比較的手薄な日本軍防禦地帯の東側へ突入。同川北岸地区の背後を突いて快速部隊を活用してノモンハン・ブルド・オボーまで突進し、ソ連＝モンゴル軍側主張の国境内に日本軍を封じ込め、退路を絶つことであった。

一方、ハルハ川上流のフイ高地前面から日本軍主陣地帯の北を突破し、ノモンハン・ブル

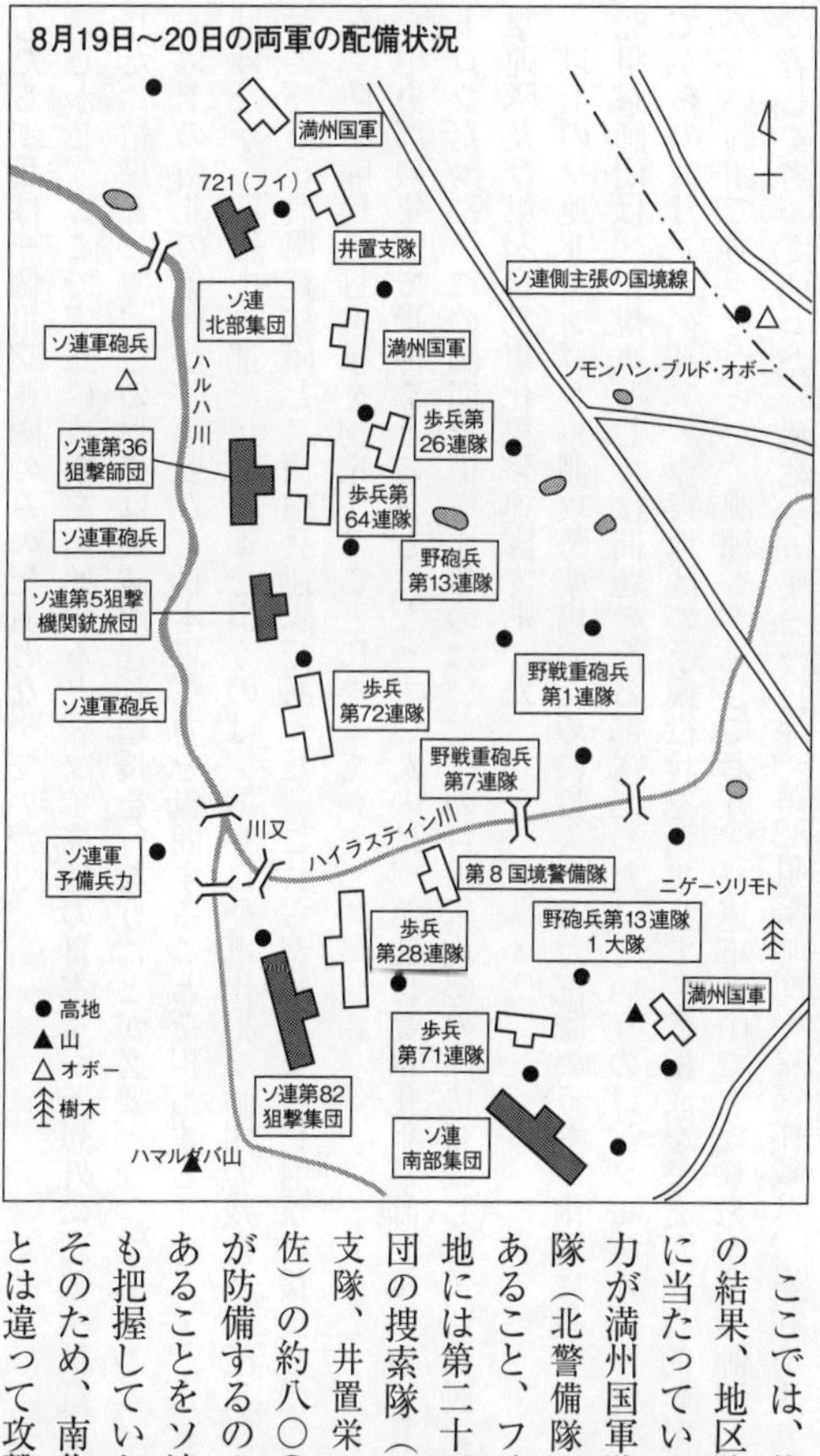

8月19日〜20日の両軍の配備状況

ド・オボー方面まで進出することが予定された北集団は、I・V・シェヴニコフ大佐が指揮をとることになっていた。構成は、第11戦車旅団の残余、第7装甲車旅団、第36自動車化狙撃師団第601狙撃連隊、第87対戦車砲大隊、モンゴル第6騎兵師団からなっていた。

ここでは、偵察の結果、地区防禦に当たっている主力が満州国軍騎兵隊（北警備隊）であること、フイ高地には第二十三師団の捜索隊（井置支隊、井置栄一中佐）の約八〇〇名が防備するのみであることをソ連側も把握していた。

そのため、南集団とは違って攻撃主

力たる歩兵は一個狙撃連隊のみの配属となっていた。

しかし、ここで実際に攻撃を開始すると、フイ高地の日本軍が予想外に頑強な抵抗を展開した。結果として、この地点は突破が遅れ増援を行なうことが必要となってしまった。

以上の南北の集団が、両翼から日本軍主力を包囲することを担当する。そして、これらを助けながら戦線中央部で正面攻撃を担うのは、第36自動車化狙撃師団の残余と第82狙撃師団、および第5機関銃旅団と二個砲兵連隊であった。これらが強力な砲兵射撃の援護を受けながら、防禦陣地の日本軍を拘束することになっていた。

中央部の集団で指揮をとることになっていたのは、第36自動車化狙撃師団長のD・E・ペトロフだった。この師団を構成するのは、七月の日本軍攻勢の際に奮戦した第149自動車化狙撃連隊及び第24自動車化狙撃連隊であった。

以上のソ連＝モンゴル軍側攻勢準備のために投入された部隊のうち、南翼に投入された第82狙撃師団は、正規軍としては問題のある部隊だった。というのは、ノモンハン事件が起きてからの六月、シベリア・極東地区の予備役兵を招集して急ぎ編成を整えた比較的年齢構成の高い師団であったからだ。訓練も不足しており、ソ連軍の中でも攻撃力が他の師団と比べて著しく劣っていった。後にジューコフは、「第82狙撃師団の攻撃作戦は、当初あまり振るわなかった」とスターリンにも説明している。

以上の三つの方面に展開した作戦集団の他に、ソ連軍は司令部を置いたハマルダバ山西南地区に予備兵力として第9装甲車旅団、第6戦車旅団の内の一個戦車大隊、第212空挺旅団

（後でフイ高地攻略戦に歩兵として投入）を配置していた。これらは、南北のいずれかの側の快速集団が首尾よく突破に成功したさい、その戦果を拡大するために投入されるはずであった。

日本軍が摑んでいたソ連軍総攻撃の前触れ

三つの作戦集団に所属するソ連＝モンゴル軍の各部隊は、概ね十七～十八日から攻撃発起点への移動を開始した。

この作戦準備行動の秘匿は、十七日から十九日正午頃まで続いた雨天によっても助けられた。雨天で航空偵察や地上からの観察の目がふさがれ、同時に車輌の立てる騒音も雨で吸い込まれてしまったのである。

ソ連戦車隊は、ＢＴ快速戦車のキャタピラーを外して装輪走行できる特性を生かして、騒音を低減して部隊移動を実施した。ＢＴ戦車は、もともと米国の自動車技術者ウォルター・クリスティーが設計開発したものをソ連で国産化したものだ。キャタピラーをつけている状態でも時速五〇～六〇キロ程度で平坦地を走ることができたが、キャタピラーを外すとソリッドゴムタイヤのついた装輪を駆動させて走ることができた。もともと、長距離を道路移動する際、寿命のきやすいキャタピラーをいためないで高速走行（装輪走行では、時速七〇～八〇キロまで可）できるよう考えられた仕組みだ。使ってみると、戦場でキャタピラーの軋みの騒音をなくすことで、音によって戦車部隊の移動を察知されないようにする効果もあったのだ。

ソ連軍はその他に夜間、日本軍陣地上空を低空で、SB－2爆撃機などをさかんに飛行させその騒音で部隊移動を秘匿させようともした。さらに奇襲的に爆弾投下をすることで、日本軍側の注意をそらした。

しかしながら、日本軍側に対して大幅に兵力の多い軍団規模の部隊全体が動くことを隠し通せるものではなかった。最前線の日本軍将兵の多くは、自分たちの防禦正面におけるソ連＝モンゴル軍のただならぬ動きに気づいていた。ところが、師団司令部や第六軍司令部は、ソ連側の日頃の欺瞞行動と、時々展開された威力偵察攻撃に慣らされてしまっていた。これは、前線将兵も同様だった。そのため、多少の異変を察知しても感覚的に重大な事態の進行だと判断できなくなっていたのである。

ソ連＝モンゴル軍側大攻勢の予兆を示すこんなことがあった。

雨のあがった十九日、ソ連＝モンゴル軍攻勢開始の前日昼間には、定期的な偵察飛行に出た飛行第十五戦隊の中隊長・大泉製正大尉が、ハイラスティン川南方地区に多数のソ連戦車やトラックが移動しているのを発見した。特に戦車は歩兵をともない戦闘隊形で行動していることから、大泉大尉はこれがノロ高地その他の日本軍陣地に対する攻撃準備であると判断。地上の最前線の部隊へ通信筒を落下させて告知するとともに、急ぎ飛行場へ帰還して司令部に報告を送った。

さらに地上では、それ以前の十七日にフイ高地の防備にあたっていた井置支隊の第一中隊長・石川八十治大尉も、ソ連＝モンゴル軍の戦車や砲兵をともなった歩兵と騎兵の大部隊がハルハ川を続々と渡河してくるのを発見していた。また、十九日朝には、フイ高地前面で攻撃隊形をとって待機するソ連軍部隊を目撃している。

石川大尉は、高地周辺におよそ狙撃一個師団、戦車一個旅団、騎兵二個連隊、重砲兵一個旅団程度が集結していると判断した。これは、ほぼソ連側の北集団の正確な兵力を把握したものといえる。

これらの情報は、いずれも小松原道太郎師団長や荻洲立兵《おぎすりゅうへい》第六軍司令官のもとに届けられた。しかし、両将軍及び参謀たちは、これがソ連＝モンゴル軍側の総攻撃の前触れとは考えなかった。

これは、八月からソ連軍側が展開した大がかりな欺瞞行動や、いくつかの規模の大きな威力偵察的作戦（これに対して日本軍は勇戦し、かなりの損害をソ連軍に与えていた）もあったことから、ソ連軍の行動を「いつものことだ」とタカをくくってみる傾向がはびこったためだ。これが、致命的な判断ミスとなり、ソ連＝モンゴル軍側の大勝利をもたらす要因となったのである。

戦線北翼で戦端開かる

七月十九日午後、ソ連＝モンゴル軍攻撃の戦端は、戦線北翼のフイ高地周辺で開かれた。

まず、ソ連戦車に支援されたモンゴル第6騎兵師団がフイ高地北八キロの地点ホンジンガンガに布陣していた満州国軍騎兵隊に襲いかかった。

夕刻午後五時頃、フイ高地に布陣する井置支隊の将兵は、ホンジンガンガ方面から起こる激しい銃声を聞いた。やがて、夜の帳がおりる頃までにこの方面から銃声は途絶えた。満州国軍騎兵は、完全に駆逐されたのである。

またフイ高地南でも、夜間にソ連歩兵部隊の攻撃によって井置支隊と山県連隊（歩兵第六十四連隊）の間隙部を首尾していた満州国軍騎兵隊が撃退された。翌二十日の夜明けまでには、フイ高地を守備する井置支隊は、完全に孤立するに至ったのである。

十九日の深夜から二十日の黎明《れいめい》までにかけ、日本軍が守備する全防御陣地の周辺はソ連軍側の拡声器による擬音の砲声や実際に飛び回るソ連爆機の爆音、時々投下される爆弾の炸裂音で満ちあふれた。陣地内の日本兵は眠れぬまま、ある者にとっては生涯最後のささやかな宴を戦友とともに楽しんでいた。この時点でも、前線の日本将兵は数時間うちにはソ連＝モンゴル軍の大攻勢がしかけられるとは、考えていなかったのだ。

二十日の夜明け、ジューコフ司令官は予備兵力を除く攻勢主力部隊をハルハ川東岸基地に移動させ、午前九時を期して総攻撃に移るよう命令した。その前の攻撃準備砲撃と空爆は、攻勢準備を秘匿しながら慎重に進められたそれまでの周到な偵察行動の成果がフルに生かされたものであった。

まず午前五時四十五分、ソ連軍の野砲と重砲は、航空攻撃の目標に対して発煙標示弾を撃ち込んだ。そして、引き続き日本軍の高射砲陣地に制圧射撃を加えた。

続いてソ連航空隊は爆撃機一五〇機を一四四機の護衛戦闘機とともに出動させ、日本軍防御陣地の前縁部と砲兵陣地に猛烈な爆撃を加えた。この空爆作戦は、ソ連航空隊始まって以来の大規模な戦爆連合（戦闘機と爆撃機を結合しての航空作戦）による出撃であった。

続いてソ連軍重砲兵や中口径の野砲、それに前線の対戦車砲まで動員した各種口径の火砲による、空前の規模の攻撃準備射撃が日本軍防御陣地帯に加えられた。重機関銃が据えられた簡易トーチカには集中砲火が浴びせられ、次々に破壊されていった。

砲撃の間にもソ連戦闘機が反復して機銃掃射を日本軍陣地に加え、爆撃機が現われて次々に爆弾をバラまくなど、日本将兵たちはさながら阿鼻叫喚の巷に置かれた。

午前九時、予定通りに三つの方面でソ連軍歩兵部隊、装甲部隊、モンゴル騎兵による総攻撃が開始された。いちばん最初にあからさまな攻撃が開始されていた戦線北端のフイ高地に対しても、その西斜面に展開したソ連第601狙撃連隊が左翼に第11戦車旅団の二個大隊、右翼に第7装甲車旅団をともなって攻撃前進を開始した。

フイ高地を頑強に防衛する井置支隊

すでに十九日夜以来、左右の側面を突破されて孤立状態にあったフイ高地の日本軍陣地には、二十日午前五時から数十門のソ連軍重砲による激しい砲撃が加えられていた。この地を守る第二十三師団捜索隊（井置支隊）は、騎兵二個中隊（うち一個は九四式軽装甲車や九二式重装甲車からなる装甲車小隊を配属された自動車化中隊）、工兵一個中隊、九四式三七ミリ速射砲四門と山砲二門、重機関銃数梃を持つ基幹兵力に、歩兵第二十六連隊からの増援の二個中隊、歩兵砲一個中隊が加えられていた。兵力約八〇〇名で、通常の歩兵連隊一個にも達しない規模だった。

対抗するソ連＝モンゴル軍に比べて、歩兵の数や火力、装甲兵力はもちろんのこと、総兵力で数分の一以下であった。しかし、井置栄一中佐率いる支隊はフイ高地全体を、充分な資材がない中で最大の努力を払って砲撃に耐え得る深い掩蔽壕や射撃陣地からなる小要塞に仕立てていた。

巧みな陣地構築と高い戦意、訓練の行き届いた将兵の奮戦により、二十日いっぱいにかけてのソ連＝モンゴル軍の攻撃はすべて撃退された。その間、ソ連側の攻撃の合間をぬって激しい重砲火がフイ高地全体を覆い、ひどいときは毎秒三発もの各種口径砲弾がフイ高地の日本軍陣地周辺で炸裂した。

爆煙で覆われて高地の輪郭は見えず、陣地周辺の視界はわずか二〜三メートルにまで落ちた。高地の後方地区には幅七〇メートルの騎兵用の掩蔽窪地が掘られていた。ここにも重砲弾が落下し、軍馬の八割が倒され、残りはすべて草原に逃走した。

やがて、井置支隊の山砲や速射砲は砲弾が尽き始め、重機関銃陣地も次々と砲弾が命中して破壊されていった。支隊の将兵にとって特に苦しかったのは、フイ高地にはほとんど自前の水源がなく、わずかな井戸も激しい砲撃でほとんど埋まってしまったことである。もちろん、包囲下で水はおろか、他の物資の補給も不可能となった。繰り返されるソ連軍の攻撃と砲撃のさなか、日本軍将兵は暑熱による渇きに悩まされつつ反撃していた。

日本軍に数倍する兵力で攻撃を加え、北翼の急速な突破をめざしていたソ連＝モンゴル軍は、フイ高地の日本将兵の予想外の抵抗ぶりにあせり始めた。ジューコフ司令官は、北集団指揮官のシェヴニコフ大佐に対して、全力をあげ速やかに日本軍陣地を突破するよう繰り返し督促した。

ソ連時代の公刊戦史には、フイ高地の激戦について次のように記述されている。

「北集団は迅速果敢な打撃によって日本軍の二個騎兵連隊（筆者注＝満州国北警備隊のこと）を国境線の外に撃退し、フイ（別名バレッ）高地に位置した、強力な設堡抵抗中心地の間近に迫った。この高地を一気に攻略しようとする試みは、ついに成功するにいたらなかった。北集団部隊は、その主力を展開せざるをえなかった。激戦が始まった。日本軍は必死の抵抗を示し、ソビエト軍の攻撃を撃退した」（『第二次世界大戦史2』ソ連共産党中央委員会附属マルクス・レーニン主義研究所編邦訳　一九六四年　弘文堂　一一五〜一一六ページ）

ソ連の公刊戦史がこのように特記するほど、井置支隊の抵抗は熾烈なものであった。しかし、対するソ連＝モンゴル軍側も懸命の攻撃を展開。二十日の日没時に近い午後八時には、激しい砲撃の直後に火炎放射戦車に支援されたソ連歩兵部隊が突撃を敢行した。

一度目の突撃は、防備する日本兵一個小隊の手榴弾投擲と射撃で撃退された。しかし、ソ連軍はすぐにKhT-26火炎放射戦車を先頭に押し立て、再度中隊規模の歩兵を突撃させた。「ウラー」と喚声をあげながら日本軍陣地前に殺到したソ連歩兵は、いっせいに手榴弾を投擲した後、日本軍の塹壕陣地に突入して激しい白兵戦を繰り広げ、防禦していた日本兵一個小隊を皆殺しにした。

その後、さらに前進した火炎放射戦車は、日本軍の塹壕に落ち込んで擱挫してしまい乗員は自決して、日本側に捕獲された。これを契機にソ連軍側の攻撃は挫折した。日本軍側は逆襲に転じ、一個中隊の歩兵が着剣突撃してソ連歩兵を追い払い、防禦陣地を奪還した。とかくも激しい一進一退がフイ高地では繰り返されたのである。兵力劣勢で水も弾薬も乏しい井置支隊のこの奮闘ぶりは、二十日中に北翼を突破しようというソ連=モンゴル軍の企図を阻止してしまったのである

ソ連軍、ハイラスティン川南岸地区で日本軍戦線を突破

しかし、ソ連軍側が重点を置いたハイラスティン川南岸地区での攻撃は、一気に一二キロも前進した。日本軍の懸命な反撃で攻勢は一時阻止されたものの、モンゴル第8騎兵師団が攻撃に出て右翼地区で満州国軍部隊を蹴散らして戦線を突破した。その左翼の砂丘地帯ではソ連第8装甲車旅団が進撃困難な地形を突破して、二十日中に日本軍戦線背後の三~四キロ地点まで到達した、

ノモンハン・ブルド・オボーは、ソ連=モンゴル軍側主張の国境線の指標をなすもので、

ハルハ川岸の東約三〇キロのところにあった。ポターポフ大佐が率いる南集団は、第8装甲車旅団の突破成功により、攻勢初日に作戦目標の大部分を達成したのである。

ソ連第1軍集団司令官ジューコフは、二十一日に北集団指揮官のシェヴニコフ大佐を解任し、後任にアレクセンコ大佐を据える強硬な措置をとった。そして、ハマルダバ山の軍集団司令部後方に配置していた予備兵力をフイ高地前面に急進させた。何としてもフイ高地方面の急速な突破を成し遂げるための措置であった。

また、戦線中央部でも、「川又」地区の南北で激しい攻撃が展開され、銃砲弾と航空爆弾が数限りなく日本軍陣地に落下した。

空中では、日本航空隊の九七式戦闘機がソ連航空隊のポリカルポフI－16戦闘機や新型の複葉戦闘機I－153を迎え撃って奮戦していた。しかし、日本機に数倍する敵機のすべてに対戦を挑むこともできず、ノモンハン地区上空の制空権は完全にソ連側の手に落ちた。

ソ連航空隊の猛爆に晒される日本軍主力陣地

ハルハ川とハイラスティン川合流点「川又」の北東部の日本軍陣地に対しても、二十日午前六時に約一〇〇機のソ連戦闘機と爆撃機が飛来し、猛烈な爆撃と地上掃射を繰り返した。歴戦の勇士ぞろいの日本兵たちも、中国軍相手の戦いではこのように多数の航空隊に攻撃されたことはなかった。

日本兵の中には勇敢に小銃や軽機関銃で対空射撃を試みる者もあったが、圧倒的に多くの兵士たちは掩体壕に潜り込み、呆然としていた。これこそ、ソ連側の狙うところであったのだ。

第一次空襲の終わった直後の午前七時、塹壕の射撃点に戻った日本兵たちの目前わずか三〇〜五〇メートルにソ連歩兵の集団が迫っていた。ソ連歩兵はいっせいに手榴弾を投擲し、小銃や軽機関銃を発砲してきた。

雨あられと降り注ぐ手榴弾に、日本軍防禦陣地は一時圧倒されかかった。しかし、気を取り直した日本軍歩兵が飛んでくる手榴弾をキャッチして投げ返すなど果敢に反撃し始めた。そして、手榴弾の投擲が尽きるタイミングに着剣突撃を敢行してソ連兵を追い払った。白兵戦では日本側が圧倒的な強さを発揮した。ソ連歩兵は距離を置いて手榴弾投擲と小銃射撃で交戦しようとしたが、追いすがる日本歩兵に捕捉されると多数が刺し殺されてしまった。

その後、日本軍陣地はさらに激しい重砲火に晒され、再び陣地に迫ったソ連兵の手榴弾攻撃に晒されるというイタチごっこが何度も繰り返された。圧倒的な火力、航空攻撃をソ連側が展開したにもかかわらず、砂地に形成された日本軍陣地が受ける損害は少なかった。日本側の死傷者もソ連側の攻撃の規模に比べてあまり出なかった。とはいえ、攻撃を受ける度に陣頭指揮に立つ中隊長や小隊長、下士官が次々に倒され、ジリジリと戦力が減っていったのである。

二十日の正午頃には、日本第六軍司令部及び第二十三師団司令部も前線で起きている事態がソ連＝モンゴル軍による総攻撃であると確信した。そして、航空隊に全力発進を命じソ連航空隊の邀撃《ようげき》と地上攻撃に当たらせた。しかし、数的に圧倒的に優勢な上、戦術を切り換えたソ連航空隊の活動を封ずることができなかった。

8月24日、ソ連軍の突破と両軍の部隊配置

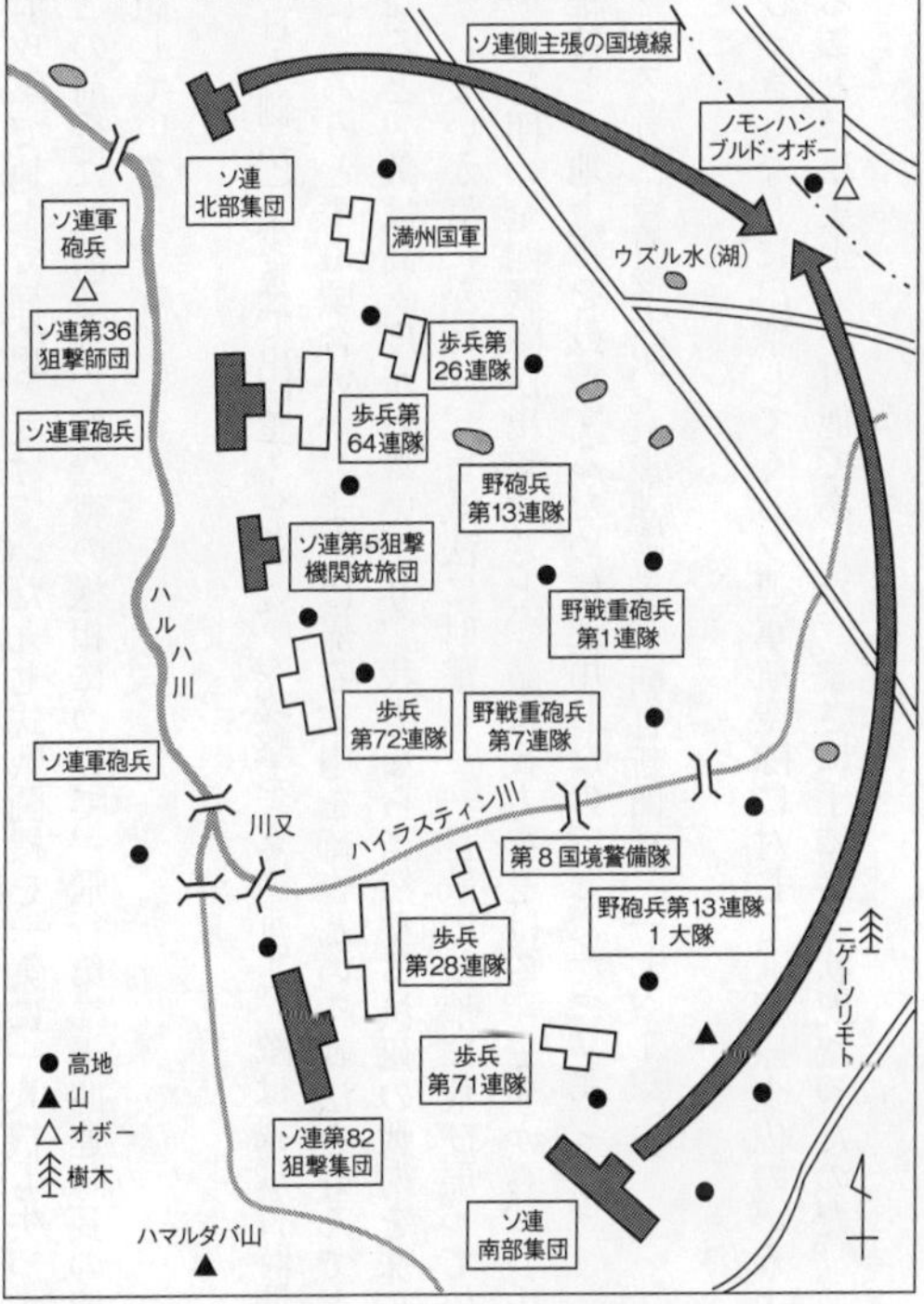

日本航空隊も深刻な損害を与えられた。飛行第六十四戦隊（後に大東亜戦争で「加藤隼戦闘隊」として有名になる部隊）は、戦闘出撃後に飛行場へ帰還するタイミングを見計らって襲来したポリカルポフI－16戦闘機二〇機により攻撃された。一〇分間にわたった機銃

掃射攻撃で地上で補給を受けていた九七式戦闘機を一気に一八機も失ってしまった。
この前後に展開された航空戦の様相について、飛行第二十四連隊長の檮原《ゆずはら》秀見少佐はこう回想している。

「(日本側が) 少数で出撃すると、敵の攻撃を受けます。敵は我飛行時間が限界にきて、基地に帰ろうとする頃合いか、または帰る途中を待つという戦法を好んでとりました。その時になると、敵は高々度から舞い下り、我方なら当然やる決死の戦術を採らないで、命中しようがしまいが気にかけず、盲滅法に射撃し、一目散に基地に飛び戻っていったものでした。……飛行団の全四戦隊が出撃すると、敵は我方を避ける。ですから、我方は飛行団を制空権の維持と、地上軍を鼓舞するために運用したのでした」(『ノモンハン 下』アルヴィン・D・クックス著 岩崎俊夫訳・秦郁彦監修 朝日新聞社 一七ページ)

ひっきりなしに出撃してくるソ連軍航空隊に対して、檮原少佐のいうように制空権を維持することは事実上、不可能であった。まさに手に余る状況だったのだ。

井置支隊の悲痛な運命とソ連=モンゴル軍によるフイ高地突破

井置栄一中佐が率いる第二十三師団捜索隊を基幹とした支隊が雄々しく防衛していたフイ高地前面では、二十二日になって新たなソ連軍部隊が到着し戦闘はいっそう熾烈になった。

新たな陣容で急速な制圧をめざした第1軍集団司令部は、ついに予備兵力のうちの精鋭・第212空挺旅団を投入したのである。

歩兵として投入されたソ連空挺兵たちは、前日までのソ連歩兵のように白兵戦でひるむことはなく、日本軍兵士が死守する岩の裂け目や塹壕陣地に肉薄した。そして、手榴弾を投げつけ、火炎放射器による支援を受けながら飛び込んでいった。

それでも、渇きに苦しみ孤立無援の戦いを続けてきた日本兵たちは、勇敢な空挺兵の攻撃を何度も撃退した。しかし、ついに二十三日夜にはフイ高地の西面一帯が制圧され、あちこちの塹壕や陣地から六〇〇名を超える日本兵士の死体が引き出された。

井置支隊の生き残りは、かろうじて高地東面の一角にしがみつき、防禦戦闘を継続していた。水も食料もなく五日間近くも戦い続けた支隊の将兵は脱水症状に苦しむ者も多かった。このまま戦闘を継続しても、もはや半日以内に全滅してしまうだろうことは火を見るより明らかな状況だった。

二十四日午後、井置中佐は指揮官たちを集め、死守による全滅か退却・突破をめざすべきかを議論した。指揮官たちの多くは、ソ連＝モンゴル軍の包囲を突破して主力に合流することを主張した。井置中佐は、この議論を経て「いつの日にか戦うことを期して生き残るため、残存兵力の消耗を防ぐ」との決意をした。そして、その日の夜間に戦線を離脱して主防禦陣地まで突破することを部隊に命じた。

この行動は、当時の日本陸軍部隊がとった措置の中では相当に理性的なものといえた。しかし、上級者の命令なくして後退することは日本軍の不文律の中で禁じられていることでもあった。

本論からはずれるので詳論しないが、井置中佐と支隊将兵たちは、二十五日早朝までに突破に成功した後、当然のように不名誉な措置が加えられた。中佐は後に自決を強要され、部隊の将兵たちは激戦中の他隊に補充として分散配置され、危険な任務に就かされた上で多くが戦死したのである。

井置支隊の組織的な抵抗が潰えると、新たに投入されたソ連第9装甲車旅団と第6戦車旅団第2大隊を加えたソ連軍機動部隊（第11戦車旅団の一部と第7装甲車旅団）は日本軍後方地域に向かって突破した。二十二日にはかつて七月初めの攻勢作戦時に安岡支隊が出撃陣地としたウズル水近くに達し、ここに設営されていた日本軍の補給基地と野戦病院を蹂躙・破壊するに至った。

この時多くの日本側負傷兵が病院テントの中にいながら、ソ連戦車のキャタピラーで踏み潰されたという。

二十四日、この北翼からのソ連軍機動部隊もノモンハン・ブルド・オボー周辺に達した。そこで南翼からの第8装甲車旅団の先鋒部隊と手をつないだ。第二十三師団に対する包囲網が完成したのである。

各所に分断された日本軍部隊

八月十九日から二十四日にかけて、ソ連＝モンゴル連合軍の総攻撃は急速な展開を見せた。これに対して、完全に不意打ちされてしまった日本軍司令部は、この間に何ら有効な手立てをとりえなかった。

十九日から始まったフイ高地での前哨戦を横目に、第六軍司令官、荻洲立兵中将をはじめとする日本軍将校たちは、二十日の日曜日を楽しもうと前線から二〇〇キロ彼方のハイラルまで出かけていた。ソ連軍総攻撃開始の報に、彼らは急いで前線に戻ったが、空陸から猛攻撃を受ける陣地の惨状に、しばらくは茫然自失するに等しい状況だった。

ソ連戦車は日本軍部隊の陣地間をぬって後方にまで進出し、戦車砲を撃ちまくっていた。空にはソ連機があふれ、戦闘機は急降下して機銃掃射を陣地や補給拠点に加えた。日本軍の電話線は各所で寸断され、激しい砲爆撃に伝令の往来もほとんどできず、最前線の状況はまったく把握できなかった。

しかし、個々の拠点に布陣した日本軍部隊は、持ち前の頑強さを発揮し、ソ連歩兵を相手に奮戦をしていた。組織的な補給路を絶たれ、水や食料、それに爆薬の不足に苦しみながらもソ連軍の最終的な陣地突入をなかなか許さず、戦闘の度に大きな損失をソ連歩兵部隊に与えていた。

一方、ソ連戦車は、七月初めのハルハ川西岸での遭遇戦闘の際の大損害を教訓にしたためか、日本軍陣地に対しては距離を置いて戦車砲による射撃を繰り返していた。それでも、攻勢作戦当初には、日本軍野砲や速射砲の射撃により、かなりの数が撃破された。

二十四日、包囲下の日本軍部隊は崩壊せず、一時的に戦線が膠着したかに見えた。しかし、時間がたてばたつほど日本側に不利になっていくこともまた明らかであった。第六軍司令部は、増援部隊として第七師団から到着した第十四歩兵旅団に、須見新一郎大佐に率いられて七月から勇戦してきた歩兵第二十六連隊（これももともとは第七師団から分遣されていた）を合わせて包囲突破のための反撃作戦を企図した。反撃作戦は、ハイラスティン川南岸地区からソ連軍包囲陣を突破することを狙っていた。

「包囲環を断ちきり、味方部隊を援助するため、日本軍司令部は東から到着した第十四歩兵旅団の二個連隊をもってノモンハン・ブルド・オボーの東南方で、八月二十四日に攻撃を企図した。日本軍の打撃は、大砂丘地（筆者注＝ノロ高地周辺）の東北端の防禦線についていた（ソ連）第57狙撃師団に向けられた。第57狙撃師団は日本軍の急襲をがっちりと持ちこたえ、多大な損害を日本軍に与えた。

翌日、日本軍は包囲されていた友軍部隊に向かって血路を開こうと再度試みた。日本軍の攻撃には空軍の集中的な空襲がともなっていた。だが今度も日本軍は成功しなかった」（『第二次世界大戦史2』ソ連共産党中央委員会附属マルクス・レーニン主義研究所編　弘文堂　一七ページ）

ノモンハン後方から投入され東から西へ攻撃する第十四歩兵旅団に呼応して、ハイラステイン川南岸地区のソ連軍包囲陣を突破するための内側からの反撃作戦も日本軍司令部は企図した。反撃開始とともに、包囲下の歩兵第七十二連隊など第二十三歩兵団（小林歩兵団）も呼応して、ソ連軍攻撃に打って出た。

しかし、二十四日から開始されたこの反撃作戦は、ソ連軍の圧倒的な火力と数に対して日本軍の攻撃準備は以前にも増して杜撰《ずさん》であった。ここに引用したソ連側公刊戦史に書かれている「第十四歩兵旅団の二個連隊」のうちの一個連隊であった歩兵第二十六連隊は、反撃開始前の配置点だったフイ高地南方の防御戦線から主力を離脱させることができなかった。そのため、反撃発起点のハイラスティン川南岸に到着できたのは、須見大佐が直接指揮する実質二個中隊の歩兵だけであったのだ。

反撃開始後、激しい砲火に晒された日本軍攻撃部隊は、それでも一五〇〇～二〇〇〇メートルも前進することができた。しかし、先頭に立って進んだ指揮官たちから次々に倒れ、あたら優秀な将校が命を失うことになってしまった。反撃作戦が頓挫すると、旺盛に見えた日本歩兵の士気が急速に衰え、規律が乱れるようになった。

「……すでに目に見えてめいってしまっていた師団幕僚たちの目の前で、またもやひと騒ぎが起こった。四〇人から五〇人の兵士が右前方に現われ、まるで『気でも狂ったように』敗走してきたのである。……辻（政信少佐、関東軍作戦参謀）はたこつぼから飛び出し、このみっともない烏合の衆をさえぎった。その中に中尉が一人いた。……この中尉は右第一戦が全滅した旨、あえぎながら報告した。『なにッ、おまえたちがこんなに生きているじゃないかッ。旅団長や軍旗を放ったらかして、それでも日本の軍人かッ』と辻は怒鳴り上げた、小松原（道太郎第二十三師団長、中将）は、このことについて『退却兵、この一声に正気に帰り、部隊の秩序整うに至る』と、日記に書き残している」（前掲『ノモンハン　下』六四ページ）

日本軍の反撃が頓挫した翌日の八月二十五日、ソ連軍砲兵隊は日本軍が反撃を発起したハイラスティン川南岸の東部地区に徹底して重砲撃を加えた。一五二ミリ榴弾砲や七六・二ミリ野砲、一〇七ミリカノン砲など中口径から大口径の火砲を総動員した猛烈なものであった。また、砲撃の合間にソ連軍重機関銃が各所に進出し、マキシム機銃による日本軍拠点に向けての掃射が徹底して行なわれた。この火力を前面に押し立てたソ連側の攻撃により日本軍部隊は大きく消耗した。中には二日間のうちに戦力が半減する歩兵中隊も出たほどだった。ジューコフ軍集団司令官は、いよいよ日本軍各陣地に最終的な「鉄槌」を打ち下ろすタイミングが近づいたと判断。爆撃機を大挙出動させ「仕上げを開始する」よう命令を下した。ソ連航空隊は、二十四〜二十五両日を通してのべ二一八機の爆撃機（その多くは、日本の九七式戦闘機がなかなか追いつけない高速のSB－2高速爆撃機）を出撃させた。爆撃目標は前線部隊陣地や砲兵陣地はもとより、ノモンハン後方の日本軍の補給拠点や二〇〇キロも満州国領内に入り込んだハロン・アルシャンのような交通要衝にまで及んだ。

ソ連戦闘機隊も二十四日から二十七日の四日間にかけて精力的に出撃し、爆撃機を日本戦闘機の迎撃から守り激しい空中戦を展開。日ソ双方が損失を続出させたが、その損害比率はノモンハン事件初期の頃のような日本側の圧倒的優勢というものではなくなり、数が減ってきた貴重な日本の精鋭パイロットたちを消耗させていった。

こうして、日本側の戦場の主導権を奪還する試みは潰え、逆にソ連＝モンゴル軍側の攻勢に追い込まれる状況に陥った。残余の日本将兵はそれぞれの拠点にしがみついて少ない弾薬と食料、飲料水に頼りながら勝利の希望なき防御戦闘を展開することしかできなくなっていったのである。

ジューコフ、ハルハ川東岸に展開する日本軍の最終的殲滅を下令

八月二十七日、ソ連第1軍集団司令部は情勢を分析し、日本軍撃滅のための最終的な総攻撃の機が熟したと判断した。ジューコフ軍集団司令官は、三集団に分かれたソ連＝モンゴル軍に対して、当面する敵を月内に撃滅するよう厳命した。

さかのぼって八月二十三日、世界を驚かせた独ソ不可侵条約が締結された。スターリン政府は宿敵であるはずのドイツのヒトラー政権と、東ヨーロッパをめぐる勢力圏の取り決めまで「秘密議定書」で行なった。

ドイツ軍によるポーランド奇襲攻撃の期日は、目前に迫っていた（九月一日）。「波瀾の到来が必至のヨーロッパ情勢に対処するため、なんとしても当面する紛争課題の安

全的解決を図る」ことが、スターリン政府にとって最優先課題となったのだ。ノモンハン事件の最終的解決が急がれたのである。

ソ連軍機械化部隊による包囲に陥って以降、小松原道太郎中将麾下の第二十三師団及び増援部隊（第七師団からの抽出部隊、内地や旅順から派遣の野戦重砲旅団等）は、補給も完全に絶たれて大きな困難に直面した。

とくにウズル水（淡水湖）周辺部の食料・弾薬集積場や野戦病院が、ソ連第6戦車旅団や第9装甲車旅団の襲撃で完全に粉砕された痛手は大きかった。

孤立した日本軍各陣地は、川岸から遠く離れて、わずかな湧き水（各部隊が掘った井戸による）しかあてにできなくなり、主に給水車による補給に頼っていた飲料水の枯渇に直面した。もちろん、食料や弾薬も日を追って乏しくなっていった。

これは、日本軍の急速な包囲・分断を可能にした火力と機動力を備えるソ連軍機械化部隊の適切な運用の成功を示すものであった。この一連の包囲・後方遮断作戦は、後にグデーリアン将軍率いるドイツ機甲部隊が「西方電撃戦」で展開した戦術の典型のようなもので、ソ連＝モンゴル軍の面目躍如たるところであった。

こうなれば、有力な機械化部隊と砲兵部隊を持たず火力に劣る日本軍が戦勢を挽回することはむずかしい。ソ連＝モンゴル軍側の勝利は必定といえたが、ジューコフ司令官にとって「時間が充分にある」状況ではなかった。

ソ連としては、独ソ不可侵条約に基づく秘密協定の具体化である独ソ両軍によるポーランド分割の実行が目前に迫っていた。このために、ソ連国内での部隊移動も始まっており、ノモンハン地区に集中投入されていた航空隊の引き揚げと再投入も計画されていたのだ（現に第6戦車旅団は、停戦前にノモンハンを去り、九月後半の東部ポーランド地区侵攻に投入された）。

こうしたソ連側の事情もあって、包囲された日本軍に対する攻撃は〝どっしり構えた〟ものにはならず、火力を全力投入した熾烈なものとなった。八月二十六～二十七日にかけての孤立した日本軍部隊へのソ連＝モンゴル軍の攻撃は、損害にかまわない力押しそのものだった。

本書は、ノモンハン事件の全体像をパノラミックに再現することを目的としてはいない。双方から展開された機械化戦闘の特徴と問題点を浮き彫りにするのが目的であるので、ここでは、かつてノモンハンをめぐる記述でよく見られたような、日本軍各部隊の悲壮な最後の状況を個々に追うことはしない。そのうちの典型的な戦例を紹介するに止める。

各陣地に対するソ連軍の基本的な戦術は、以下の通りであった。

一、日本軍各連隊、大隊の布陣地帯の境界域に砲撃を集中し、そこにできた間隙部を歩兵・戦車の連合部隊で攻撃、分断する。

二、分断した陣地周囲に歩兵部隊（前列は、手榴弾投擲部隊）を推進し、その後方に戦車部隊、さらにその後ろに大口径榴弾砲を含む野砲中隊を配置。

三、他所からを含めた準備砲撃の後、前線配置の戦車砲、野砲の直接援護射撃の下、歩兵部隊を日本軍陣地前数十メートルまで前進させ、手榴弾を集中的に投擲。場合によっては、火炎放射戦車が前進し、塹壕陣地に火炎放射攻撃を実施。

四、日本側の抵抗がほぼ潰えるまで、砲撃と手榴弾投擲攻撃を繰り返し、その後に歩兵主力が突入して陣地占領。

制空権も完全に掌握したソ連側の絶対的優勢下における撃滅戦である。七月までの戦闘の教訓を踏まえて、日本歩兵による肉薄攻撃を避けるために戦車のみによる接近戦闘はやめ、戦車・歩兵を結合させて相互に支援させながら、その全体を充分な火力を持つ砲兵で援護するという重層した攻撃という特徴を持っている。

ソ連側の記録によれば、この最終的な攻勢の段階でもBT戦車など装甲車輌の損失の多くは、三七ミリ速射砲（対戦車砲）や九二式七センチ歩兵砲、その他の七五ミリ口径の山砲や野砲による直接照準射撃によるものが主で、その次に日本歩兵・工兵の肉薄攻撃に用いられた地雷や火炎瓶によるものとされている。BT戦車の一三〜二二ミリの薄い装甲では、対陣地戦闘に不充分な防禦力しか発揮できなかったことを示しているものである。

日本軍の九四式三七ミリ速射砲によって射撃された場合、射程七〇〇メートル前後以下でBT戦車の装甲は容易に貫徹された。そこで、八月の戦闘においては、BT戦車やBA－10装甲車は概ね日本軍陣地より一〇〇〇メートル程度のところから、可能な場合は稜線に車体

BT－7快速戦車。これより前のBT－5と共にソ連戦車旅団に装備され、日本軍と対決した。強力な45ミリ戦車砲を持ち、大馬力エンジンで高い機動力を発揮し、その快速ぶりは日本戦車では追随できないほどだった。

を隠して射撃態勢をとって砲撃を加える戦術をとった。その後、歩兵攻撃で日本側に充分な火砲がないことが確認されると初めて車体を露出しながら陣地の手前四〇〇～五〇〇メートルまで進出するのが常だった。

なお、七月の戦闘で多数の戦車を失ったソ連戦車旅団は、代替配備用にハリコフ機関車工場で完成したばかりのBT－7戦車を受領し、強化されていた。これらには、日本軍の火炎瓶攻撃に対処するため、機関室に特別なネットを取り付けるなどの措置がとられた。機関室後部・側面に火炎瓶除けの金網を現地改造で取り付けるもので、日本側の戦闘記録で、「火炎瓶攻撃で燃えない戦車出現」とされている。これは、損害軽減に有効だった。

しかし、日本の一部の記録文学には、八月後半の戦いに出てきたソ連戦車は、火災を起こしにくいディーゼル機関搭載となり、火炎瓶攻撃が無効になったとか、「戦訓にすぐに対処できるソ連側のすごさ」について書かれているものが多い。筆者は、ソ連戦車開発史の研究を長年続けてきたが、最近、得られる資料や情報量が飛躍的に増え、この辺りの事情もほぼ正確に摑むことができるようになった。

結論的にいうなら、ディーゼル機関搭載のBT戦車は、ノモンハンの戦場に投入されなかったといえる。少なくとも大量には用いられていない。

というのは、BT快速戦車の生産工場であるハリコフ機関車工場の記録では、同工場の協力工場である第75エンジン工場が製作したV型ディーゼル・エンジンの量産は、ようやく一九三九年夏以降に軌道に乗ったもので、これを搭載した新型のBT－7M戦車が完成したのは、九月以降であるからだ。

以後、第二次世界大戦から今日に至るまでのソ連＝ロシア戦車の主なものはディーゼル機関搭載が主となる。これは、燃費効率のよさと火災への強さが評価されてのものだが、従来説のようにノモンハン事件からこれらが登場したというのは、公式資料と矛盾してしまう。

ただし、ノモンハン事件の裏でソ連では第二次世界大戦時に主力となるT－34中戦車やKV重戦車の開発方向についての審査が行なわれており、ここではノモンハンでの生々しい経験が報告されている。装甲、火力の強力さに加えディーゼル機関搭載で卓抜した機動性能と火災への強さを持つT－34は、対戦する精鋭のドイツ機甲部隊を驚かせたが、これらが生み出されたのは、ノモンハン事件から得られた教訓あってのことなのだ。

穆稜《ムーリン》重砲連隊の末路

以下は、ソ連軍歩兵・戦車の連合部隊による典型的な戦闘の実相の一部を紹介しよう。

日本軍が予想もしなかった完全包囲攻撃により、最初に悲惨な状況に陥らざるを得なかったのは機動力、自衛力ともに乏しい重砲部隊であった。これらのうち、最初に全滅したのは、染谷義雄中佐指揮下の穆稜《ムーリン》重砲連隊である。同連隊は、内地から転出の野戦重砲兵第一、第七連隊とともに、七月半ば以来、ハルハ川東岸地区に配置された。派遣部隊は当初、一五センチ加農砲二門からなる第二中隊と、旅順砲台から増援の同一門を持つ第三中隊からなっていた。

同連隊は、ソ連＝モンゴル軍側の包囲部隊がノモンハン・ブルド・オボーの周辺で手を結んだ二十四日から、背後を脅かされるようになった。同日朝から、重砲兵連隊陣地に向けて、BT戦車が来襲し始めた。重砲兵連隊を防備するために砲兵陣地の間に配置されていた歩兵小隊は、これに対して果敢に反撃した。

「ソ連軍戦車は、以前のように防禦陣地に一気に突っ込んだりしなかった。前方二〇〇～三〇〇メートルのところに停止して射撃を始めた。戦車の後ろには狙撃兵を配置し、火炎瓶を持って戦車に肉迫する日本兵を狙い撃ちにした。日本兵が釘づけになると敵戦車はさらに四〇～五〇メートル前進してくる。

……いずれにしても、弾薬は不足しており、二～三輛の戦車に対して貴重な弾薬を消耗するわけにはゆかないので砲撃を控え、その間に包囲の輪はせばめられてゆき、ついに二〇〇メートルから二五〇メートルくらいになってしまった。兵士たちは分隊間の交通壕を構築し、弾薬箱に土砂を詰めて砲の周りに積み重ね、砲座の強化に努力した。二十五日になり、包囲環は直径一五〇メートルから二〇〇メートルくらいに狭まり、日本兵はソ連軍の戦車と歩兵によって陣地に釘付けされてしまい、小銃で応戦するか、投げ込まれた手榴弾を投げ返す以外には、何もすることがなくなってしまった。

敵戦車はまだ陣地に突入してくる気配はなかったが、放列の前方に布陣していた一個歩兵小隊が全滅したことがわかった。そこで、木村（次郎中尉、第二中隊長）は榴散弾零分角射撃（水平直接照準射撃のこと）で応戦する決意をした。

発射と共に、あたり一面の土煙で砲手にはどうなったのかさっぱりわからなかったが、『手ごたえは充分』のようであった。だが、だれ一人として歓声を挙げる者はいなかった。なぜなら、砲撃が別の戦車群の注意を引き付けることになるからだ。木村中尉は破甲榴弾を装塡させ、距離二〇〇メートル以下で射撃を命じた。今度も手ごたえ充分、木村の戦闘報告によると、五～六輌を破壊し、戦車の砲塔が飛び散るのが見えたという」（前掲『ノモンハン　下』一一〇ページ）

しかし、反撃もここまでだった。翌二十六日の夜明けにソ連軍は連隊の陣地に重砲の砲撃を加えた後、戦車部隊の支援を受けた歩兵部隊を突入させた。

日本砲兵たちは、全員には行き渡っていなかった騎銃（乗馬兵が携行する短めの小銃）や銃剣をくりつけた棒きれで反撃。激しい白兵戦の末、ソ連兵の群れを突破して隣接する野戦重砲兵第一連隊陣地まで到達した将校二名、下士官・兵六名を除き、ほぼ全員が戦死した。染谷連隊長は、観測所で割腹自殺を遂げた。染谷連隊の最後は、その後数日以内にハルハ川東岸に展開した日本軍砲兵隊のすべてを見舞う運命の初めであった。

歩兵第六十四連隊第三大隊（金井塚大隊）の戦闘

ソ連軍による攻勢は、バルシャガル高地周辺域に布陣した日本軍歩兵各部隊にも次々に襲いかかった。

フイ高地周辺の掃討を終えたソ連＝モンゴル軍が全面的に攻め寄せた七三一高地の防御陣地は、歩兵第六十四連隊第三大隊（大隊長金井塚勇吉少佐）と歩兵第二十六連隊第一大隊（大隊長生田準三少佐）が守備に就いていた。

日本軍各陣地は、二十四日に実施されたハイラスティン川南岸での反撃作戦に歩兵第二十六連隊主力（とはいえ、前述した通り須見連隊長に率いられた歩兵二個中隊程度）を抽出したため、いちばん大きな配置部隊単位は大隊規模となってしまった。しかもその大隊たるや、せいぜい完全定数の歩兵一～二個中隊とその他の消耗した支援部隊（速射砲中隊や工兵その他）を有するにすぎなかった。

金井塚大隊も、本来四個中隊であるはずの歩兵中隊のうち大隊長が掌握しているのは、第十一中隊とこの日に派遣先から戻った第十二中隊のみであった。その他は大隊本部要員と速射砲中隊、機関銃中隊、大隊砲小隊があった。

七三一高地中央部を守る生田大隊より二～三キロも離れて右翼側に布陣した金井塚大隊は、二十四日の夜明け、フイ高地方向よりソ連軍一個狙撃師団程度の兵力が東に向かって前進するのを確認した。

その一方で、いくらかのトラック牽引野砲に支援された自動車化歩兵が金井塚大隊の陣地前面に展開して、牽制攻撃をかけてくるようになった。

こうした攻撃は、翌日から毎日のように繰り返されたが、二十四日に後方遮断されて弾薬の補給が絶たれたために、金井塚大隊長は弾薬節約のため大隊砲や重機関銃による反撃を実施せず、予想される大規模な攻撃に備えて弾薬を温存することにした。このため、塹壕に配置された日本将兵は、ソ連軍に撃たれっぱなしの状況で、なす術もなかった。

二十五日には、生田大隊の陣地に対してソ連軍の激しい重砲火が降り注ぐようになった。砲撃開始後しばらくすると、さらに陣地の間近いところに、装甲自動車（BA－6またはBA－10）六〇輛、歩兵一個連隊（二〇〇〇名程度）、最前線まで進出してきた一五二ミリ榴弾砲を含む支援野砲十数門が展開し、攻撃を開始した。

生田大隊の陣地が、後方のソ連軍重砲の砲撃や陣地前に展開したソ連野砲の直接照準射撃の着弾で黒々とした爆煙に完全に覆われるのを、金井塚大隊の将兵は息を呑んで見つめていた。電話線も激しい砲撃で切断され、伝令を送ることもままならなかった。次々に七三一高地の頂上部に落下する重砲弾により、やがて地形が変わってきてしまったという。

激しい砲撃がやみ、ソ連軍が戦車を繰り出して歩兵とともに生田大隊の陣地の掃討を開始した。金井塚大隊副官の町田三千男中尉は、何とか生田大隊の防御戦闘を援護しようと約一〇〇〇メートル離れたところを攻撃前進中のソ連戦車に対して、大隊にたった二門残っていた三七ミリ速射砲で射撃させた。

BA－6装甲車。破損し、日本軍に捕獲された車体。改良型のBA－10装甲車共々、戦車と同じく砲塔に45ミリ砲を装備していた。武装は強力だが、装甲が薄く機動性能も劣り、日本歩兵部隊が装備する軽火砲や重機関銃にも撃破された。

優秀な砲手は、数発の徹甲弾を発射してたちまち三輌のBT戦車を炎上させ、残りは退却した。しかし以後、生田大隊からは何の連絡もなくなり、二十六日夕方には、生田大隊の陣地にソ連軍の占領を示す赤旗が林立していた。

早くも二十六日の午後五時より、生田大隊陣地の方向から戦車、装甲自動車十数輌をともなうソ連軍歩兵四個中隊（約四〇〇名）による攻撃が金井塚大隊陣地に向けて開始された。

集中する重砲火は、壍壕の壁を崩し、生き埋めになる日本兵が続出した。歩兵第六十四連隊長の山県武光大佐は、金井塚少佐に対して「連隊主力に合流のため、現地点から転出（後退）せよ」と命令した。これに対して金井塚少佐は「敵が至近距離に迫った状況では、後退できない」と拒絶した。

二十七日には、大隊陣地前面わずか八〇〇メートルの地点にソ連軍は一二二ミリ榴弾砲一個中隊（四門）を展開し、多数の戦車とともに直接照準射撃で金井塚大隊の陣地を撃ちまくった。

ソ連砲兵たちは、それがまるで日常的な作業のように、上衣をぬぎ捨てて上半身裸となり、煙草をくわえながら黙々と射撃を続けた。こうした様は砲隊鏡（砲兵観測用の潜望鏡式に二股にレンズ部が分かれた〝カニ眼鏡〟）から日本軍側にも見えた。こんな無防備なソ連砲兵に対してさえ、もはや弾薬もない金井塚大隊は、ただただ撃たれるに身をまかす以外、なす術がなかった。

夕方五時頃になると、BT戦車一〇輌に支援されたソ連歩兵五〇〇名が陣地に接近してきた。ソ連歩兵の前列をいく手榴弾兵が日本軍陣地前数十メートルに達すると、集中的な手榴弾投擲攻撃が開始された。

壍壕や蛸壺陣地の中の日本歩兵は、手榴弾と砲撃、銃撃で次々に倒され、防禦陣に間隙ができるとソ連兵たちが喚声をあげて飛び込んできた。そして、じわじわと第十一、第十二両中隊の陣地に浸透したが、夜間戦闘を恐れてか、ソ連軍は暗くなる前に占拠した陣地を放棄して攻撃発起点まで後退した。

この頃までに金井塚大隊は小銃弾にも事欠くようになり、将兵は攻撃開始後以来飲まず食わずの応戦に体力のほとんどを消耗していた。暗くなってから日本兵たちは敵味方の戦死者をまさぐり、弾薬や手榴弾、わずかばかりの食料を得ようと努めた。

わずかに幸せだったのは、大隊の布陣位置は飲料水を確保する井戸が容易に掘りやすかったことだ。いくばくかの日本将兵は懸命に井戸を掘り、渇きをしのいだ。これはハルハ川東岸地区の日本軍陣地では例外的な出来事であった。

困惑する日本軍司令部

包囲下の陣地で猛烈な砲撃とソ連戦車や歩兵の攻撃に日本将兵が耐え忍んでいた八月二十六～二十七日、戦線の外側に取り残されていた小松原道太郎中将の第二十三師団司令部は、手持ちの兵力をかき集めて、包囲下の部隊の救援に向かおうと奔走していた。すでにハルハ川東岸のバルシャガル高地一帯、ハイラスティン川南岸のノロ高地に展開した歩兵、砲兵の各部隊は分断され、全滅した部隊も続出していた。

しかし、戦線の正確な状況については、通信網のマヒで日本軍司令部は把握できなかった。伝令を出しても、激しい銃火と戦闘の中を通過して戻ってくることがほとんどなかったのである。

野戦電話線は、大地を鋤《す》き返すようなソ連軍の砲撃で寸断され、多くの部隊で無線送受信機も破壊されてしまっていた。しかし、稀に戦線を越えて司令部にたどり着く将校や古参兵の伝令によって、前線部隊の絶望的な状況の断片がもたらされた。いずれにしろ、朗報があるはずもなく、その都度、小松原将軍をはじめ幕僚たちは沈痛な思いを深くしていた。

その一方で、とうに反撃作戦は頓挫してしまったのに、第六軍司令部からの攻撃命令は引き続き撤回されず、師団は「攻撃状況」にあることになっていた。これは、軍司令部の荻洲立兵中将が、関東軍が新たに投入するとしている第二、第七両師団によって攻勢を再開すると構想していたためだ。第二十三師団は、攻勢のための足場を築き確保することが任務とされているのに、「もう反撃は頓挫した」と関東軍に報告するなら、二個師団の投入はとりやめになる公算がつよく、荻洲軍司令官にとって面子《メンツ》がかかっていたのである。

これまで明らかにしてきたノモンハン以西における日本軍部隊の状況を考えるなら、もはや新たな攻撃を再開する計画は非現実的なものでしかないのは、明白だ。しかし、師団長にとって軍命令は絶対的なものであり、何としても自己の責任において果たさねばならないと小松原師団長は受けとめていた。

そうこうするうちに、荻洲軍司令官も前線部隊の苦境を知るにつれて「攻勢命令」の非現実性を認識し、二十六日夜半には命令を変更せざるを得なかった。

「命令変更」は、「攻勢」を「ハイラスティン川両岸（南北岸）の固守」に変えたものだが、いまやこれとて第二十三師団諸隊には荷の重すぎるものとなってしまっていた。

小松原中将は、深い悩みの淵にあった。「師団長として、何をすべきか」……。「何をすべきか」という思いは、師団長のみならず師団司令部幕僚から、関東軍から派遣されていた参謀たちにとっても共通の思いであった。

それまで、自分たちがいくぶんでも軽侮していたソ連軍が展開した、あまりにも見事な空陸一体の機動攻勢。そして、その後に日本軍側が渾身の力で反撃しても圧倒的な火力で撃退されてしまう現実。もはや兵力、装備、作戦指導のすべての面でソ連＝モンゴル軍側に日本軍が凌駕され圧倒されたのは、誰の目にも明らかであった。

もうひとつの観念が日本軍指揮官、特に小松原将軍ら師団司令部の面々の中に強く浮かんでいたことも、事態を複雑にし憂鬱な雰囲気を作っていた。麾下部隊が困難な包囲下に置かれ、大損失を受けてしまったことに対する「責任の所在」の問題である。

この時の心境を、第六軍高級参謀の浜田寿栄雄大佐はこう語っている。

「第二十三師団守勢部隊の抗戦能力は、すでに持ちこたえられる極限に来てしまっている、と私は考えていました。……ただ単にわずかな時間かせぎをするだけの目的で、これらの部隊の死にもの狂いの戦闘と壊滅という犠牲を、第六軍が黙ってみているわけにはいきません。井置中佐は、すでにフイ高地の陣地を放棄してしまっている。ハイラスティン川両岸の陣地が同じような事態となったとすると、責任の所在はどういうことになるのか。当時、私は精神的な苦痛に始終悩まされてたものですが、どうしても自分の考えを述べる気になれなかっ

たのです」（前掲『ノモンハン 下』二三〇ページ）

浜田大佐はほとんどが包囲下で苦戦している第二十三師団の諸部隊を後退させ、改めて集結させた上で第七師団からの新着部隊と合わせてソ連＝モンゴル連合軍に対する反撃に出るべきであると考えていた。しかし、小松原師団長の苦しい胸中を考えると、とてもこの意見具申がためらわれてしまったのだ。結局、第六軍司令官と師団長の両方に助言できなかった浜田大佐は、後で大きな後悔をすることになってしまった。

「死に場所」を求めて反撃に出る小松原将軍

反撃作戦が頓挫し、失地回復が絶望的となった状況下で、小松原将軍はともかくも、重囲下にある部隊をむざむざ見捨てられないと考えた。そして、指揮官として、麾下部隊に壊滅的な損失を生じたことについて、何の償いもしないということは不可能であると考えた。後者は、日本陸軍ではたいていの場合、自らの死をもって贖《あがな》うということをも意味していた。

上級の第六軍司令部からも、また前線に派遣された関東軍参謀（矢野音三郎参謀副官・少佐）と浜田軍高級参謀からも、とるべき行動への確かなる指導や具申もないままであった。これも、小松原師団長にとっては、「自ら責任をとるべき」と暗黙の示唆を与えられていると受けとめることのできるものだった。

小松原師団長は二十七日夜から、周辺にあった師団麾下の少数の部隊を率いて出撃することにした。バルシャガル高地ならびにハイラスティン川両岸で陣地を固守している歩兵、砲兵部隊の救出をめざすことを企図していた。

この救出作戦に出撃をするのは、歩兵第七十一連隊の残余（四〇〇～五〇〇名）、同第七十二連隊残余（三〇〇余名）、第二十三師団工兵隊（二〇〇～三〇〇名）を中心とする総勢一五〇〇名程度である。これに野砲兵第十三連隊の一個中隊（ハルハ川西岸の戦闘で師団長を救った草葉榮大尉が率いる第七中隊）が同行して支援することになっていた。

しかし、対するソ連＝モンゴル軍は、無数の野砲と対戦車砲に支援された数個狙撃師団と数百輛の戦車、装甲車である。この敵群の中にようやく歩兵一個連隊になる程度の兵力で飛び込んでいこうというである。

小松原師団長は、二十七日の夜襲に向かう直前、麾下部隊を前に次のように訓示した。

「師団は、ハイラスティン川両岸の陣地の確保を命ぜらる。

第一線部隊は、敵の歩・戦・砲の攻撃を受け、現地を確保しあるも、その状況は極めて危険なり。

師団はこれら（前線の）部隊と連絡し、もって防禦組織を確立せんとす。その任務は重大にして困難なり。ただ全隊一つになり、決死の精神をもってこれを達成すべし。

予も死を覚悟す。諸子も予と同心となり、崇高なる犠牲精神に依りこの任務を完うすべし」（前掲『ノモンハン　下』一三二ページ）

師団長以下、悲壮な決意を固めての出撃であった。しかし、この行動には、日本軍がノモンハン事件勃発以前からこの時にいたるまで、一貫して維持し続けた「精神主義」偏重の気風が色濃く浮き出ている。

七月以来の作戦の中で、小松原将軍をはじめ師団幕僚は、戦車・装甲車輛と支援砲兵をふんだんに持つ装備に優れた敵との戦闘の実相を充分に認識し得たはずである。そして、こうした敵相手にはどのような戦術をとるべきかも。

しかし事実上、第二十三師団にとって最終的な反撃を控えた時点であっても、「決死の精神をもってこれを達成するべし」としか麾下将兵に訓示する他になかったのだ。結局のところ、その結論は「死を覚悟」ということでしかなく、軍事作戦上の至上命題であるべき「目標の達成」に向けての合理的な概念が見られない。

小松原中将率いる第二十三師団の反撃作戦は、死線を越えてきた将兵を道連れにして、ただただ「死に場所」を求める「自殺攻撃」でしかない。これは悲壮ではあるが高級軍幹部のあり方としては無責任なもので、やけっぱちとしかいいようのないものだ。

戦車と火砲のあいまをぬって進撃する救援部隊

二十七日午後十一時から十一時三十分にかけて、第二十三師団救援隊はハイラスティン川南岸の東部地区より、同川「工兵橋」(ハイラスティン川の中流域に架けられた同川南北両岸を結ぶ軍橋。日本側が設置した）方面に向けて前進を開始した。隊形は、先頭を歩兵連隊からの諸隊が進み、それに並行してトラックに載せられた草葉大尉の野砲中隊が前進した。後方には、死傷者収容のためのトラック縦隊を配置していた。

日本軍の夜間行動は、日本歩兵の夜襲を嫌ってソ連軍戦車が戦線から後退することや、夜間観測が不能のためあらかじめ標定した地点のみしか砲撃できないソ連砲兵の限界を衝く常套手段となっていた。結局、この度もソ連軍は、小松原将軍率いる部隊の進路のそこここに布陣していたにもかかわらず、まんまと日本軍の浸透を許してしまったのである。二十八日午前一時過ぎにはハイラスティン河畔に救援隊前衛が到達した。

その間、日本軍の前進は抜き足差し足で、時にはソ連歩兵たちが寝息を立てている塹壕陣地のすぐ横を通過するといった緊迫した場面もあった。

ハイラスティン川工兵橋周辺で歩兵第七十一連隊主力が防備についた。残りの歩兵第七十二連隊を先に立てた小松原救援隊はバルシャガル高地方面へと進撃を継続した。

そして午前二時過ぎから、各所に包囲攻撃の直接支援のために布陣していたソ連軍砲兵や戦車隊と接触し、戦闘が開始された。夜明けまでの戦いはソ連側が兵力を集中できないために、日本軍側が優位に戦闘を進めた。

しかし、夜明けとなって戦場がよく見渡せるようになると、ソ連軍は日本軍の位置を把握して砲火を集中するとともに、ＢＴ戦車や火炎放射戦車、装甲車を投入して逆襲してきた。

次々に撃破され、退路を絶たれる小松原部隊

併せて救援隊の後尾にもソ連軍戦車が回りこんで攻撃してきたため、退路が遮断される危険性が出てきた。二十八日午前六時には、小松原部隊の最後尾に付いていた自動車第四連隊から分遣されたトラック小隊（一〇輛）が、BT戦車三〇～四〇輛に襲われた。この戦車攻撃で、騎兵銃と擲弾筒一門しか持たなかった一八名の自動車隊員のほとんどが戦死し、トラックすべてが焼き払われた。

また三八式七五ミリ野砲三門と捕獲したソ連製の四五ミリ対戦車砲一門を持つ草葉大尉指揮の野砲兵第十三連隊第七中隊も、進撃中に砲撃を加えられ、戦車数輛による襲撃を受けた。大尉の巧みな指揮により、これらのBT戦車はすべて撃破された。また相前後して攻撃してきたソ連歩兵二個小隊も野砲の榴散弾でなぎ倒された。しかし、引き続くソ連砲兵との射撃戦のさなか、草葉大尉はソ連狙撃兵の銃弾を胸に受け、重傷を負ってしまった。幸い、草葉大尉は他の重傷者とともに後送され一命をとりとめたが、以後、救援隊は当初の出撃地点である味方前線との連絡が著しく困難となってしまった。

バルシャガル高地方面に向けて北上しようとした救援隊本隊も、ハイラスティン川両岸の西部地区に布陣したソ連砲兵から集中射撃を受けた。砲撃の合間には一〇～二〇輛からなるBT戦車の反復攻撃をかけられて完全に足止めされ、二十八日は完全に動きがとれなかった。周波数の調整がうまくいかないため、第六軍司令部との通信連絡が途絶し、小松原部隊は日没までに孤立無援状態に陥ってしまった。

七三三高地へのソ連第24自動車化狙撃連隊の突撃

二十八日の日没後、小松原救援隊はソ連軍による逆襲が止んだ頃合いを見計らって、バルシャガル高地方面への前進をジリジリと続けた。一方、後方連絡は絶たれたままであった。ソ連＝モンゴル軍側は夜間戦闘を極力避ける傾向があるため、夜間行動の主役は日本軍側が担うのがノモンハン事件での特徴であった。しかし、このソ連軍の圧倒的な優位の局面にあって、例外的な事態が起こりつつあった。

圧倒的な火力を誇るソ連軍部隊の重囲下、救援部隊の到来を待ってバルシャガル高地の要地七三三高地（ソ連側呼称レミゾフ高地――七月八日の戦闘で安岡支隊を相手に勇戦しつつ、指揮所を砲撃されて戦死した、ソ連第149自動車化狙撃連隊長レミゾフ少佐を記念してソ連＝モンゴル軍側が名付けた）を守備していた歩兵第六十四連隊（連隊長山県武光大佐）の残余に対して、ソ連軍が深夜の攻撃を開始したのだ。この攻撃は、ジューコフ司令官じきじきの攻撃命令を与えられたフェジュニンスキー中佐率いる第36自動車化狙撃師団第24連隊を先頭とするソ連側三個狙撃連隊と、それを支援する第6装甲車旅団によるものだった。

「二十八日中に、何としてもレミゾフ高地を陥落させよ」――こうジューコフ司令官は厳命した。夜間、「ウラー」の喚声をあげてソ連歩兵はレミゾフ高地の日本軍陣地に殺到し、いっせいに手榴弾を投げて日本側の塹壕に迫ってきた。

七三三高地の頂に向けて、この頃にあらたに前線に進出してきたソ連軍迫撃砲部隊がつるべ撃ちに集中砲火を浴びせた。これは、効果的で塹壕内の日本歩兵の多数を死傷させた。日本軍が布陣する斜面には、対戦車砲やマクシム重機関銃が無数の弾を浴びせかけた。疲れ切った日本歩兵は、抗戦する術もなく、反対側の東斜面に逃れざるを得なかった。やがて七三三高地頂上部にソ連歩兵が到達し、二十九日午前零時までに占拠された。

その後もソ連軍は高地周辺の掃討戦を展開したが、日本歩兵は個々に頑強な抵抗を示し、その多くが戦死した。

山県大佐は、負傷者が手勢の半数を超えた時点で現地点の固守は不可能と考え、後退を決意した。いまだ到着しない救援隊に合流して反撃を再開すべきと考えたのである。

しかし、後退準備に手間取り、夜明けまでに後退行動を開始できず、日中の行動を余儀なくされてしまった。このため、歩兵第六十四連隊の残余には激しい砲火が浴びせられ、引き続くソ連側の攻撃で全滅してしまった。山県連隊長は、自決した。

勝利宣言をしたジューコフ司令官

八月二十九日の午前零時までに、レミゾフ高地（七三三高地）が装甲部隊に支援されたフェジュニンスキー中佐率いるソ連第36自動車化狙撃師団第24連隊によって制圧された後、ジューコフ司令官はスターリン宛に事実上の勝利宣言といえる次のような一文を打電した。

「モンゴル人民共和国国境を侵犯した日本＝満州国軍は、第1集団軍とモンゴル人民共和国軍部隊によって、完全に包囲され、殲滅されました。当地時間八月二十八日二十二時三十分。敵の最後の拠点高地『レミゾフ』が一掃されました。モンゴル人民共和国の国境が、ここに完全に回復いたしました。ジューコフ」(『ノモンハン　隠された「戦争」』鎌倉英也著　日本放送出版協会　二〇四ページ)

スターリン政府が、ノモンハン事件の早期収拾を図らなければならない事情は、前に書いた通り、ドイツとの取り決めによるポーランド分割が目前に迫っていた他、ヨーロッパ情勢の激動が予想されたからである。

その作戦準備がいかに切迫していたかは、八月末までノモンハン地区で戦っていた第6戦車旅団が、九月十七日からの東部ポーランド侵攻作戦に参加していることに端的に示されている。これは、空軍部隊も同様であった。

すでに大勢が決していたとはいえ、ソ連将兵にとって、絶望的な状況下でも果敢に抵抗する日本兵との戦いは悪夢そのもので、戦意も低下しがちであった。まして、先が見えた戦闘で生命を落としたくないと考えるのは、軍隊といえどもごく当たり前の感情である。ジューコフは、個々の戦闘技量に劣るソ連将兵のこうした戦意低下に対して、徹底した厳罰主義で対処した。

ソ連第24自動車化狙撃連隊は、七月三日のハルハ川西岸地区での日本軍との遭遇戦において勇戦した部隊であったが、七三三高地攻略戦では守備側の日本軍歩兵第六十四連隊の残余の決死の抵抗でなかなか予定通りの作戦展開ができなかった。この攻撃の結末がスターリンへ直接打電されていることから、おそらく「期限決め」で中央から第1軍集団司令部へ、そして連隊へと目標達成が求められていたに違いない。これは当時、とりもなおさず、「逮捕」「銃殺」などの厳罰による脅しがかけられての命令であることを意味する。

しかし、結局七三三高地の占領は、ジューコフがスターリンに告げた「二十二時三十分」をさらに一時間半も遅らせて、ようやく達成できたのである。とかくノモンハン事件の後半戦については、ソ連側の圧倒的優勢を背景に日本側が一方的に惨めな敗北を喫したように描かれがちであるが、対するソ連＝モンゴル軍の将兵にとっても最後まで苦しい戦いの連続であったのだ。

包囲下で風前の灯の第二十三師団司令部

七三三高地が陥落した二十九日早朝、小松原道太郎中将と第二十三師団司令部は、歩兵第七十一、七十二両連隊の残余にかろうじて守られながら、直径約一五〇メートル、深さ平均

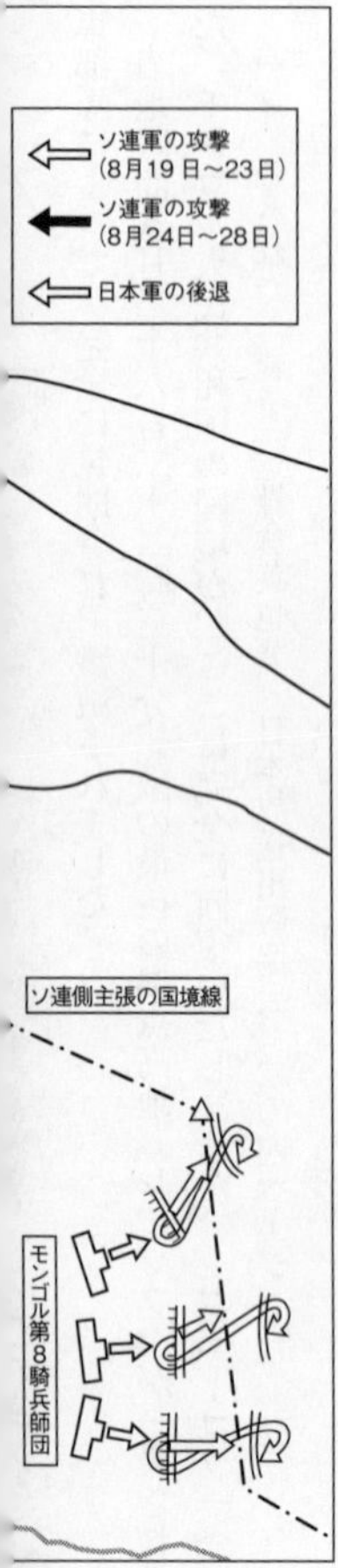

8月19日～28日にかけてのソ連軍の攻撃と主な部隊配置

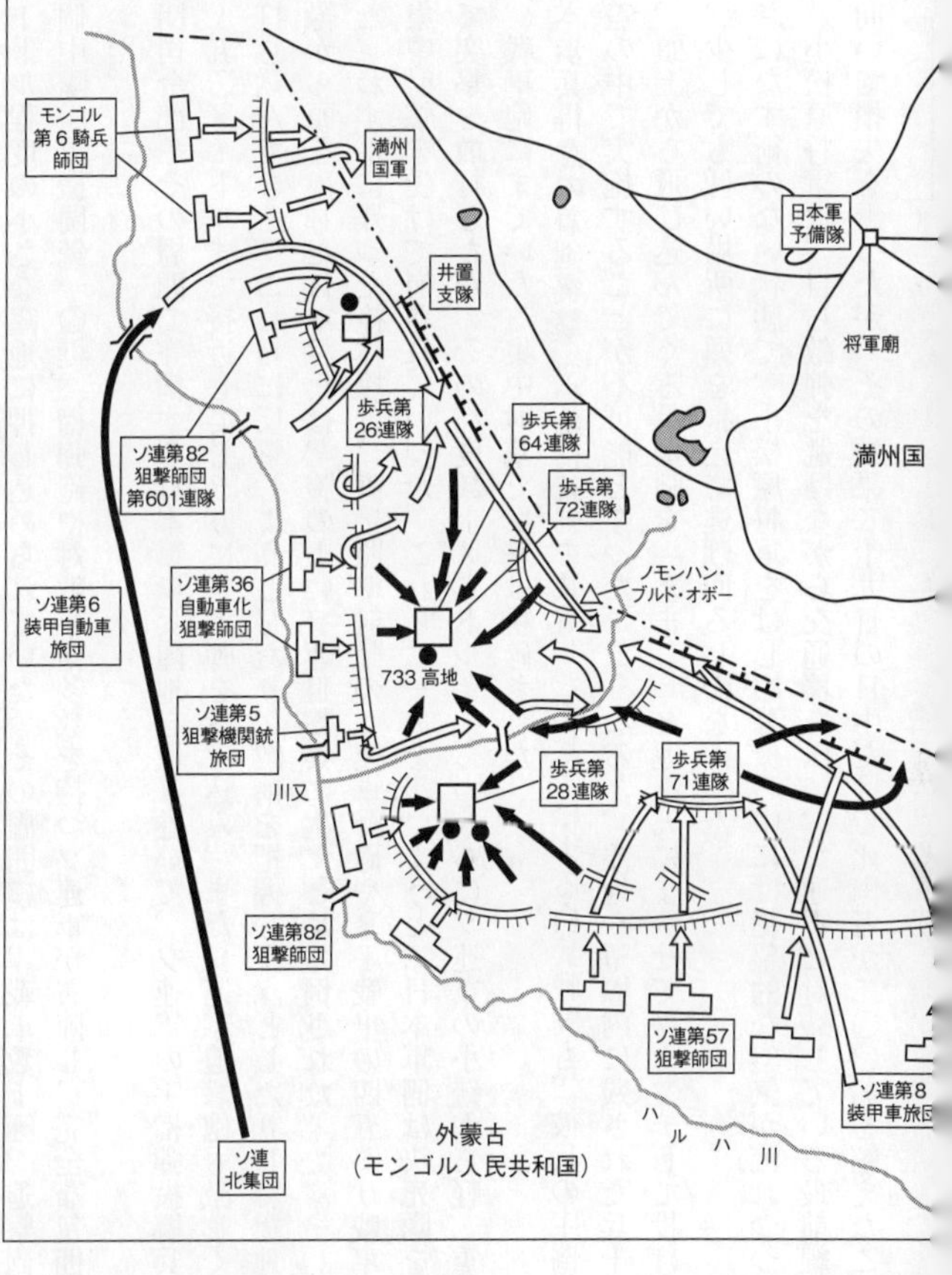

三メートル程度の小さな窪地に押し込められていた。その周囲には、戦車数十輌、迫撃砲一～二個中隊、重機関銃一〇梃、榴弾砲や対戦車砲多数を持つソ連軍が布陣し、完全な包囲下にあった。

師団司令部やその周囲で守備する日本軍歩兵陣地を取り巻いて、ソ連軍の手榴弾投擲兵が四〇～五〇メートルまで接近してしきりに手榴弾を投げ込み、またソ連軍迫撃砲も激しく砲弾を打ち込んできた。これらに反撃しようとしたり、敵情を把握しようとしたりして窪地や壕の縁から頭を出した日本将兵は、腕のよいソ連狙撃兵に次々と撃ち倒された。

また、わずかに残った掩体壕は、直接照準射撃のソ連軍野砲やBT戦車の四五ミリ戦車砲から集中射撃を受けて崩されていった。これらに一矢を報いようと、日本軍側は決死隊を編成して突撃を敢行したが、その都度数十メートルと走らぬうちにソ連軍の小銃から軽・重機関銃、戦車砲にまでいたる集中射撃で反撃は粉砕された。

日本歩兵得意の着剣突撃（小銃に銃剣を装着した突撃）による白兵戦闘も、彼我の圧倒的火力差の中で実施することが不可能となった。こうなると、窪地や塹壕内に残された兵士たちは、頭上から飛び込んでくる手榴弾を「ままよ」と運を天にまかせてキャッチして投げ返すか、少しでも低い場所に頭を抱えて逃げ回るしかなかった。

まさになす術のない状態で、小松原将軍をはじめ幕僚の中には絶望的な空気が流れつつあった。小松原将軍は、自ら敵弾を避けながら交通壕を伝い、ソ連軍と対峙している最前線まで出向いて損失を調べたが、その結果二十九日の日中だけで死傷者が二〇〇名を超えたことが判明した。

まだ武器を取ることのできる負傷者を含めて、将軍麾下の手勢はわずか五〇〇名余になってしまったのである。つまり、反撃に出て以来、損失が一〇〇〇名前後、三分の二に及んだということだ。

無線通信も通じず、伝令も出せずで第六軍司令部との連絡がつかない中、すでに全滅を覚悟した小松原将軍は、二十九日の日暮れに複数の将校伝令を送って最後の連絡を開こうと試みた。三名の将校伝令は、第六軍司令部に対する戦闘状況報告と小松原師団長以下、全員が死をもって任務を全うする旨を記した報告文を手に師団司令部を後にした。

第六軍司令部、ついに退却を命ず

第二十三師団司令部から出発した将校伝令は、同行した数名の下士官や兵を失いつつも、三十日明け方の午前四時頃までにソ連軍の包囲網を突破し、第六軍部隊の宿営地に到着した。この将校伝令の報告によって、司令官・荻洲立兵中将ら第六軍司令部は、初めて小松原救援隊の戦況を具体的に知ることができた。この報告を受けた面々の中には、関東軍作戦参謀辻政信少佐もいた。

辻少佐は、ただちに師団救出のため、来るべき本格的な反撃作戦のために集結中の第七師団や第二師団等の部隊を投入して出撃すべきであると主張。また、後には自ら強く主張して一度送り返してしまった安岡正臣中将麾下の第一戦車団（戦車第三、第四連隊）を戦線に戻すことまで関東軍に意見具申した。

しかし、これではとりも直さず、収拾できないままでいる戦況を、さらに拡大することにもつながりかねない。ひいては事件で多大な損害を受けた関東軍の出血をさらに大きくするものになりかねないものだった。

冷静さを失った辻少佐に対して、現地の第六軍司令部、そして関東軍司令部はともに慎重な対処を模索した。しかし、慎重になるには、やや遅きに失した感はあったのだが。

結局、第六軍としては、航空機によって食料・弾薬を空中投下するとともに、限られた兵力の救出部隊を差し向けることにした。同時に第二十三師団司令部に対しては「いかなる状況にあろうと、包囲を離脱して戦線（第六軍集結地点）に復帰せよ」と事実上の退却命令を打電した。

救出部隊は、第二十三師団司令部から将校伝令として派遣された師団長副官・田中直一中尉の案内の下、出発することになった。自動車中隊から募った決死隊（トラック五輛と隊員一〇名）に歩兵一二五名からなるほんの一握りの兵力であった。

これではソ連軍の重囲を突破することはむずかしく、包囲網の外側から迎えに出る程度の措置でしかなかった。しかし、田中中尉たちは何としても小松原師団長のもとに到達しようと決意して、決死の覚悟での出撃だった。

さらなる犠牲を重ねて撤退を決心した小松原中将

三十日は、朝から第二十三師団司令部周辺にソ連軍の戦車、歩兵による攻撃が集中した。日本軍幕僚と将兵たちが分散して潜む窪地には、ソ連軍の手榴弾や迫撃砲弾が雨と降り注ぐ様相だった。

手出しができず一方的に攻撃されるだけの状況下、さしもの日本将兵の中にも戦意が衰える者が現われた。多くの将兵が、飛び交う手榴弾や落下する迫撃砲弾を避けて、ただただ窪地の中を逃げまわった。師団司令部を守るためにごく近くに布陣していた、歩兵第七十一、七十二連隊の残余の兵力からなる防禦陣地でも絶望的な戦いが続いた。

昼近くなる頃には、日本歩兵がしがみついた塹壕陣地の間隙を縫ってソ連戦車が突破し、陣地背後から戦車砲と連装機銃による十字砲火を浴びせるようになった。戦車に対して肉薄攻撃をかけようと飛び出した少数の日本兵たちは、巧みに銃砲火を交叉させられるように分散したソ連戦車の機銃火や戦車砲の射撃であっという間に殲滅された。

歩兵第七十一連隊長代理の東宗治中佐は、「もはやこれまで」と判断し、麾下大隊（といっても小隊程度の数十名にまで減少）のすべてを掌握できないものの、自らの司令所要員を中心に声の届く範囲の兵士たちを集め、軍旗を奉焼《ほうしよう》した上で午後六時四十五分頃自ら先頭に立って最後の突撃を敢行した。ソ連軍の砲火で連隊残余のほとんどが、東中佐とともに戦死した。連隊旗の奉焼と東中佐戦死の経緯は、行動をともにして負傷した当番兵が這って戦場を離脱し、第二十三師団司令部にたどり着いて師団長に報告した。

東中佐に遅れて麾下の花田春二大尉（大隊長代理）が率いる歩兵第七十一連隊第一大隊将

兵も、包囲陣に向けて突撃を敢行した。こちらは集中砲火にとらえられる前に手近なソ連歩兵の壕に飛び込むことに成功した。そして、消耗していたはずの体にエネルギーをみなぎらせ、得意の白兵戦で多数のソ連兵を倒して追い散らした。その後、花田大尉らは、敗走するソ連兵を深追いせず、後に師団長命令を受け取って師団司令部へと結集した。

一方、師団司令部周辺では、ますます激しい砲火と手榴弾攻撃に晒される中、損害が続出しつつあった。とくに重大だったのは、この時小松原中将の右腕として師団参謀長を務めていた岡本徳三大佐（前歩兵第七十一連隊長）がソ連軍の手榴弾で片足の膝部を粉砕されてしまったことである

この重傷により、岡本大佐はまったく参謀長としての任を果たせなくなってしまった。ただ、驚くべきことに、師団軍医はこの状況下で短時間の内に麻酔なしで傷を負った岡本大佐の片足切断手術をやってのけ、一命を助けて退却時に搬送することを可能にした。

師団司令部のこうした状況は、第六軍からの「退却命令」に「時機を失した」と反発していた小松原師団長を弱気にさせた。そして、夜間に退却する決心を促すことになった。小松原師団長は、深夜に第六軍が予定している攻勢発起のための第一集結点であるノモンハン・ブルド・オボー方向に退却することにし、麾下部隊に集合を命じた。

わずか四〇〇名で戦場を離脱

三十日午後九時までには、師団司令部付近にあった部隊（第七十一、七十二連隊の残余及

び工兵第二十三連隊等）に退却命令が伝えられた。これらのうちの大部分はまとまって師団司令部地区に集合し、退却に備えた。

密かに偵察した結果、ソ連軍の包囲が比較的手薄だった南東方向に静かに進むことが決まった。しかし、「退くことを我知らず」と謳われた日本陸軍は、状況悪化の下での戦場離脱、退却行動をふだんの訓練から外しており、実際行動で最も苦手とするものだった。

混乱は避けられず、一部の部隊が師団司令部に到着する前に主力は出発してしまった。このため、最後まで後方を守っていた部隊が退却する段となって、師団司令部に到着してみると、そこはすでにソ連軍に占領されていたというような事態も起きた。

遅れて後退してきた斉藤勇中佐率いる工兵連隊はソ連戦車部隊に発見され、戦車砲や機銃の一斉射撃を浴びせられた。このため、工兵連隊はいくらか犠牲者を出した。また、後退してきた時点で負傷者が圧倒的多数であったため、手を貸す者も足らずに途中で落伍してしまうものが多かった。落伍者の多くが、ソ連軍やモンゴル軍の捕虜となってしまった。

斉藤中佐は後に前掲『ノモンハン』の著者クックスのインタビューで「ソ連軍の兵隊は頭が悪いので、よく注意し、物音を立てないようにさえすれば、敵をかわすのは難しいことではなかったですよ」と語っている（同書下巻　一六九ページ）。「頭が悪い」はともかく、ソ連兵は一般に日本兵よりも夜眼があまり利かない上に、部隊としての立哨配置もずさんだったようで、塹壕に天幕を張ったソ連軍野営地のすぐ横を日本兵の集団が声や足音を潜めてやすやすと通過していくケースがよく見られた。夜間や悪天候時用の暗視装置などが発達し、軍用装備として普及した今日では、まったく考えられないことである。

ともかくも、一時の小競り合いを除き第二十三師団退却部隊の主要部分は八月三十一日午前四時過ぎ、戦線離脱にほぼ成功した。第六軍司令部が差し向けた救出部隊（師団長副官の田中中尉に率いられたトラック数輌と一握りの歩兵）と出会うことができた。この時、帰還できた兵員は、わずか四〇〇名であった。

九月初旬まで続いた地上での小競り合い

こうして、第二十三師団の事実上の壊滅をもって一九三九年五月から継続されてきたハルハ川東岸地区を中心としたバルシャガル高地〜ノモンハン地区の主要な地上戦闘は終局を迎えた。

小松原師団の残余が退却を終えたノモンハン西方地区は「戦場は極度に静かで、天地も静か」（畑勇三郎少将・砲兵団長の言）という状況だったという。

しかし、その間、航空戦はまだ激しく戦われていた（航空戦の様相については、別項で取り上げる）。

また、ハイラスティン川南岸地区からさらにハロン・アルシャン方面に下った地区で、新たに第六軍に加わるために進出してきた第一師団、第二師団の先遣歩兵連隊（第一連隊と第十六連隊）が、ソ連軍機甲部隊と戦闘を交えた。日本軍部隊はソ連側に大きな損失を与えて撃退する戦果を挙げたが、日本側も一五〇輌以上のBT戦車から激しく攻撃され、多数の死傷者を出した。例えば歩兵第十六連隊の場合、九月初旬の段階で戦死一八三名、負傷九九名にのぼる。

ソ連軍戦車は、七月以来の戦訓で日本兵の肉薄攻撃を警戒して容易に日本軍部隊に接近せず、また速射砲などに対しては発見すると集中射撃を浴びせるなど、数的に有利な火力を充分に発揮した戦闘を展開した。

航空戦闘においても、彼我の損失比は逆転こそしなかったものの、初期に比べてかなり接近し、数に劣る日本側の消耗が目に見えてくる状況だった。

関東軍は、さらに大規模な攻撃を企図して準備を進めようとしたが、九月九〜十日にかけて、戦場の一部に激しい降雪があった。モンゴルの冬は目前だったのである。

これ以上の戦闘の継続は、日本軍のさらなる損失の拡大を予測させるものとなってきていた。ここに至って、東京では、休戦への動きが本格化し、九月十六日までにモスクワにおける停戦交渉が妥結し、翌日から戦闘は停止されることとなった。このノモンハン地区における戦闘終結の日、西方ではすでにドイツ軍の激しい攻撃を受けて風前の灯だったポーランドの東部に向け、ベラルーシ、ウクライナからソ連軍機甲部隊が大挙して侵攻を開始したのである。

ヨーロッパ情勢の急迫は、極東地方の辺地ノモンハンでの激しい地上戦終結のニュースを吹き飛ばしてしまった。

航空機戦編

日本側が航空戦で主張する不可解な〝大戦果〞

地上戦の実相の一端は、これまで書いてきた通り精強な日本軍がソ連＝モンゴル軍に大きな損害を与えながらも、戦略的な大敗北を喫したことを示している。日本側から見ればこれは、無人で不毛な乾燥地帯に大規模な軍隊を展開し、「国境侵犯への反撃」を実施する上で、関東軍司令部の参謀たちが充分な地勢調査に基づく兵站活動組織を含めた準備をしなかったことに、主な原因がある。

一方、ノモンハン事件では地上戦と並行して、激しい日ソ間の航空戦が繰り広げられた。日ソ間の空での衝突は、地上でモンゴル国境警備隊がハルハ川東岸地区を〝侵犯〞して日本＝満州国側と本格的な衝突を始めた一九三九（昭和十四）年五月から起きている。

当時、モンゴル人民革命軍の航空隊は複葉偵察機R－5を数機擁する一個飛行中隊くらいしかなく、航空戦闘のすべては現地に派遣されていたソ連航空隊が担うことになった。ソ連航空隊は当初、ポリカルポフI―16戦闘機、I―152複葉戦闘機、ツポレフSB―2双発爆撃機、TB―3重爆撃機を派遣し、空中戦闘と地上目標への攻撃を行なった。

一方、日本・満州国側も航空戦のすべては日本陸軍航空隊が担った。日本側は、九七式戦闘機、九七式司令部偵察機、九七式重爆撃機、イ式重爆撃機（イタリアから輸入したBR―20双発爆撃機）、九八式軽爆撃機などの機種を投入した。日本航空隊の本格的な活躍は、五月初旬、ハルハ川東岸のバルシャガル高地に遊弋《ゆうよく》していたモンゴル国境警備隊（騎馬隊）に対して爆撃を加えて蹴散らし、撃退したことから始まる。

以後、六月いっぱいまで中国戦線で技を磨いた熟練パイロットたちの多い日本航空隊が積極的な航空攻勢を実施し、ソ連航空隊を圧倒してノモンハン～ハルハ川西岸地区上空を支配した。しかし、七月以降はソ連側も戦闘機部隊を増派し、次第に形勢を盛り返し八月後半のソ連＝モンゴル軍側による反転攻勢時には兵力の優勢をたのみに制空権を獲得した。日本陸軍航空隊は厳しい戦闘を強いられ、貴重なベテラン・パイロットたちを次々に失っていったのである。

概略的に見れば、以上がノモンハンにおける日ソ航空戦の推移だ。

「地上戦闘では負けたが、空では勝った」――これが日本側からノモンハン事件の戦闘を評価した際における従来の見方だ。地上戦闘については、単純にそうは言えないことについて、本書のこれまでの記述で明らかにできたはずである。あわせて、日本側が「空では勝った」という点についても、筆者は必ずしもそう言えないと考えている。

九七式戦闘機。格闘戦の性能が世界でも最優秀の単葉戦闘機で、中国戦線でも大きな威力を発揮。ノモンハン事件でも緒戦で圧倒的な強さを発揮した。7・7ミリ機銃2挺、最大速度460キロ時。

それは、この〝ノモンハン航空戦勝利説〟の根拠になっているのは、日本側が当時発表した「ソ連機撃墜一三四〇機」との一方的な戦果発表だからだ。これまでしばしば引用してきた旧ソ連国防省機密文書から解禁された資料に基づく『二十世紀におけるソビエト連邦の戦闘損失と犠牲者』（G・F・クリヴォシェーエフ中将監修）が示す航空部隊の人的損失――戦死・行方不明一五九名、負傷一〇二名――に照らすなら、あり得ない戦果だ。

二〇〇二年にモスクワで出版された『ハルヒン――ゴール　空の戦争』（ヴャチスラフ・コンドラチェフ著　ヴォストーチヌィ・ゴリゾント社＝《ХАЛХИН――ГОЛ　ВОЙНА　В　ВОЗДУХЕ》ВЯЧЕСЛАВ　КОНДРАТЬЕВ、МОСКВА2002）では、空中戦闘における両陣営の損失が詳しく示されている。少なくとも、ソ連側のデータは実際の記録から集計されたものだ。

同書では、一九三九（昭和十四）年五月二十二日から、停戦の九月十六日までの間のソ連航空機の損失を機種別も含めて次のように示している（四一ページより、筆者が整理）。

I－16戦闘機　一〇五機（うち非戦闘損失二三機）
I－16P戦闘機（※）　四機
I－152戦闘機（※）　六五機（うち非戦闘損失五機）
I－153戦闘機　二二機（うち非戦闘損失六機）
SB－2高速爆撃機　五二機（うち非戦闘損失八機）
TB－3重爆撃機　一機（非戦闘損失）
計　二四九機（うち非戦闘損失四二機）

※I－16Pとは、二〇ミリ機関砲二門を主翼に装備したタイプのこと。
※I－152は、別にI－15bisとも呼称される。改良型を示すもので「I－15改」にあたる呼称。
※引用書には、別資料として、五月二十日から同三十一日までの間の空軍損失データとして、次の数字が掲げられている。これは、期間が重なっているので、単純に足すことはできないが、R－5偵察機だけは前記データに加えても問題ないだろう。I－16戦闘機五機（非戦闘一機）、I－152戦闘機一三機（非戦闘一機）、SB－2高速爆撃機一機（非戦闘）、

R－5偵察機二機（非戦闘一機）。

このデータによれば、ソ連空軍のノモンハン事件における損失機数は二五〇機程度である。人的損失データから見て、ほぼ妥当といえる数字だ。ちなみに『ハルヒン――ゴール　空の戦争』（四二ページ）によると、ソ連航空隊の人的損失は死亡一七四名、負傷一一三名とクリヴォシェーエフ資料よりもやや多い。

一方、日本側は、損失機数について旧軍資料で一七一機としている。これは別に示された陸軍航空隊の死傷者数一一三名に照応したものといえよう。一方、『ハルヒン――ゴール空の戦争』（同）が示している日本側損失は、撃墜・地上での破壊や事故による喪失が一六二機、損失回復可能な損傷を受けたのが二二〇機とされている。日本側主張をやや下回るもので（恐らく入手可能な日本側資料を旧ソ連側資料と照らし合わせたものと思われる）、自国側損失と合わせてかなり公平な見方をしているといえよう。

それにしても、実態的なデータから見て、日本側がソ連航空隊に与えたと主張してきた一三四〇機は、いかにも多すぎる。日本では、今日でもこの戦果数をまるのみして解説している本もあり、「撃墜一三四〇機」説をさらに支えるために「最盛時にソ連軍は三〇〇〇機を投入」との説まで創作されている。

しかし、ソ連航空隊のこの戦域における実際の最大投入機数は、前掲『ハルヒン――ゴール　空の戦争』（二七ページ）によると八月二十日のソ連＝モンゴル軍側の大攻勢が始まる時点における五八〇機にすぎない。第一、不毛の乾燥地帯で鉄道補給拠点からも遠距離の戦場に、軍団規模（数個師団）の地上部隊を展開させているのに、これに数千の航空機を増援するというのは飛行場での整備態勢や燃料補給の確保面で不可能だ。

いずれにしろ、ノモンハン事件については戦前期からある種の情報操作が結果の記述や評価に影響を与え、それが今日まで尾を引いてきたのである。もっと踏み込んでいうなら、旧日本陸軍高級参謀たちの判断ミスの責任を「ふがいない戦車隊」のせいにしたり、戦果確認のむずかしい航空戦において「大々的な勝利」を宣伝して作戦の失敗を糊塗《こと》したりしようとしたことが根にある。

ノモンハン事件は、秘密主義的なソ連を相手にしていたことや、ほとんど無人であった荒れ野での戦いであったことが、具体的な戦果数や戦闘実態の客観的裏づけをむずかしくした。それに人為的な情報操作が加わったことが戦いの実相をいっそうわかりにくくしたのである。

あえてソ連側から見る航空戦の実相

もともと航空戦の戦果は、不正確になりやすい。特に一九三〇年代以降の空中戦は、第一次世界大戦のような「一騎打ちの決闘」という様相ではなく、編隊同士の交戦となったことで、戦闘機パイロット個々による戦果申告が重複することがよくあったからだ。これは、複数の航空隊が戦闘に参加した場合、部隊間でも戦果申告の重複が見られる。

また、正確に撃墜戦果や爆撃の効果を評価するには、地上からの偵察が確実であるが、ノモンハン地方ではそれが困難だった。森林や集落に富む戦場では、住民の合間をぬって地上で隠密偵察や長距離斥候を出し、敵戦線を越えることもしばしばだが、ノモンハン地方のような無人で不毛の地では、敵側の発見を避けてこうした行動をとることは困難だった。

これは日ソ双方にいえたことで、かつてはソ連側の主張戦果もかなり大きなものだった（日本機の撃墜・破壊数六六〇機）。また、双方の戦闘機隊で相当数の戦果を認定されたエース・パイロットが輩出したが、実際の損失数から先に説明した「重複戦果」にあたるものが多かったと考えられる。ちなみに、日本側のノモンハン航空戦におけるトップ・エースは篠原弘道（八月二十七日戦死）で撃墜数五八機、ソ連側はS・I・グリツェヴェーツ（九月十七日にポーランド方面への配置転換時の着陸事故で死亡）の同一二機だ。

数字的な戦果比較はここまでとし、日本側の「勝った、勝った」といい続けてきた航空戦の実態、特にソ連側から見たものはどうだったのか。当時、「格闘戦の性能は世界一」と陸軍が誇った九七式戦闘機は、ソ連の主力戦闘機だったポリカルポフI－16や複葉戦闘機のI－152、I－153を本当にバッタバッタと墜《お》としまくったのか。

本書では、あえてソ連側から航空戦ドラマの一幕を追ってみよう。古い資料で、すでに忘れ去られているソ連パイロットによるノモンハン戦記『ノモンハン空戦記　ソ連空将の回想』（原題『ストリビーチェリ（戦闘機）』　A・B・ボロジェイキン著　林克也・太田耕　共訳　一九六四年　弘文堂）を基に、ソ連パイロットたちの苦悩と奮戦を見てみる。

第22戦闘機連隊コミッサール・ボロジェイキンの初陣

……「ここの草原は、空軍にとっては全く快適なところだな、思いきり飛ぶことができる」と、私は思った。「こんなところで、夏期学校を開いたらいいだろうな」

朝食が車で運ばれてきた。

「ここに持ってきましょうか」とワシーリエフがきいた。

「いや、食べたくないよ、なんだったらお茶を持ってきてくれないか」

ようやく、ココアのコップとバタパンを彼の手から受け取ったとき、突然、赤い信号弾が二発空に舞い上がった。飛行場は、忙しくたち働いている蟻の群のように、活発に動きだした。数秒後には、エンジンが始動し、さらに数分後には、われわれの飛行中隊は空にあった。……（『ノモンハン空戦記　ソ連空将の回想』三ページ）

一九三九（昭和十四）年六月二十二日、ハルハ川西岸地区のボイル湖周辺には数ヵ所のソ連軍野戦飛行場が設営されていた。ソビエト第22戦闘機連隊が展開している地点だ。回想記の作者であるボロジェイキンは、同連隊で中隊コミッサール（政治委員＝指揮官と同等の権限を有する共産党代表）を務めていた。彼は、将校格の政治役職を務めると同時に、I－16戦闘機のパイロットでもあった。この日は、彼にとって初めて実戦に飛び立った日となった。

冒頭は、彼が一九六一（昭和三十六）年に記したノモンハン空戦回想記から引用した初めての出撃場面である。後の独ソ戦でもエース・パイロットとして生き抜き、空軍少将となったボロジェイキンは、六月二十二日の初実戦で偶然に九七式戦闘機一機を撃墜し、初戦果を記録した。

ボロジェイキンは、ノモンハン事件で六機、独ソ戦を通じて合計二〇機までの撃墜スコアを重ねた。しかし、ノモンハンでの初出撃の際は、離陸後に編隊を組むことすらおぼつかず、敵機を追尾しても機銃を正しく照準できずに敵機を逃してしまうような未熟なパイロットであった。

ボロジェイキン回想記には、そうしたソ連航空隊の事情があけすけに書かれている。ノモンハン事件が本格的な日ソ間の衝突に発展しつつあったとき、出動していたソ連戦闘機パイロットのほとんどがボロジェイキン同様に未熟な状態であった。熟練したパイロットや教官は、ソ連が義勇軍を派遣したスペイン内乱（一九三六〜三九年）や緊張を深めつつあったヨーロッパ方面の配置にとられ、極東方面には不充分な器材と未熟な要員が残されていたのである。彼らは総じて、訓練不足であった。

ノモンハン方面のソ連航空隊が未熟であったことは、事件初期に中国戦線から転戦してきた手練の日本陸軍戦闘機隊を相手に大きな犠牲を払うことにつながった。この初期航空戦における輝かしい勝利と、軽快で空戦性能が優れた九七式戦闘機とパイロットの活躍で、ノモンハン事件は地上戦闘でふるわなかったものの空では大勝利を収めたという〝神話〟を作り出す原因となったのである。

しかし、この戦いをソ連側参戦者の視点で、最近明らかになった事実資料と照らし合わせてみると、ノモンハン航空戦の違った側面が見えてくる。ボロジェイキンの『ノモンハン空戦記』は、ソ連側の実情を知るのに格好の資料のひとつだが、邦訳は絶版になって久しい。そこで、ここではその内容に今日の視点で光をあてながら、日ソ航空戦の実相をこれまでと違った視点で見つめてみよう。

損害多く士気も挙がらなかった事件初期のソ連戦闘機隊

五月十一日以来、モンゴル――満州国境の不確定地域であるハルハ川流域ノモンハン地区では、ソ連＝モンゴル軍と日本陸軍及び満州国軍が小競り合いを演じていた。小競り合いは、当初は双方の乗馬警備隊が銃撃戦を交える程度だったが、五月十五日に日本陸軍の九七式軽爆撃機がハルハ川東岸地区に進出したモンゴル国境警備部隊を爆撃して蹴散らして以降、衝突は本格化した。

以後、日ソ双方は航空隊を出撃させて、空中戦闘や地上攻撃を展開した。六月半ばになると、ソ連爆撃機も満州国領土奥深くまで侵入し、交通要衝を爆撃した。これが関東軍司令部をいたく刺激し、紛争エスカレートの呼び水となったのである。

地上での戦闘は、日本陸軍の第二十三師団捜索隊で編成された東八百蔵中佐率いる東支隊が、五月二十九日にソ連機械化部隊とモンゴル軍騎兵隊に包囲攻撃され全滅するなど、ソ連＝モンゴル軍側に有利な状況で進んだ。しかし、航空戦はエスカレートするばかりであったので、ソ連はすでに戦闘に出動させていたモンゴル派遣第100混成航空旅団（第70戦闘機連隊、第150爆撃機連隊）に加え、五月二十二日にN・グラスイキン少佐指揮の第22戦闘機連隊を、そして引き続いて第38爆撃機連隊を増派した。

冒頭で引用したボロジェイキン初出撃の時点でのノモンハン地方におけるソ連航空隊の戦力は、次の通りだ。

第70戦闘機連隊　I－16戦闘機六〇機　I－152戦闘機二四機　計八四機
第22戦闘機連隊　I－16戦闘機三五機　I－152戦闘機三二機　計六七機
第38爆撃機連隊　SB－2高速爆撃機五九機
第150爆撃機連隊　SB－2高速爆撃機七六機　R－5Sh地上攻撃機一五機　計九一機

以上で戦闘機、爆撃機など合計三〇一機になる。

一方、六月十九日の時点でノモンハン方面に展開していた日本陸軍航空隊の戦力は、次の通り。

飛行第一戦隊（二個中隊）　九七式戦闘機二三機
飛行第十一戦隊（四個中隊）　九七式戦闘機三六機
飛行第二十四戦隊（二個中隊）　九七式戦闘機一九機

飛行第十戦隊（二個中隊）　九七式司令部偵察機六機　九七式軽爆撃機六機
飛行第十二戦隊（三個中隊）　イ式重爆撃機一二機
飛行第十五戦隊（二個中隊）　九七式司令部偵察機六機　九八式直協機六機
飛行第六十一戦隊（二個中隊）　九七式重爆撃機一二機

日本側航空戦力の合計は、一二六機だ。つまり、数量的にはソ連側は倍以上あったわけだ。しかし、日本のパイロットは一九三七年七月の日中開戦以来、豊富な実戦経験を積んでいた。機材の面では甲乙つけがたいもののソ連パイロットに比べて腕前には格段の差があり、ソ連機は日本機に対して苦戦を余儀なくされたのである。

ノモンハン事件勃発当時、ソ連戦闘機隊は、I－16単葉戦闘機とI－152複葉戦闘機の混成であった。この両方の戦闘機とも、当時、ソ連で「戦闘機の王者」といわれたニコライ・ポリカルポフ技師の設計になるものだ。

ソ連が単葉戦闘機と複葉戦闘機の混成で戦闘機隊を編成したのは、運用思想が定まっていなかったことによる。単葉戦闘機は、スピード重視で空中戦での一撃離脱型の戦闘での運用が考えられていた。一方で複葉戦闘機は、速度が劣ってもひらり、ひらりと上下左右に旋回、回転動作を繰り返す空中での格闘戦闘をめざすものだった。ソ連空軍は、ひとつの戦闘機隊でそのどちらの形態の戦闘でもこなせるように考え、同じ設計者に運用方法の異なる戦闘機の開発を行なわせたのだ。

ポリカルポフＩ－16戦闘機。世界初の低翼単葉引込脚の戦闘機で、ノモンハン事件では７・62ミリ機銃４梃のタイプと７・62ミリ機銃・20ミリ機関砲各２を装備するタイプの両方が投入された。最大速度470キロ時。

この二種のうち、Ｉ－16は世界最初に低翼単葉で引込脚を採用した、当時としては画期的な戦闘機だった。一九三三年に初飛行し、三五年から量産され、スペイン内乱で実戦投入されて威力を発揮し、中国国民党空軍でもソ連人義勇パイロットの手で運用され日本陸海軍の航空隊と対決した。

ノモンハン事件当時、ソ連航空隊が用いていたのは、七・六二ミリ機銃四梃を装備するＩ－16タイプ10と別名Ｉ－16Ｐ（砲搭載型Ｉ－16の意）とも呼ばれた主翼に二〇ミリ機関砲二門、機首に七・六二ミリ機銃二梃を持つＩ－16タイプ17だった。後者は、当時、世界最強の武装を持つ戦闘機だ（ノモンハン事件の翌年に登場した日本海軍の零式艦上戦闘機も、Ｉ－16タイプ17とほぼ同様の武装を誇り、後の大東亜戦争で威力をほしいままにした）。

ここで取り上げているボロジェイキン政治委

員の中隊が用いているのは、I－16タイプ17で、水平速度は高度三〇〇〇メートルにおいて時速四七〇キロに達した。機体の強度も相当高く、急角度の高速降下（時速六〇〇キロ超）が可能で、この特性を生かした一撃離脱戦法を得意とした。

対する日本陸軍航空隊は、九七式戦闘機を主にノモンハンの空へ投入した。九七式戦闘機は低翼単葉である点はI－16と同様だが、脚は引き込み式ではなく、主翼下左右に突き出した固定式だった。飛行安定性と運動性能が傑出した戦闘機で、旋回や宙返りの性能が単葉機にもかかわらず、複葉機並みかそれ以上であった。武装は、七・七ミリ機銃二梃（機首に装備）、最高速度は時速四六〇キロである。

九七式戦闘機に対してソ連側のI－152戦闘機は速度が劣る（最速で時速三七九キロ）上に運動性も特段優れたものとならず、空中戦ではまったく不利であった。わずかに武装が七・六二ミリ機銃四梃で勝っていただけだ。一方、I－16は速度がやや上で機体の頑丈さと武装、急降下速度が勝っていたのみだった。絡み合うような空中戦を展開すると、I－152もI－16も、九七式戦闘機の敵ではなかった。

ハルハ川流域地区に投入されたソ連戦闘機パイロットたちは、自分たちの乗機の特性を充分掴んでおらず、練度に勝る日本陸軍戦闘機パイロットたちに対して当初、苦しい戦いを強いられることになった。ボロジェイキンの第22戦闘機連隊も、初期にはまったく奮わなかったのである。

ポリカルポフI－152戦闘機。複葉だったが、運動性能が九七式戦闘機よりも優れておらず、苦戦した。スペイン内乱や中国戦線でも使われた。7・62ミリ機銃4挺、最大速度378キロ時。

……最初の空戦（筆者注＝五月二十二日）では、わがイ・16式戦闘機六機が日本軍の九六式戦闘機（ママ――九七式の間違いと思われる）の大編隊と遭遇し、三機撃墜された。五月二十八日、……出撃したパーベル・マヤーコフ指揮のイ・15式戦闘機一〇機は、約二倍以上の日本戦闘機と、ハルハ河上空で遭遇し、一機も帰還しなかった。……（前掲書　本文二ページ）

※ここでいう「イ・16」はI－16、「イ・15」はI－152のことである。I－152は、I－15の改良型であることから、引き続きI－15とも呼称される場合が多く、それは今日でも軍事書の中で続いている。

到着してわずか一週間以内に第22戦闘機連隊は所属機の二〇パーセントにあたる一三機も撃墜されてしまったのである。この時の対戦相手は、松村黄次郎中佐が率いる日本陸軍航空隊飛行第二十四戦隊の経験豊富なパイロットたちであった（松村中佐は、ノモンハン事件後、『空戦』と題する手記を大東亜戦争期に著した）。

それに対しソ連パイロットたちは実戦経験が皆無な上、まったくの訓練不足だった。ボロジェイキンが配属されていた飛行中隊の指揮官は、ベテラン・パイロットにもかかわらずアルコールにおぼれ、他のパイロットたちも意気消沈がちである様が『ノモンハン空戦記』で赤裸々に回想されている。

ノモンハン事件当初にソ連パイロットがかくも惨めな状態に置かれた原因について、回想記の中でボロジェイキンは「年間八時間程度に過ぎない訓練飛行時間」という信じがたい実態を指摘している。実は、空軍にそぐわないような無茶苦茶な訓練態勢になった背景には、一九三七年頃からソ連軍全体を襲った「粛清」の嵐がある。

これは、ロシア革命後の外国干渉軍や反革命軍との戦いで勇名を馳せ、その後も赤軍（ソ連軍）近代化の先頭に立ってきたトハチェフスキー元帥が「外国のスパイ」であるとの容疑で逮捕、処刑されたことに代表される軍幹部のヒステリックな放逐騒ぎだ。これは軍に限らず、元を辿れば一九三四年に最高指導者スターリンの片腕といわれたセルゲイ・キーロフ（ソ連共産党レニングラード州委員会書記）が暗殺されたことを契機に、共産党や政府、さらに一般市民にまでソ連秘密警察による逮捕や投獄、拷問による自白強要と処刑が横行した狂気の嵐であった。

事実上、完全なスターリン中心の独裁体制を確立することになった「粛清」の過程で、一九三〇年代初めにソ連軍から廃止された、共産党代表が軍部隊で指揮官を監視する仕組みであるコミッサール制度が復活することになった。ノモンハンにおけるソ連航空隊でも、下手くそな将校パイロットであるボロジェイキンがコミッサール＝政治委員としてベテラン・パイロットの飛行中隊長を監視する役目を担っていたのだ。これでは、軍の指揮系統や個々のパイロットの士気に否定的な影響が出てこざるを得ない。

軍近代化の技術的側面を重視してきたトハチェフスキー元帥の事績が完全否定される中で、「精神的側面」が重視されるという時代逆行の雰囲気が「粛清」によって蔓延し、軍全体の士気もズタズタにしてしまったのである。時代的にいちばん進歩的な兵科である航空隊で、最も深刻な影響が生じていたのだ。

ボロジェイキン回想から浮かび上がるソ連パイロットたちの苦悩

モンゴル派遣のソ連第57特設軍団（後に第1軍集団）司令官だったG・K・ジューコフは、回想の中でこう述べている。

……六月二十二日、わが軍の戦闘機九五機はモンゴル共和国領土で日本軍一二〇機に激烈な空中戦闘を挑んだ。この空中戦には多くのソ連邦英雄（※）たちが参加し、日本軍飛行士を実際教育する結果になった……（『ジューコフ元帥回想録　革命・大戦・平和』朝日新聞社一二〇ページ）

※「ソ連邦英雄」とは、勇敢な行動で優れた戦果を挙げたソ連軍人等に与えられる称号で、最高勲章であるレーニン勲章と金星バッジの両方が授与された。ここで指しているのは、スペイン内乱や中国戦線で義勇パイロットとして参加し、この称号を得たパイロットたちのこと。

公刊戦史を含め、旧ソ連では一九三九年六月二十二日にハルハ川西岸から奥のモンゴル領空内で展開された日ソ航空隊間の空中戦について、「転機になった」と強調するものが多かった。しかし、主に先に挙げた日本陸軍飛行第二十四戦隊を中心とした日本戦闘機が来襲して起きたこの日の約二時間半にわたる空戦では、日本側が七機を失ったのに対し、ソ連側は合計一四機を失ったという（『世界の傑作機Ｎｏ．１３３　ポリカルポフＩ－16』文林堂　二〇〇九年七月刊の中の記事「ノモンハン航空戦、Ｉ－15／－16ｖｓ九七戦」九八ページより）。ボロジェイキンの回想でも、この日の空戦について「ソ連側の勝利」というようなニュアンスはまったく感じられない。

……この日、わが部隊は一二機を失った。そのなかにわれわれの飛行連隊長グラスイキン少佐が含まれていた。……今日のわが空軍の総合戦果は撃墜三〇機以上であった。……この日、関東軍の報道部は、次のように発表した。――六月二十二日、午後四時頃、ソビエト軍飛行機一〇五機が、ガンジュル廟付近の国境を侵犯したので、追撃戦で敵機四九機を撃墜した。わが方の未帰還は五機、このなかには森本大尉機（筆者注＝飛行第二十四戦隊第二中隊長・森本重信大尉）がはいっている——と。嘘もほどほどにするがいい。……（『ノモンハン空戦記』本文一九〜二〇ページ）

この記述には、いろいろな状況が込められている。日本機「三〇機以上」の撃墜認定は、ソ連航空隊の士気を高めるための作為的なものである可能性が高い。実際この「戦果」は、受けた損害を差し引いて何とか割が合う戦果だと、ボロジェイキンらソ連パイロットに感じさせるものだった。

しかしながら、第22戦闘機連隊だけで、一二機もの損失を出し、連隊長を失ってしまったのである。先にあげた損失一四機のうちの、ほとんどだ。そして、実際に日本側に与えた損失は、手練の森本大尉を失わせる痛手を負わせたとはいえ、七機。ソ連側の損失は、これのちょうど倍だ。これでは、ジューコフがいうような「日本軍飛行士を実際教育する結果になった」といえるものにはなるはずがない。

ボロジェイキン回想には、この頃の戦闘の様相として、自分たちの手並みや日本戦闘機の優秀さについて、次のような記述がされている。

……私は、すっかり硬直してしまい、発射把柄を握るという簡単な動作がやっとできただけだった。それも照準器をのぞかずに、ただ夢中になって射ちつづけた……（前掲書　一〇

ページ）

……彼らの戦闘機は、イ・15や16より優秀で、とくにその操縦性能は、鷹のように軽快だった……（同書　一三ページ）

……教範に定められた戦闘隊形や位置が、空戦中に守られなかったのは、経験と編隊飛行の訓練の不足が原因……（同書　一九ページ）

六月二十二日に目の当たりにした日本戦闘機への賛辞と、自分たちへの反省が多く述べられており、とてもではないがソ連側の勝利とは程遠い内容である。最近、ロシアから明らかにされつつあるデータや、それを用いて比較検討した空中戦の実態を探っていく上で、ボロジェイキンの古い回想録は意外なほど真実を浮き上がらせるものとなってきている。

六月の空戦で制空権を一時喪失したソ連航空隊

ノモンハン方面に於けるソ連航空隊の不振ぶりは、六月二十七日に日本陸軍航空隊が敢行したタムスク空襲等の大規模な越境航空攻撃でよりあからさまに示された。これらの迎撃戦闘にソ連側は失敗し、大きな損失を被ったのである。この結果、一時的に日本側が完全に戦場上空の制空権を握ることになった。

日本軍は、六月二十七日、ソ連航空兵力を徹底的に撃滅するため、その根拠地であるモンゴル人民共和国領内深くのタムスク、マタット、バインツメン（サンベース）周辺の飛行場や軍事施設への空爆を大々的に実施した。これは、関東軍の独断で実行されたため、東京の参謀本部との間で大きな論争を引き起こして問題になった。しかし、ソ連側の警戒態勢不備が手伝って、奇襲効果により日本側は空中と地上で大戦果をあげることにつながった。

……空に、何かぼんやりと斑点がみえた。それが飛行機であることは明らかだったが、距離がありすぎて敵味方の識別ができなかった。指揮所を注意したが、そこは相変わらず落ついていた。対空監視員は双眼鏡を胸に、歩きまわっていた。中隊長は眠ったままだった。見誤ったのではないだろうか。それとも、しん気楼のせいか？……楔形の隊形と、つきだした固定脚、間違いなく日本機だった。しかし警報はまだでていない……（前掲書 二八ページ）

飛行場が日本機の奇襲を受けるさなか、ボロジェイキンらの戦闘機中隊は緊急発進し、地上での破壊をかろうじて免れた。しかし、低い位置から日本機に対して空戦を挑むI-16戦闘機は、圧倒的に不利な態勢に置かれた。

ボロジェイキンは、中隊長と合わせた三機で二〇機もの九七式戦闘機に対し、前下方から一撃をかけたが、これは軽くかわされ、逆に多数の日本機から追い回される羽目になってしまった。たちどころに中隊長機は撃墜されてしまう。

しばしの空戦の後、侵攻側の日本機は深追いせず、さっと引き揚げを図った。このあざやかな日本戦闘機隊の行動に、ボロジェイキンは悔しくてならなかった。ふと見ると、低空を単機で逃走中の九七式戦闘機があった。感情の高ぶったボロジェイキンは、これに僚機とともに襲いかかったが、技量の優れた日本パイロットは巧みに攻撃をかわし続け、逃げられてしまった。

……ホーリンと私は、入れ替わり、立ち替わり連続的に攻撃したが、敵は超低空で巧妙に身をかわし、反撃しなかった。機銃の故障だろうか。それよりも「なんてざまだ、二人がかりで……」と思った。……私は勝ち抜くために情熱だけで足りないことを身をもって感じた。われわれは移動目標の正確な射撃訓練を欠いていた。大多数の搭乗員は吹流し標的の射撃訓練を二回以上やっていなかった。操縦性能の優秀な飛行機に対する射撃は、長期間の不断の訓練を必要とする。だが、空中射撃能力は、当時われわれの最大の弱点だった……（前掲書三一ページ）

その後結局、満州国領空まで深追いしたボロジェイキンらは逆に多数の九七式戦闘機による迎撃を受けてしまった。追い回され、撃ちまくられたボロジェイキン機は、左翼を大きく損傷し、僚機のホーリンは撃墜されてしまった。

損傷したI－16を何とか操って、他の飛行連隊が使用する飛行場に辿りついたボロジェイキンは、日本航空隊によるその日の空爆が、一連の飛行場に及ぶ大規模なものであったことを初めて知った。そして、多くのソ連戦闘機が離陸したとたんに日本戦闘機の餌食になったことも、聞かされたのである。

日本側の記録でも、この時の空爆作戦の実相を見てとることができる。

日本側は、第一、第十一、第二十四の各飛行戦隊で構成された第十二飛行団の九七式戦闘機約八〇機と、飛行第十二戦隊のイ式重爆撃機（フィアットBR－20）一二機、飛行第十戦隊の九七式軽爆撃機六機、飛行第六十一戦隊の九七式重爆撃機一二機など、一一〇機前後の兵力を投入してソ連航空隊の飛行場を襲った。この時の状況について、飛行第二十四戦隊長の松村黄次郎中佐は、あわてて離陸するソ連機の撃墜がまるで「赤子の手をひねる」ように容易だったと述べている。

ボロジェイキンの回想記は、この時の大損害について多くを語っていない。その代わり、彼をそれまでずっと悩ませていたアルコールびたりの中隊長が戦死したことを記している。

重大な損失を受けたことを、まるでぼやかしたいかのようである。

ジューコフ司令官も、前掲した回想で次のように書いている。

……超えて六月二十六日、『モンゴルイバ』地区のブイル・ヌール湖畔に日本軍六〇機近くが現れた。そしてわが戦闘機に激しい戦闘を挑んできた。すべての兆候からみて日本空軍にはさらに優れた飛行士たちが参加してきたようだったが、彼らはやはり勝利を制し得なかった。その後確認されたことだが、日本軍司令部は中国に行動していた全部隊の空軍から最精鋭をこの戦闘に投入したことがわかった。……六月二十二日から二十六日までを含む全空中戦闘で敵の日本空軍は六四機を失った……（『ジューコフ元帥回想録 革命・大戦・平和』一二〇ページ）

しかし、先に引用した二〇〇二年にモスクワで刊行の『ハルヒン――ゴール 空の戦争』（一七ページ）では、六月二十日から同三十日にかけてのソ連航空隊の損失数データが明確に示されている。

I-16戦闘機	一七機	（うち非戦闘損失三機）
I-152戦闘機	三一機	（うち非戦闘損失二機）
SB-2高速爆撃機	一機	（非戦闘損失）
計	四九機	

こうした損失の結果、七月一日現在の航空兵力は、六月二十一日時点に比べて、部隊によってはかなり減ってしまい、補充が図られたものの全体としても二〇機前後も下回る兵力数（三〇一機に対し二八〇機）となってしまったのである。

七月一日、日本軍がハルハ川の東西両岸で攻勢に出ようとしていた時点でのソ連航空兵力は、次の通りだ。最後のプラス、マイナス数は、六月二十一日、タムスク等の空爆以前の兵力に比べてのものである。

第70戦闘機連隊　I－16戦闘機四〇機　I－152戦闘機二〇機　計六〇機（マイナス二四機）

第22戦闘機連隊　I－16戦闘機五三機　I－152戦闘機二五機　計七八機（プラス一一機）

第38爆撃機連隊　SB－2爆撃機五九機（〇機）

第150爆撃機連隊　SB－2爆撃機七三機　R－5Sh地上攻撃機一〇機　計八三機（マイナス八機）

計　二八〇機（マイナス二一機）

〝英雄パイロット〟の出現と形勢の転換

しかし、六月の苦戦のさなか、ソ連航空隊では形勢を転換する準備が着々と進められていた。スペイン内乱や中国戦線に義勇飛行士として派遣されていた〝英雄パイロット〟がノモンハン地区に到着し始めたのである。

早くもスペイン内乱のエース・パイロット、S・I・グリツェヴェーツ少佐が六月二十六日の空中戦闘に参加しており、この時、被弾して満州国領内に不時着した第70戦闘機連隊長ザバルーエフ少佐を草原に着陸して救出している。

グリツェヴェーツ少佐は、この時にはI－16戦闘機に搭乗していたが、後に新型の複葉戦闘機I－153チャイカ戦闘機に乗機を換え、最終的にノモンハン事件におけるソ連トップ・エース（一二機撃墜）の座を獲得している。

I－153戦闘機は、引込脚を採用しエンジン馬力を強化した当時最新鋭の複葉戦闘機で、軽快な運動性とともに優れた速度性能（最高速度は時速四二五キロ）を兼ね備えたものだった。複葉戦闘機はすでに時代の趨勢ではなく、二年後に始まる独ソ戦ではすっかり旧式化したが、ノモンハン事件では有効な働きを示した。

七月二～三日、日本軍がハルハ川西岸に第二十三師団主力の小林歩兵団を基幹とする八〇〇〇名余の渡河攻撃隊を投入し、東岸でも戦車・装甲車約九〇輛を主体とした安岡支隊による攻勢を開始すると、ボロジェイキンの飛行中隊は日本軍架橋への攻撃に出撃することになった。この時の第22戦闘機連隊の指揮官は、中国戦線でI－16戦闘機に搭乗して日本航空隊と戦った経験のあるG・P・クラヴチェンコ少佐だった。

グリツェヴェーツやクラヴチェンコのような〝英雄パイロット〟がノモンハン地区で戦い続けてきたソ連パイロットにどのような影響を与えたかは、ボロジェイキン回想の次のようなシーンによく表わされている。クラヴチェンコ少佐がボロジェイキンの中隊で訓示を与えている場面だ。

……連隊長は、われわれの静まるのを待って立ち上がると、問題の飛行機に目をやった。

……「さて、これをよく見たまえ」……「この穴を見たまえ。これらは何を物語っているのか？　つまりだな、敵は二連射し、しかも大部分が命中している。この機の搭乗員は、ぼんやりして、敵を眺めていたのだろう。これで死んでも、名誉なことではない。……三二発も被弾して……。一般的に戦闘機乗りがやられるのは、ほとんどが不注意からである。本機は搭乗員が優秀であるかぎり、事実上は敵機の射弾で撃墜されないようにできている。ここを見たまえ。背中の装甲板に二発命中している。ところが平気だ。ひびも入っていない。翼も胴体も孔だらけだが、孔をふさげば戦闘に耐える。……われわれが優越している点は、わが戦闘機が、速力の点で日本の戦闘機にまさり、また防弾力と火力装備で何倍も敵に勝っているからである。もし九七戦に三二発の射弾が命中すれば、粉ごなに飛散してしまう」……（『ノモンハン空戦記』四五～四六ページ）

この訓示は、操縦性の勝る九七式戦闘機に対して苦闘してきたボロジェイキンらの心に響くものであった。生死を分ける戦いでふるいにかけられてきた彼らは、Ｉ－16の特性を踏まえた指摘は納得のいくものだった。そして、これが自信につながっていく。クラヴチェンコ少佐の話は、日本戦闘機との戦いに生き残り勝利する方途の核心に迫っていった。

……では、どうすべきか。空中戦における勝利の主要条件は、敵機の数を怖れず、高速で、しかも高空から決定的な垂直降下攻撃を加えることである。攻撃後は、加速度を利用して敵の反撃から離脱し、次の攻撃に有利な位置をとることである。……戦闘機乗りにとって、つねに攻撃に努めることが勝利の確実な条件である……つぎに不幸にも敵機に、有効距離で尾部に食いつかれたとき、どうすべきか……大きく垂直反転で何回も機をねじらせるのだ。諸君は加速性能を利用して九七戦との距離を大きく引き離すことができる。もちろん、このばあい非常に荷重がかかる。イ・16は充分にこれに耐えるのだ。ところが、九七戦はこの点で脆弱な設計なのだ。ではどうするか、答えはもう判りきっている。直進飛行で安全な距離まで離脱するか、もしくは一八〇度垂直反転で敵機に正面攻撃をかけるか、そのどちらかである。……いかなる空中戦も、見張り、操作、射撃の三要素からなっている。この三つを完全に身につければ、状況判断を容易にし、空中戦闘を正しく計画づけ、さらに諸君に行動の自由を保証する……（前掲書 四七～四九ページ）

クラヴチェンコ少佐は、一九三七年以来、中国国民党軍に派遣され、I－16戦闘機を駆って日本の軽爆撃機三機と空戦し、負傷しながら全機を撃墜した他、総計九機を撃墜した経験を持つソ連エース・パイロットのさきがけだった。以上の訓示は、スピードと上昇性能、降下性能の優れたI－16の特性を生かして、日本陸軍航空隊の戦術にかみあわせて戦う経験をしてきた彼ならではのものだろう。

六月半ばから七月以降にかけて、ノモンハン地方に新たに派遣されたクラヴチェンコのような〝英雄パイロット〟は、全部で二一名にのぼった。彼らとともに、航空作戦全体の指揮をとるためにスペイン内乱で司令官として活躍したYa・M・スムシケヴィッチ軍団指揮官（当時のソ連軍の階級名で、格からいえばジューコフと同等）がやってきて、日本の航空優勢をしだいにソ連側優勢へと導いた。

クラヴチェンコの訓示に示される戦法は、七月以降、ソ連戦闘機パイロット間に大いに普及し、日本側の損害を増やした。それは、日本陸軍航空隊の将校搭乗員損失の時期別分布記録に如実に現われている。

この記録は、前掲の『ノモンハン　下』に掲載されているもので、陸軍航空隊パイロットの主力は下士官であることから、全体の損失を表わしていないものだ。しかし、どのあたりで損失が増したのかが見てとれるし、ベテラン・パイロットの喪失が日本側に痛いものとなっていることがうかがえる。

およそ半月ずつ、分布をまとめると、次の通りだ。

六月二十二日〜三十日　戦死四名
七月一日〜十五日　戦死七名　負傷三名
七月十六日〜三十一日　戦死九名　負傷一名
八月一日〜十五日　戦死二名　負傷二名
八月十六日〜三十一日　戦死一四名　負傷三名
九月一日〜十六日　戦死六名　負傷一名

これを見ると、七月に入って損失が倍加し、八月後半は六月後半の日本側が圧倒的勝利を得た時期の四倍にものぼっていることがわかる。これは戦術の転換と優秀なパイロットの参戦により、ソ連側の航空作戦の質が変わったことを示しているものだ。

先に示している両陣営の時期ごとの航空兵力でわかるように、ノモンハン事件の期間、ソ連側は常に日本側に対して量的には倍以上、優勢であった。よく世界の航空戦史でいわれるところだが、空中戦闘は量的な差よりも技量や機材の質の差が決定的で、これに劣るものは大きな損失を出すことになる。

日本は、ノモンハン事件の航空戦で常に少数精鋭主義的な運用を行わざるを得なかったが、これがソ連側の戦術変更と技量向上で苦しい戦いを余儀なくされることにつながった。実際、ノモンハン事件後半では貴重なベテラン・パイロットが多く失われ、陸軍航空隊の行く末が心配されたほどだったのである。

以上が、現状で解明し得るノモンハン航空戦の実状の一端である。事件直後から数多く伝わってきた陸軍航空隊の英雄伝は、戦記読者にとって胸を躍らされるものがある。ノモンハンでの空中戦闘の様子は、異色の戦争歌「空の勇士」(大槻一郎 作詞)でも唄われ、伝承されている(二番〜四番)。

すわこそ往けの　命一下　さっと　羽ばたく　荒鷲へ
何を小癪な　群雀《むらすずめ》　腕前みよと　体当たり
敵が火をふく　墜ちてゆく

機首をかえした　雲の上　いまの獲物を　見てくれと
地上部隊に　手を振れば　どっと　挙がった　勝鬨《かちどき》の
中の担架が　目に痛い
しめたぞ　敵の戦車群　待てと　矢を射る　急降下
煙る　火達磨　あとにして　悠々　かえる　飛行基地
涙莞爾《なみだかんじ》と　部隊長

「空の勇士」には、日本陸軍が空陸で初めて本格的な近代戦闘を展開した姿が見事に活写されている。本書の読者には、歌詞の部分部分がノモンハン事件のどの局面に起きた場面か、聞き分けることができるだろう。

しかし、ソ連側にもドラマがあったのだ。相手陣営にも苦悩と辛苦、そして奮戦の末の勝利があったことは、事件後七〇年を経た今日、重要な隣国としての関係を深めているロシアとの相互理解を深めるためにも、もっと掘り下げられていいはずだ。

一九六四（昭和三十九）年以来、ボロジェイキンの『ノモンハン空戦記』訳が出ていたのだが、今日の視点で光を当てれば、その内容はより生き生きとしたものとしてよみがえってくる。再刊がのぞまれる。

おわりに

「ノモンハンは『勝った』」――辻政信参謀の発掘手記

『週刊新潮』（二〇〇九年六月二十五日号）のグラビアページに「ノモンハンは『勝った』辻政信・未公開手記は語る」と題する記事が掲載された。関東軍作戦参謀としてノモンハン事件の計画段階から深く関与した辻が戦後、子息（辻毅氏）に渡した手記のことを取り上げたのだ。

辻は、ノモンハン事件後、多くの指揮官たちが左遷、退役させられたり、現場の連隊長の多くが自決したりする中、太平洋戦争でも第一線で活躍を続けた。開戦劈頭《へきとう》のマレー半島進撃・シンガポール攻略作戦でも、攻撃部隊の最前線で督戦してまわる姿が戦記のあちこちで散見される。マレー作戦で日本軍は英連邦軍を相手に輝かしい勝利をおさめ、参謀として参加した辻にとっても最大の栄誉となった。

一九四四（昭和十九）年に開始されたインパール作戦でも、辻は計画段階から深く関与したが、これは日本陸軍史上稀に見る悲劇となり、敗色の濃い時期に敢えて攻勢に出た日本軍は壊滅の憂き目を見た。辻はバンコクで終戦を迎え、以後、地下に潜行して中国に逃走（戦犯容疑で逮捕されるのを避けたのだ）。蔣介石政権の国防部に勤務した後に帰国し、その経過を戦犯訴追時効後、『潜行三千里』という著作にまとめ、ベストセラーとなった。

『潜行三千里』は、版を重ねている。よほど売れたのだろう。今日でも千代田区神田神保町の古書店街を歩けば、けっこう見かける。ベストセラーを出した後、『ノモンハン秘史』を著し、さらに国会議員にも当選してソ連、中国に外遊するなど派手な活動を続けた。最後はラオスで失踪するという、実にドラマチックな軍人、政治家人生を送った。

『週刊新潮』の記事には、ラオス失踪数ヵ月前に子息に渡したという未公開手記にある次の記述がキーワードとして取り上げられている。

「此から大規模に奪回しやうといふ時に参謀本部は負けたと感じたが現地軍は勝った、少くも断じて負けとらんとの気持ちであった」

『週刊新潮』記事は、先の『ノモンハン秘史』の内容とこの手記にある記述を対比して、子息の説明とともに以下のように結論づけている。

「実は辻には、『ノモンハン秘史』という著作（毎日ワンズから復刊）もあるのだが、この中には『勝った』という言葉はなく、代わりに『戦争は敗けたと感じたものが、敗けたのである』という一文で結んでいる。

『この本も占領下の五〇年出版で、ＧＨＱの検閲があり、それをはばかる思いはあったでし

ょう。またソ連は戦勝国でしたから、父も本音は書けなかったのかもしれません』（毅氏）

公開を前提とせず、〝遺書〟として『事実上の嘘は一つもない』と言い残した手記と、その三年後に公刊した回顧録。辻の本心は『ノモンハンは勝ち戦』だったのだ」

ノモンハン事件から七〇年にちなんで、こうしたエピソードが明らかにされたのだろう。

辻毅氏は、手記の公開を準備していくと表明している。

しかし、辻参謀の未公開手記を待たずとも、「ノモンハンで負けた気はしない」という思いは、参戦した元将兵からこもごも出されてきたものだ。本書でも、「いざ、これから」と戦友の敵討ちを決心しているところで、作戦から外されてしまった第一戦車団のことに触れた。

では、「ノモンハンは勝ち戦」だったのだろうか？　これまで検討した内容ではそうとはいえないということは、わかっていただけるはずだ。

問われているのは、戦闘の実相で日本軍は局面、局面で大きな損失を与えたり、逆に主力が包囲殲滅されるという大損害を出したりという異なった様相をくぐったということだ。「負けた気がしない」のは、相手側のソ連＝モンゴル軍に大損害を与え、一時は敗退に等しい状況まで追い込んだ実感があるからで、それは本書で検討した損害実数の分析でも裏づけられたはずだ。

筆者は、しかしながら辻参謀が「勝ち戦だった」といい残したことには、いささかの抵抗を感じる。本書でもところどころで触れている通り、関東軍の辻作戦参謀らは作戦の不充分な準備などに大きな責任を有しており、さらに戦術面で日本軍がソ連に対して優位性を示しても、戦略面では失敗したというのが日本にとってのノモンハン事件の本質だからだ。関東軍作戦参謀である辻には、戦略面での事件評価にこそ密接な関連があり、問われる責任が存在しているのである。

日本、ロシア、モンゴルにとっての意味

日本にとって、ノモンハン事件は主張していた国境線の確保ができなかった点で、戦略目標を達成できなかったものと評価できる。しかし、本書ではあまり触れていない九月以降の戦闘で、日本軍は停戦前にノモンハン地区より南部のモンゴル領を獲得し、その後の国境線を前進させはした。これは、一九九一年五月に東京で開かれた国際学術シンポジウムの記録、『ノモンハン・ハルハ河戦争』(一九九二年 原書房)の中の「九月戦闘についての問題点」(七九〜九二ページ)として記載されているモンゴル軍中将プレブドルジ氏の報告等で取り上げられている。

このエピソードについても、今後検討していくべきだが、事件発生とその後の対処にあたって立てられた目標から考えれば、日本軍(そして満州国軍)は作戦目標を達成できなかった。この点で「戦略的敗北」であることは明白だ。

一方、ソ連やモンゴルにとってはどうか。

多面的に評価できると思われるが、戦術面では手練の日本軍相手に著しい損害を出し、無益な土地争いに必要以上の流血を余儀なくされたという点は、過去はっきり指摘されなかったところだろう。戦車や航空機の技術的側面でも、それらは日本軍の装備に対して完璧に優越していたとはいえなかった。

ただ、ソ連側はこれをただちに認識し、当時終局していたスペイン内乱（一九三六〜三九年）への派兵経験と合わせて装備検討を行ない、改善をめざした。これにより、戦車については装甲も火力もより優れたT－34中戦車やKV重戦車が生み出されたのである。これらの新型戦車は、後に大東亜戦争で日本軍を苦しめた米国製のM4シャーマン戦車と火力が同等で防禦力はいっそう優れていたのだ。出現は、M4よりも二年も先んじ、一九四〇年当時は世界最強のものとなった。

航空機についても、高速のMiG－3戦闘機やYak－1戦闘機が翌年までに開発され、かろうじて一九四一年の独ソ開戦に間に合うことになった。これは、日本陸軍航空隊の九七式戦闘機に苦戦したポリカルポフI－152やI－16に代わるものだった。

このように生かされたノモンハン事件の教訓は、その後、ソ連が未曾有の国難でもあった対独戦に勝ち抜く上で、大きな力になったといえる。

日本側も、ノモンハン事件の教訓で対戦車戦闘能力を高めた戦車の開発に着手するといった措置をとったが、それが結実したのは大東亜戦争開戦後の一九四二（昭和十七）年になってからである。ノモンハン事件にも参加した九七式戦車の砲塔を対戦車戦闘に非力な短砲身五七ミリ砲装備のものから長砲身四七ミリ砲装備へと代えたのであるが、すでに出現当初から米英戦車に対して火力も装甲も大きく劣るものとなってしまったのだ。

モンゴル（人民共和国）にとっては、どうか。

事件が始まった当時、政権内部でチョイバルサンによる奪権闘争があったことは触れた。これについては、前掲『ノモンハン・ハルハ河戦争』でも取り上げられた。特に事件勃発を前に、国境線画定問題で話し合いを担当していたモンゴル側当事者が〝粛清〟されたという事実の指摘が、モンゴル人民共和国戦史研究所戦史部長（一九九一年当時）のゴンボスレン大佐からされているのが重要だ。

「一九三五年一月二十四日に日満側がモンゴル領土内のハルハ廟にある国境警備所を占領したので、満蒙間にいわゆる国境紛争が発生した。この紛争を解決するために外交ルートを通じて両者が長期間にわたって話し合った結果、モンゴル・満州国会議を開催することになった。七年間にわたって断続的に開かれたこの会議の活動を、ハルハ河戦争（ノモンハン事件のこと）の前のものと、後のものとの二つに分けることができる。

第一次会議は一九三五年六月から八月、第二次は同年十月から十一月、第三次は三六年十月から十二月、第四次は三七年五月二十七日から二十九日、第五次は同年八月三日から九月九日のあいだにそれぞれ開かれた。この五回の話し合いを通じて、場所、期間、代表メンバーの任命、話し合いを進める上の規約、議題などが合意された。重要なポイントは、両国の国境の確定、紛争の原因解明を目的とする合同会議の設置であった。これについては三七年八月の第五回会議で合意に達した。そして国境確定に関する取り決めの第一項と第二項でそれが確認された。

ところが残念なことに、スターリニズムの直接介入によって、モンゴルで行なわれたチョイバルサンによる粛清が、一九三七年の秋に頂点に達し、ゲンドン、デミドの反革命組織なるもののデッチあげが行なわれた。三七年九月十日から政府・軍の最高指導者たちの逮捕が始まった。この結果、満蒙会議の首席であったサンボー、メンバーのダンパ、ドクソム、ドグスレンらが逮捕された。こうして、満蒙間で合意が成立しかけていた時機に、会議の指導者たちが相次いで逮捕された結果、充分な成果に至らなかった。さらに国境確定の直前に話し合いが中断したために三年間の努力は無に帰し、モンゴルおよび極東の政治情勢にマイナスの影響を与えたということを、とくに強調しておきたい。

もし、この話し合いを継続し、国境問題を解決していたならば、ハルハ河戦争は起こらなかったか、あるいは少なくとも戦闘をもう少しあとの時機に遅らせることができたと思われる」

これは、「モンゴル側からの貴重な証言である。

従来、ノモンハン事件は「侵略的な日本帝国主義の策動」の筋道で語られることが多かった（そして、今日もそれが主流だ）。しかし、この証言で満州国とモンゴルとの間に未確定国境問題があり、モンゴル国内の事情、そして国際共産主義運動全体に大きな影響を及ぼしたスターリニズムのために正しい問題解決への道が阻まれたことが示されているのである。

結果として、モンゴル国は自国が直接、利害関係者である本格的な近代戦闘を初めて経験することになるが、その「勝利」は国内権力抗争の勝利者チョイバルサンの独裁政権に栄光と安定を与えることになったのである。そして、ソ連やモンゴルにとっては、話し合いで解決できなかった未確定国境問題をほぼ目標通り解決した点で、戦略的勝利を得たとはいえよう。

以上を鑑みるなら、広大で不毛な国境地帯で夥《おびただ》しい流血を双方に強いたノモンハン事件は、参戦国の国民と従軍した将兵にとってどの国の者であろうとまったく不幸な出来事であったというしかない。本来、双方ともに国境問題を何としても武力で解決する意思などなかったのであるが、それぞれの国内にはらまれた歪んだ事情が事件を導き、結果として末端の将兵の命を失わせたのだ。

終わっていないノモンハン事件——遅々としてはかどらぬ遺骨収集

大東亜戦争でアジア各地に残された日本将兵・軍属の遺骨収集は、昨今忘れ去られた感もあるが、戦後長く今日まで続けられている。ところが、大東亜戦争以前に起きたノモンハン事件に関わる遺骨収集は、二〇〇四(平成十六)年に始まったばかりであることは前述した。年に一度、取り組まれているが、いままでで数十柱が発掘され荼毘《だび》に付されて持ち帰られている。ノモンハン地区には、約三〇〇〇柱の遺骨が残されたままと見られており、いまのペースでは三〇〇年近くかかる勘定だ。

遺骨収集がはかどらない事情は、まず紛争地がモンゴル——中国間の国境地帯にあるということだ。列島を領土とする日本国民には理解しにくいが、地続きの国境線は、地球のいずこでも緊張し複雑な事情が絡む。中国とモンゴルの国家間紛争が表立ってあるわけではないが、北朝鮮からの脱北者がモンゴルへ向けて中国から脱出しようとしたところを中国側から射殺され、外交問題になることもあった。

遺骨収集はモンゴル領内側から実施されているが、国境警備上の問題から外国人の立ち入りにモンゴル当局も神経をとがらせており、いくつかの激戦地はいまだ手つかず、調査面でも未踏のままであるという。道路も発達しておらず、いまだ遊牧民が行きかうのみといった実状で、ノモンハン方面現地には軍用機で乗りつけるか、軍用自動車などで悪路を長時間踏破しなければ行きつけない。

また、遺骨発掘の現場も大変な困難を抱えているという。戦場跡は地形がかなり変わっており、陣地や埋葬地を探すのは至難だ。また、掘り出される遺骨は、しばしばロシア兵、モンゴル兵のものと混在し、その識別に多大な労力を要する。

こうした事実もまた、日本国民にはあまり知られていない。ノモンハン事件については、戦後処理が終わっていないどころか、始まったばかりというのが現実なのだ。何としても、歴史を埋もれさせないためにも、急速に遺骨収集が進められ、あわせてモンゴル、日本間の友好と相互理解を進めていく事業の一環として完了に向けた計画が打ち立てられるべきだと考える。

本書の記述は、一九九八（平成十）年から筆者が約二年にわたり軍事専門誌等に執筆した記事をベースに、大幅な加筆をして仕上げたものだ。当時、兼業ライターをしていた筆者は、本業の方で約三年間にわたり事実上の〝左遷〟をうけ、たいした仕事も与えられないため、これを奇貨としてかねてより気になっていたノモンハン事件について本格的に文献研究をすることにしたのである。

旧共産圏の軍事問題や特にソ連製兵器・軍事技術の研究と執筆に取り組んでいた筆者には、本書でも取り上げた五味川純平『ノモンハン』にあるワンサイドゲーム的な戦闘様相の描き方が納得いかなかったのだ。幸い、筆者の当時の記事は好評を博し、いつか一冊にとりまとめたいと考えつつ一〇年も経ってしまった。

その後、軍事評論家として一本立ちした筆者は、取材で何度かモンゴルへ赴き、博物館や事跡を訪問する中でいま一度、なんとか過去の論稿をまとめ上げたいとの気持ちをつよめるようになった。いつまでも仕上げていない宿題をやりとげたかった。

このたび、畏友である元日本共産党政策委員長・参議院議員、筆坂秀世さんの計らいで、扶桑社の平田静子さんをご紹介いただき、さらに平田さんのご尽力で産経新聞出版から本にまとめていただくことになった。
産経新聞出版の山本泰夫前社長、編集顧問の穐田浩治さんには、根気強くお付き合いいただき、原稿の再仕上げと加筆をお手伝いいただいた。
ここであらためて、その他にお手伝いいただいた方を含め、深謝の意を表したい。そして、願わくば、読者の方々にとって、本書がノモンハン事件の実相を知る手引書になるならば、これほどうれしいことはない。

ノモンハン事件については、参戦者で存命される方もかなり減り、研究面で困難もあるが、文献資料が以前より豊富なことと、何よりもその気になれば現地に行くことも可能な時代なっている。今後、より精緻で詳細な研究が展開されていってほしいと願っている。筆者も細々と、ノモンハンを今後も追いかけていきたい。

二〇〇九（平成二十一）年六月二十一日

古是三春

文庫版のあとがき

「ノモンハンの真相」が産経新聞出版から刊行されたのは平成二十一年（二〇〇九年）であるが、元になった月刊「PANZER」誌（アルゴノート社）の連載および「歴史群像」（学研）掲載記事を執筆したのは、一九九〇年代末頃だった。

ソ連では一九八〇年代後半に登場した最高指導者ゴルバチョフら改革派が推し進めた「グラスノスチ」（ガラス張り＝情報公開）政策の影響で一九一七年の社会主義革命から第二次世界大戦前後に隠されていた様々なエピソードやデータが公開されるようになった。しかし、軍事に関する情報が本格的に紹介されるようになったのは、ソ連邦が崩壊した一九九一年以降のことだった。

ソ連邦の共産党執権政治と社会主義的計画経済システムが破綻すると、その後数年にわたって国家財政の事実上の破綻状況が続き、肥大になり過ぎていた軍を始めとする公務部門の職員たちは、給与遅配や欠配に苦しめられた。もちろん、庶民レベルでも流通機構のマヒや急激に進んだインフレで実質所得が激減すると共に市場の「物不足」（ヤミ市場では金さえあれば何でも買えた）に悩まされた。

こうした困難な状況は、西側に融和的なエリツィン大統領の治下、我が国を始めとする西側諸国の支援で次第に建て直され、二十一世紀までには一息つけるようになるまでに至るのであるが（その段階で登場したのがプーチン大統領だ）、実は「苦しみと混乱の九〇年代」は筆者のような軍事的なソ連ウォッチャーにとっては「情報天国時代」への転換期だった。給与遅配などに苦しんだ旧ソ連軍の機構の中から機密情報を含む軍事データが売り出され、それらをまとめたり転載したりした比較的安価な軍事図書が大量に発売されたのだ。

そうした中で筆者が注目したのは、ソ連軍（赤軍）が関わった全ての軍事作戦（その中には、公式的には「ソ連が非関与」とされた紛争も含まれる）の動員兵力および損失数（戦死・戦病死・重傷〈非回復〉・行方不明〈捕虜含む〉）の詳細なデータと、戦闘ごとの装備（航空機、火砲、戦車その他）の損失数や損傷するにあたっての要因調査（敵側のいかなる兵器によるものか、弱点は何かなどの分析）であった。筆者は月刊「ＰＡＮＺＥＲ」を中心にソ連圏の戦史や戦車運用について記事執筆をしてきたが、以上のようなデータは従来説を裏付けつつも意外な事実を多く明らかにしてくれた。

開示されたソ連側データで明らかになったもののうち、最も印象的だったのは、ノモンハン事件について日本で従来言われてきた説を覆す内容だった。まず、戦術的な面ではソ連・

モンゴル軍側が地上戦の中盤で相当な苦戦をしたこと。その損失は、日本側を上回ること。更に戦車・装甲車輌について見るなら、実質ソ連側の損失は日本側の投入数が少ない（九十数輌）ことを差し引いても、日本側損失の二〇倍以上の五〇〇輌前後に上ったのである。多くは薄い装甲と火災に脆弱なガソリン機関を搭載したソ連戦車が日本軍の野砲や対戦車砲によって容易に撃破されたことと、歩兵が応急的に整えた火炎瓶での損害がダメ押しになったことによる大損失である。一方、日本の戦車は大多数が火災に強いディーゼル機関搭載であり、損傷後の野戦整備による戦力復旧率も高かった。完全損失（復旧不能）は二〇輌以内にとどまったのである。

かつてこの事件に関しては一般に「古典」と扱われた五味川純平の『ノモンハン』では、強力な火力（長砲身四五ミリ戦車砲）と傾斜装甲による優れた防御力を持ち機動力にも優れるソ連戦車に比べると、装甲が弱く戦車砲も短く小さい（短砲身五七ミリ戦車砲か三七ミリ戦車砲）日本戦車は歯が立たない、という現場で戦車の対戦を見た従軍経験者の証言も使って描き出していた。これが「太平洋戦争でもそのまま繰り返された」ということも強調され、「教訓に学ばぬ非科学的な日本陸軍」というその後に普及した図式理解の端緒にもなった。

しかし、ソ連戦車と日本戦車の開発や運用史を研究・執筆し、新たなデータを得た筆者は、五味川『ノモンハン』が描き出した日ソの戦車対戦の実質は、全く異なるものであると確信し、それが本書につながる連載に取り組む契機となったのである。この辺りについては、本文でも折にふれて取り上げているので参照されたい。

しかし、戦史というのは相当古い時代のものにならない限り、多分に時々の当該国での政治状況を反映し、都合良い部分が強調され「不都合な部分」は伏せられてしまうということがありがちである。残念ながらプーチン大統領治下、ナショナリズム傾向が台頭するロシアでは、かつてのようにノモンハン事件などへのあからさまなデータ開示や率直な分析は影をひそめ、同事件が「帝国主義的日本の膨張主義に起因するモンゴルおよびソ連の防衛戦」という位置付けで喧伝されている。

実はモンゴルでは、一九八〇年代半ばにソ連の「グラスノスチ」政策の影響を受けて歴史の見直しが行なわれ、「ノモンハン戦争（モンゴル呼称）は、モンゴル国内で進められたスターリニズムの粛清（人口二〇〇万人に対して二万人が逮捕・処刑）による国内緊張を糊塗するため、モンゴル——満州間の国境不確定地帯でモンゴル側から挑発したことで勃発した」という説が軍事史家から発表されたことすらある（一九八〇年代半ば、日本でシベリア抑留者団体が主催した国際シンポジウムでモンゴル軍戦史研究者から発表された）。この説も親日的でありながら、ロシアを最も重要な友好国とみなし続ける同国では、最近聞かれなくなって久しい。

「歴史戦争」と言われる事態が、我が国と周辺国との間で展開している折でもあるが、ノモンハン事件についても「侵略国日本の犯罪」「太平洋戦争への入口」であるかのような議論が幅を利かせている。二十世紀に我が国が関与し参加した戦争、紛争の歴史的背景は、実はそんな単純なものではない。事実の積み上げと不断の研究を客観的に進めることが、正しく歴史を受け継いでいくために切実になっているし、そこに活路があると筆者は考える。そして、それがこの書をソ連邦崩壊後の事態を眺めつつまとめてきた筆者の学んだところでもある。

平成三十年四月七日

古是三春

単行本　平成二十一年九月　産経新聞出版刊

ＮＦ文庫

ノモンハンの真実

二〇一八年七月二十四日　第一刷発行

著　者　古是三春

発行者　皆川豪志

発行所　株式会社　潮書房光人新社

〒100-8077　東京都千代田区大手町一-七-二

電話／〇三-六二八一-九八九一代

印刷・製本　凸版印刷株式会社

定価はカバーに表示してあります

乱丁・落丁のものはお取りかえ致します。本文は中性紙を使用

ISBN978-4-7698-3076-4　C0195

日本音楽著作権協会（出）許諾第1805619-801号

http://www.kojinsha.co.jp

NF文庫

刊行のことば

第二次世界大戦の戦火が熄《や》んで五〇年――その間、小社は夥しい数の戦争の記録を渉猟し、発掘し、常に公正なる立場を貫いて書誌とし、大方の絶讃を博して今日に及ぶが、その源は、散華された世代への熱き思い入れであり、同時に、その記録を誌して平和の礎とし、後世に伝えんとするにある。

小社の出版物は、戦記、伝記、文学、エッセイ、写真集、その他、すでに一、〇〇〇点を越え、加えて戦後五〇年になんなんとするを契機として、「光人社NF（ノンフィクション）文庫」を創刊して、読者諸賢の熱烈要望におこたえする次第である。人生のバイブルとして、心弱きときの活性の糧《かて》として、散華の世代からの感動の肉声に、あなたもぜひ、耳を傾けて下さい。